Nina Herrmann Donnelley
Mit Trauernden reden

Nina Herrmann Donnelley

Mit Trauernden reden

Aus dem Amerikanischen übertragen
von Barbara Kamprad

Kreuz Verlag

Die Originalausgabe erschien bei Ballantine Books
(Random House Inc.), New York, U.S.A. und gleichzeitig in Kanada
bei Random House, Toronto, unter dem Titel
»I Never Know What To Say. How To Help Your Family And
Friends Cope With Tragedy«

CIP-Titelaufnahme der Deutschen Bibliothek

Herrmann Donnelley, Nina:
Mit Trauernden reden / Nina Herrmann Donnelley. Aus d.
Amerikan. übertr. von Barbara Kamprad. – 1. Aufl. – Zürich:
Kreuz-Verl., 1988
Einheitssacht.: I never know what to say <dt.>
ISBN 3-268-00060-6

1. Auflage

Umschlaggestaltung: HF Ottmann
Gesamtherstellung: Ebner Ulm
ISBN 3-268-00060-6

Danksagung

Wie immer gilt meine Zuneigung, gilt mein Dank
Dr. Elam Davies – dem Prediger, dem Dozenten, dem emeritierten Pastor der Vierten Presbyterianischen Kirche von Chicago – der meinen Glauben genährt hat.
Und meinen Eltern, die den Samen dieses Glaubens gesät haben.

Dieses Buch ist gewidmet
Aleka, Audrey, C .J., Tante Dot und Onkel Gay,
Dr. Davies, Ellie, Hector, Henry, Fr. Jim, J. B. IV.,
John, Jorie, Leslie, Lynda, Nancy, Nancye, Nicole,
Niel, Ray, Ruth Ann und vielen anderen, die mich
all die Jahre Freundschaft gelehrt haben, indem
sie Freunde waren.
Daddy, Tante Ann und Marty,
die mich gedrängt haben, jahrelang,
ein zweites Buch zu schreiben.

Und vor allem
Jim,
der mir nicht nur zugeredet hat, sondern
mir auch die Zeit und den Raum zum
Schreiben gab.

Ihnen allen meine Liebe und meinen Dank.

Inhalt

ERSTES KAPITEL

Ein Tod

Chris war fünfzig. Ich war einunddreißig. Er war überzeugter Katholik. Ich studierte, um presbyterianische Pfarrerin zu werden.

Seit anderthalb Jahren hatten wir uns mit wachsendem Interesse immer wieder verabredet, ungeachtet des Altersunterschieds und der verschiedenen Konfessionen. Ich weiß nicht, ob es »die große Liebe« war, aber ich weiß gewiß, daß Chris und ich glücklich miteinander waren, zufrieden in Gesellschaft des anderen.

An einem Mittwoch abend im Oktober gingen Chris und ich zu einer politischen Soirée. Der Redner langweilte uns zu Tode. Ich machte ein interessiertes Gesicht in Richtung Podium und plante eine Traumreise nach Europa. Das tue ich immer bei öden Reden und während Wagner-Opern. Außerdem schlüpfte ich aus dem rechten Schuh und schickte meine bestrumpften Zehen im Schutz des fast bodenlangen Tischtuchs unter Chris' Hosenaufschlag. Dort streichelten sie Chris' Bein. Auch das tat ich immer, wenn ich mit Chris essen ging.

Chris verzog keine Miene, zuckte nicht mal mit der Wimper. Aber ich wußte, daß er schrecklich kitzlig war. Mit Mordlust in der Stimme flüsterte er mir zu, ich solle das sofort sein lassen. Was ich natürlich nicht tat. Später fuhren wir zu einem unserer Lieblingslokale, erholten uns von der Rede, unterhielten uns und freuten uns, beieinander zu sein. Chris hatte spitze Knie – wirklich spitze. Seltsam, was einen an einem Menschen anziehen kann! Ich hatte immer Spaß, mit der Faust auf seinen knochigen Knien herumzutrommeln.

Auf dem Heimweg in jener Nacht stoppten wir an einer roten Ampel. Ich klopfte auf dem Knie herum und lachte. Chris hatte seinen üblichen Spruch auf Lager – daß er absolut nicht verstehen könne, was mir an seinen Knien so gefalle.

Wir hielten vor meinem Appartementhaus. Es war spät.

»Ich werde dir nicht einmal einen Gutenachtkuß geben«, frotzelte er. »Ich krieg' einen Schnupfen und gehöre nicht zu den verantwortungslosen Burschen, mit denen du sonst auszugehen pflegst . . .« Ich lachte, und wir gingen zur Haustür, verabschiedeten uns per Handschlag. Schließlich würden wir uns am nächsten Morgen wiedersehen und am Freitag miteinander ausgehen.

Chris und ich gingen jeden Freitagabend miteinander aus, pünktlich wie ein Uhrwerk, ein unausgesprochenes Abkommen. Wir arbeiteten im gleichen Betrieb. Chris als Geschäftsführer, ich als Teilzeitangestellte in der Verwaltung. Schon während des Theologiestudiums und später auch während des Hilfsdienstes. Wir gaben uns große Mühe, unsere Beziehung am Arbeitsplatz zu verheimlichen. Niemand wußte, wie oft wir einander trafen; niemand wußte, wie sehr wir einander mochten.

Unsere Büros lagen gegenüber. Freitag nachmittags, nach Dienstschluß, pflegte ich über den Flur in Chris' Büro zu gehen und ihn zu drängeln, endlich zu kommen. Und dann gingen wir aus zu einem langen, behaglichen Abendessen. Wir liebten die Freitage.

Aber an dem Freitag, der jenem Mittwoch im Oktober folgte, erschien Chris nicht zur Arbeit. Seine Sekretärin sagte mir, er habe eine Nachricht für mich hinterlassen: Er habe plötzlich eine Dienstreise antreten müssen. Das war nun absolut nicht Chris' Art. Aber hatte er nicht am Mittwoch erwähnt, er müsse demnächst geschäftlich verreisen? Ich nahm an, der Zeitpunkt sei vorgezogen worden.

Ein Freitag abend, und ich hatte nichts vor! Ich beschloß, Lebensmittel einzukaufen und mir damit die Hetzerei am Sonnabend zu ersparen. Ausschlafen konnte ich dann auch.

Später guckte ich Fernsehen und las. Ich hatte gerade beschlossen, das Licht auszumachen, da klingelte das Telefon. Es war zehn nach elf in der Nacht vom Freitag zum Sonnabend. Am Apparat war die Sekretärin meines Chefs. Sie war eine der wenigen Personen, die von Chris und mir wußten. »Sitzt du?« fragte sie. Ihre Stimme klang seltsam.

»Ja?«

»Oh, ich wollte, ich wäre jetzt bei dir ... Es ist etwas Furchtbares passiert ...«

Mein Chef war in Europa auf Urlaub, und da ich seine Sekretärin am Telefon hatte, stellte ich ihn mir plötzlich tot vor nach einem Flugzeugabsturz.

»Bist du stark?« fragte sie.

»Ja – was ist denn los? Nun sag schon!«

»Chris ist tot.«

Es war das allerletzte, was ich erwartet hatte.

Die Frau am Telefon hatte verständlicherweise keinen Spaß an ihrer Rolle als Überbringerin der Todesnachricht. Nach ein paar zusätzlichen Informationen und nachdem ich ihr mehrfach versichert hatte, daß ich »schon klarkäme«, legte sie schnell auf.

Ich bewegte mich nicht. Keinen Muskel. Ich weiß nicht, wie lange. Eine Viertelstunde vielleicht, vielleicht auch länger. Dann mußte ich mit jemandem reden, mußte es jemandem erzählen, mußte die Worte aussprechen.

Von einigen Freunden, die mir in den Sinn kamen, war eine die Mutter eines kleinen Mädchens, das vor anderthalb Jahren gestorben war – während meiner Zeit als Seelsorgerin in einer Kinderklinik. Wir waren enge Freundinnen geworden während der Krankheit des Kindes und seines Sterbens, und wir waren es auch geblieben. Jane Miles und ihr Mann hatten Chris kennengelernt, wir waren bei ihnen zu Gast gewesen. Jane würde verstehen.

Jane hörte mir mehr als eine Stunde lang zu. Eine Stunde, die um halb zwölf nachts begann. Keine Beschwerde, kein Zögern wegen der nachtschlafenden Uhrzeit und der Länge des Telefonats. Sie hörte einfach zu. Sie und ihr Mann boten an, alles für mich zu tun, was sie konnten. Und sie würden am nächsten Morgen wieder anrufen.

Aber nach allem, auch nach einer Stunde Redens bei einer Freundin, die zuhörte und mich verstand, hatte ich das Gefühl, ich müsse es noch einmal erzählen. Ich wollte hören, wie die Worte aus meinem Mund klangen. Wenn nichts gesagt wird, ist es nicht wahr.

Ich erzählte die ganze Geschichte Jennifer Bradford, einer

Freundin, die als Schwester auf der Neurochirurgie einer Kinderklinik arbeitet. Auch sie hörte zu, eine weitere Stunde lang. Auch sie bot alle erdenkliche Hilfe an. Auch sie würde morgen anrufen – was inzwischen heute war.

Irgendwann in dieser Nacht drehte ich das Licht ab. Aber nun spielte es keine Rolle mehr. Ich lag wach, starrte an die Decke.

Nach dem, was mir die Frau am Telefon gesagt hatte, war Chris überhaupt nicht abgereist. Er hatte Freitag früh starke Schmerzen in der Brust und ging ins Krankenhaus. Man stellte einen leichten Herzanfall fest. Er kam auf die Intensivstation. Er wollte nicht, daß ich es erfuhr und mich sorgte. Wie gesagt, er war fast zwanzig Jahre älter als ich. »Kind« sagte er zu mir.

Am Freitag abend gegen halb neun, auf der Intensivstation, speziell ausgerüstet für Herzkranke, bekam Chris einen schweren Infarkt. Keine Stunde später war er tot. Es gab nichts, was man noch für ihn tun konnte, nicht einmal auf der Intensivstation.

Ein paar Wochen zuvor hatten Chris und ich einen unserer ständigen Dispute nach dem Motto »frommer Katholik contra liberale Presbyterianerin« über gute Taten und Gnade und die »Verdienbarkeit« von Erlösung. Das Wort »Fegefeuer« hatte sich in die Diskussion geschlichen.

Ich hatte gelacht. »Gut, Christopher, ich werde dich hindurchbeten!« sagte ich und trommelte auf sein Knie. »Meinst du das wirklich? Wirst du?« Er war ganz ernst.

»Ja«, sagte ich und lachte nicht mehr. »Wenn du glaubst, daß eine Presbyterianerin dir etwas Gutes tun kann – vor allem eine, die absolut nicht ans Fegefeuer glaubt.«

»Ich werde jede Hilfe annehmen, die ich kriegen kann.« Es war ihm wirklich ernst damit. Mir lief es eiskalt über den Rükken.

Aber in jener Nacht, als ich wach im Bett lag, da habe ich inbrünstig für Chris gebetet, durchs Fegefeuer zu kommen. Jedes Gebet fing an mit »Lieber Gott, ich glaube nicht an so was, aber . . .«. Ich betete dennoch für Chris' katholische Seele.

Heute bin ich nicht mehr sicher, ob es das Fegefeuer war, an das ich in jener Nacht nicht glauben mochte, oder die *Tatsache*, daß ich versuchte, einen toten Chris hindurchzubeten.

Wenn ich das Leugnen seines Todes durch das Akzeptieren einer Tatsache ersetzen wollte, mußte noch etwas anderes geschehen, um mir Chris' Tod zu beweisen. Deshalb ging ich Samstag früh los und kaufte mir eine Zeitung. Wenn ich es gedruckt sehen würde, schwarz auf weiß, würde es Wirklichkeit sein. Und dann würde ich es natürlich auch akzeptieren können. Dachte ich.

Ich schaute es mir an. Da stand es. Aber es waren nur Worte auf Zeitungspapier. Und das Foto war schrecklich. Ich las den Nachruf und warf die Zeitung fort. Ich hatte meine gedruckte Bestätigung. Aber ich wollte sie nicht sehen. Oder ihr glauben.

Für den Rest des Tages rührte ich mich nicht mehr vor die Tür. Ich rief meine Eltern an und meinen Pfarrer und wiederholte die Fakten rund um Chris' Tod. Freunde riefen bei mir an – Jane und Jennifer und andere –, und ich war froh, obwohl ich nicht mehr weiß, was sie sagten, und um mich haben wollte ich sie auch nicht.

Die meiste Zeit hockte ich im Bett. Ich hatte beschlossen, mich der Trauer hinzugeben, mich nicht mehr zu wehren, es hinter mich zu bringen an einem Tag. Das ist ein Vorteil, den ich aus meiner Ausbildung im Zusammenhang mit Tod und Sterben ziehen konnte. Ich hatte es auf meinem Weg zur Pfarrerin trainieren müssen. Theoretisch wenigstens.

Aber während die Stunden dieses Sonnabends vergingen und ich im Bett hockte, ging mir auf, daß ich nicht vorbereitet war auf das leise Gefühl von Ärger. Nicht, daß ich wirklich ärgerlich gewesen wäre. Aber Gedanken mit einem Anflug von Ärger gingen mir durch den Kopf – Ärger über Chris, weil er gestorben war. Dies war wirklich nicht der richtige Zeitpunkt für ihn, so etwas zu tun. Ich weiß nicht, ob Chris und ich je geheiratet hätten oder nicht, aber nun, wo er gestorben war, hatten wir keine Chance mehr, es herauszufinden.

Aber Hochzeitsgedanken standen nicht an erster Stelle an jenem Morgen. Hingegen konnte ich gar nicht mehr aufhören, an all die alltäglichen Dinge zu denken, die es nun nicht mehr geben würde – weil Chris gestorben war. Die üblichen Abendessen am Freitag und andere Verabredungen. Kurzreisen im Herbst in strahlend bunte Wälder. Radtouren und Kürbisköpfe-Schnitzen und Kürbiskuchen. Erntedankfest und Weihnachten. Christbaum-Aussuchen und Weihnachtseinkäufe und Schneeballschlachten. Kaminfeuer und Mistelzweige und noch und noch. Wie Chris diese Nochs gehaßt haben mußte!

Wenn er wirklich tot war, wenn er sich wirklich erlaubt hatte zu sterben, obwohl er körperlich so fit war, wenn er tatsächlich tot war – wie konnte man all diese Dinge weiter tun?

Ich war betrogen worden. Chris hatte mich betrogen. Er hatte den Zeitpunkt falsch gewählt. Es war einfach nicht fair von ihm, zu sterben. Nicht jetzt. Dennoch, ich war nicht ärgerlich. Ich fühlte ihn nicht. Ich fühlte nichts. Auch kein Mitleid mit seinen Geschwistern, mit seiner Mutter. Ich fühlte nicht einmal überwältigende Trauer um Chris, den Mann, der gestorben war.

Nichts dergleichen. Ich dachte kaum an solche Dinge. Denn immer noch – obwohl man es mir gesagt hatte, obwohl ich es anderen erzählt hatte, obwohl ich es in der Zeitung gelesen hatte, daß Chris tot sein sollte – schien es nicht wahr. Es war irgend etwas »da draußen«, irgendwo. Aber nicht in mir.

Dennoch blieb ich am Samstag zu Hause und trauerte. Das war schließlich genau das, was man von mir erwartete. So hatte ich es in den Seminaren über Tod und Sterben gelernt. Noch etwas ging mir an diesem Wochenende durch den Kopf: Ein Kaleidoskop ausgedachter Bilder und Szenen. Und Fragen. Ich konnte gar nicht mehr aufhören, mir vorzustellen: Wie sieht die Intensivstation des Wickham Memorial Hospitals aus, wo Chris starb? Auf welcher Etage liegt sie? Wo stand sein Bett? War es ein großer Raum wie in der Kinderklinik, in der ich studierte? Hatte Chris Schläuche in der Nase? War er an Monitore angeschlossen? Waren viele Ärzte und Schwestern um ihn herum? Hatte ein Priester ihm die Sterbesakramente gegeben?

Und was war mit Chris selbst? Wie sah er aus? War er bei Bewußtsein? Hatte er Schmerzen? War er ganz allein? Was, wenn er allein gestorben wäre? Hat er gewußt, daß er sterben muß? Hat er noch etwas gesagt, und zu wem? Hatte er Angst? All diese Bilder und Szenen und Fragen machten ebenso rasende wie nutzlose Bocksprünge durch meinen Kopf. Den ganzen Samstag lang.

Am Sonntag morgen sagte ich mir, ich hätte eine Nacht lang geschlafen und es ginge mir jetzt gut. Ich hatte Chris durchs Fegefeuer gebetet. Ich glaubte daran, daß er jetzt im Himmel sei. Und ich hatte seinen Tod vollständig akzeptiert. Ich hatte einen Tag und zwei Nächte erfolgreich getrauert.

Ich hatte noch keine Träne geweint.

Ich glaube, ich ging am Sonntag zur Kunstgalerie und brachte ein paar Drucke zu einem Geschäft, um sie rahmen zu lassen. Aber genau erinnere ich mich nicht, außer daß ich absolut sicher war, das Schlimmste hinter mir zu haben.

Am Montag ging ich ins Büro – das Büro, in dem mir Chris immer zugewinkt hatte, wo er den Kopf in mein Zimmer gesteckt und »Hallo, Küken!« gerufen hatte. Wo er mir von seinen Erfolgen – und seinen Ängsten erzählt hatte. Das Büro, in dem wir so oft miteinander geredet und Blödsinn gemacht und die Tage miteinander geteilt hatten.

Ich mußte die Gespräche mit anhören, die die Kollegen mit Chris' Sekretärin führten. Der Druck in meinem Kopf wuchs. Ich konnte nicht mehr. Ich sagte der Sekretärin meines Chefs, ich ginge heute früher. Sie schien zu verstehen. Aber die anderen nicht. Deren Augen sagten: »Na, was hast du für Probleme? Wieso denkst du, du wärst was Besonderes? Wir alle werden ihn vermissen . . .«

Ich werde nie aufhören, mich darüber zu wundern, wie schnell wir mit unserem Urteil über andere fertig sind, wie fix wir beschließen, was andere angemessenerweise zu fühlen haben.

Ich hatte nicht vor, zu Chris' Totenwache zu gehen. Ich wollte den Körper nicht sehen. Wenn alle diese Leute recht haben sollten und Chris wirklich tot war, dann würde ich ihn lieber mit seinem schiefen Grinsen in Erinnerung behalten, wie er mir am Mittwoch zum Abschied die Hand geschüttelt hatte. Dieses Bild von ihm wollte ich in Erinnerung behalten.

Aber obwohl alle um mich her mir immerzu erzählten, Chris sei tot, brauchte ich noch einen Beweis. Und tief innen wußte ich, ihn tot zu sehen wäre die einzige Möglichkeit, es zu glauben.

Ich nahm einen Bus zu Jennifers Wohnung, um mir ihren Wagen zu leihen. Sie hatte ihn mir mehrmals angeboten seit Chris' Tod. Nun brauchte ich ihn.

Ich erinnere mich an diese Busfahrt. Alle Leute waren völlig normal, lachten und redeten belangloses Zeug. Wußten sie nicht, daß Chris gestorben war? Ich wollte sie anschreien, sie sollten den Mund halten, sie sollten aufhören, sie sollten um Himmels willen schweigen. Ich tat es nicht.

Es half nichts, daß die riesige Leichenhalle genau einem Restaurant gegenüberlag, in dem Chris und ich eines unserer glücklichsten Rendezvous hatten. Ich parkte den Wagen, ging hinein und fragte mich durch. Alle meine Sinne gingen rückwärts, während meine Beine vorwärtsgingen. Ich kam zu dem beschriebenen Aufbahrungsraum. An der Tür blieb ich stehen. Ich konnte Stimmen von Leuten hören, die gerade aufbrachen. Ich schaute um die Ecke und zuckte im gleichen Moment zurück, reflexartig, wie wenn man mit der Hand auf die heiße Herdplatte kommt. Ich klammerte mich an den Türpfosten. Nein, o nein. Nein.

Ich erinnere mich an mindestens zwei unserer Verabredungen, die damit begannen, daß Chris mal eben für ein paar Minuten anhielt, um einem Freund die letzte Ehre zu erweisen. Es war in seinen Augen eine Sache des Respekts. Deshalb ging ich nicht sofort wieder. Ich hatte ihn gesehen, ich hatte meinen Beweis. Die Leute hatten Recht. Chris war tot. Ich hätte gehen können. Aber der Respekt . . .

Chris hatte sich manchmal lustig gemacht über seinen Tod, »aufgebahrt zu sein, mit amerikanischer Flagge und allem Drum und Dran«. Nun war er's. Der Spaß war Wirklichkeit. Ich schaute wieder um die Ecke. Diesmal ohne Reflex. Aber hineingehen konnte ich immer noch nicht.

Schließlich, die Hände gegen den Magen gedrückt, schaffte ich es doch. Die anderen waren gegangen. Neben dem Sarg stand eine Fußbank. Ich kniete mich hin. Ich war froh. Stehen hätte ich nicht können. Mein ganzer Körper war starr.

Ich fand, er sah ganz friedlich aus. Aber es war natürlich nicht das Gesicht mit dem geliebten Grinsen. Und seine blauen Augen – besonderes Kennzeichen – waren geschlossen, erloschen. Nur sein Haar, sein graues Haar, sah echt aus.

Ich schloß die Augen und betete gegen das Fegefeuer an. Und ein paar andere Verse. Als ich die Augen wieder aufmachte, fiel mein Blick auf Chris' Hände. Seine Finger waren um einen riesigen schwarzen Rosenkranz geklammert. Sie sahen nach Verzweiflung aus, nicht nach Frieden. Ich wollte sein Haar streicheln, aber meine Hand geriet auf seinen Arm. Der Jackenärmel knisterte, als ob man Plastikfolie darunter gesteckt hätte. Ich hatte plötzlich die irrsinnige Vorstellung, nur sein Kopf läge im Sarg, hineingestopft in das Hemd einer Puppe. Ich fröstelte und stand schnell auf.

Zwei von Chris' Nichten standen vor der Tür, doch außer ein, zwei Worten fiel mir nichts ein. Das einzige, was ich von meinem Körper noch spürte, war ein Kloß im Hals. Aber auch das merkte ich erst, als ich mich in die Trauerliste eintragen wollte und unfähig war, zu schreiben.

Ich fand Jennifers Auto wieder, ließ mich hineinfallen und holte Luft, atmete tief durch.

Dann, weil es so vereinbart war, fuhr ich zu einem Gespräch an der Universität von Chicago. Ich brauchte den ganzen langen Weg dorthin, um mich zu erinnern – und vor allem um zu behalten, was ich dort eigentlich sollte.

Der Theologieprofessor, mit dem ich verabredet war, glaubte mir die vage Bezeichnung »Freund« – »mein Freund ist gestorben« – und ging flüchtig darüber hinweg: mit ein paar nichtssagenden Worten und ohne weitere Rückfragen. Ich nahm ihm seine Gleichgültigkeit übel, aber das war natürlich unfair – ich war ja selbst schuld, wenn ich eine ganz normale Redewendung für eine alles andere als oberflächliche Beziehung benutzte. Wie hätte er denn auch wissen sollen, was für eine Art Freund Chris gewesen war? Aber zu diesem Zeitpunkt sah ich das nicht so. Vom Rest des Tages weiß ich nichts mehr.

Jane und Jennifer und andere Freunde boten mir an, mich am Dienstag zur Beerdigung zu begleiten. Aber ich lehnte ab. Ich war ja so sicher, daß ich das Schlimmste an Trauer schon hinter mir und Chris' Tod auch vollständig akzeptiert hatte. Ich war »in Ordnung«. Es war ein Irrtum: Ich hatte nichts akzeptiert, und ich war alles andere als in Ordnung.

Während der Trauerfeier machte ich keinen Mucks. Aber ungefähr nach der Hälfte der Messe liefen mir Ströme von Tränen übers Gesicht. Ich konnte nicht aufhören, sosehr ich mir auch Mühe gab – und ich gab mir große Mühe. Bald war mein Kopf so dumpf, daß ich kaum noch Luft bekam.

Die alte katholische Kirche hatte eine Menge Stufen vom Haupteingang hinunter zur Straße. Chris hatte oft im Scherz die Männer bemitleidet, die seinen Sarg diesen steilen Hang hinuntertragen müßten. Nach der Messe blieb ich so lange in der Kirche, bis ich sicher sein konnte, daß Chris' Sarg am Fuß der Treppe angekommen sein mußte. Ich hätte genausogut zuschauen können. Ich konnte das Bild nicht aus meinem Kopf verbannen, wie Chris darüber gelacht hatte. Ich sah die Sargträger, ohne hinzuschauen.

Es war ein langer, langer Weg von der katholischen Kirche in der Innenstadt zum römisch-katholischen Friedhof am Stadtrand. Es war in Ordnung, die Strecke allein zu fahren . . . in Ordnung, bis mir Chris' knochige Knie einfielen, gegen die ich nie wieder würde klopfen können.

Das war's. Irgend etwas mußte es sein. Der Damm meiner Beherrschung brach. Und ich heulte los, allein, isoliert, umklammerte das Steuerrad, fuhr, blicklos. Lange. Wie sehr hätte ich jetzt jemanden gebraucht, jemanden, an dem ich mich hätte festhalten können.

Die Beerdigungsansprache war wenig hilfreich. Sie wurde in einer Kapelle gehalten und war sehr kurz. Ich denke, man macht das so, weil es angeblich weniger schmerzlich ist. Für mich war das Gegenteil der Fall. Ich hatte das Gefühl von etwas Unvollkommenem, Unfertigem. Und ich wußte noch nicht einmal, wo Chris' Grab sein würde.

Nach der Trauerfeier sagte der Priester, wir alle seien von der Familie zum Mittagessen in ein nahegelegenes Restaurant eingeladen. Ich ging nicht hin. Statt dessen versuchte ich bei der Friedhofsverwaltung herauszufinden, wo

Chris beerdigt werden würde. Sie gaben mir einen Plan des Friedhofs und machten einen Kreis um seine Parzelle.

Ich fuhr hin. Niemand sonst war da. Ich vermute, der Sarg stand immer noch in der Kapelle. Das Loch in der Erde war ausgehoben und mit alten Brettern abgedeckt. Durch eine abgebrochene Ecke an einem Brett konnte ich hinunterschauen.

Ich mußte irgendwas tun, etwas, was Chris empfangen würde, ihn sich willkommen fühlen lassen, nicht allein, nicht vergessen, wenn er dort ankam. Ich griff in meine Handtasche und riß ein Blatt aus meinem Adreßbuch, drückte meine Lippen auf das kleine weiße Stück Papier. Der Lippenstift färbte ab. Ein Kuß. Ich ließ ihn in das dunkle, leere Loch fallen, setzte mich in Jennifers Wagen und fuhr davon.

Jane Miles, die erste Freundin, die ich in Chris' Todesnacht angerufen, hatte mir das Versprechen abgenommen, nach der Beerdigung zu ihr zu kommen. Sie wohnte in der Nähe des Friedhofs. Ich erinnere mich, daß ein ordentlicher Drink auf mich wartete, dessen Folgen ich nicht spürte. Und Jane hörte zu. Wieder einmal hörte sie stundenlang zu.

Aber während ich erzählte, wurde ich zunehmend unruhig. Ich hatte das Gefühl, ich müßte zum Friedhof zurück. Müßte sicher sein können, daß Chris gut aufgehoben, endlich beerdigt sei . . ., den Kuß gefunden habe. Von dem Kuß sagte ich Jane nichts. Nur, daß ich noch mal zum Friedhof wolle, bevor er schließt. Sie verstand. Sie hatte ihre neunjährige Tochter achtzehn Monate zuvor beerdigt. Ein junger Mann war gerade dabei, die Friedhofsgitter zu schließen, als ich ankam. Ich bin sicher, ich sah verzweifelt aus, vielleicht sogar verrückt. »Ich muß da rein, bitte. Er ist erst heute hergekommen. Ich muß sein Grab sehen . . . Nur für eine Minute, das versprech' ich.«

Irgendwo in meinem Herzen hat dieser junge Mann seinen Platz. Er hätte es ablehnen können. Aber er tat es nicht. Er öffnete die Tore.

Ich fuhr schnell zum Grab und rannte den Hügel hinauf. Frische Erde deckte das Loch. Chris war darunter. Mit dem Kuß. In Sicherheit. Nicht allein.

Der junge Mann fuhr langsam in einem grauen Laster

heran. Ich stieg ins Auto und folgte ihm zum Hinterausgang. Danke, junger Mann.

Ich fuhr zurück in die Stadt. Aber es gab immer noch etwas, das getan werden mußte, bevor ich nach Hause gehen konnte. Ich mußte etwas von Chris haben.

Ich fuhr ins Büro. Ein paar Angestellte waren noch da, doch niemand sah mich. Ich ging in Chris' Büro. Es sah leer aus, staubig, obwohl nichts entfernt worden war. Auch das nicht, weswegen ich gekommen war. Da war es, wie immer, auf seinem Bücherregal: ein Kinderspielzeug, eine weiße Stoffziege mit einem rot-weiß-grünen Button, auf dem stand: »Alle Macht den Kindern!« Ich hatte Chris das Stofftier und den Button einmal geschenkt, weil er immer »Kind« oder »Kleines« zu mir sagte.

Ich klemmte mir das weiche Spielzeug unter den Arm und ging. Niemand nahm von mir Notiz. Ich fuhr heim.

Zu Hause fand ich an jenem Dienstag abend eine Beileidskarte von Jennifer. Die bedeutete mir an diesem Tag mehr als alles andere. Sie war etwas Greifbares, etwas, das mir sagte: »Jawohl, du trauerst. Jawohl, eine Freundin kann einen Freund betrauern. Jawohl, es ist in Ordnung, zu trauern.«

Am nächsten Tag, Mittwoch, nahm ich Urlaub. Mit Jennifers Auto fuhr ich wieder zum Friedhof am Stadtrand. Ich hatte ein kleines Sitzkissen dabei, ein Buch und eine Zeitschrift. Als ich ankam, hatte man Rasenstücke auf das Grab gelegt, aber es gab immer noch keine Namenstafel und keine Blumen. Nichts eigentlich, was darauf hingewiesen hätte, daß Chris dort lag. Nur eine undeutliche rechteckige Linie, wo das umgebende und das wieder eingepflanzte Gras noch nicht wieder zusammengewachsen waren. Irgend etwas sollte anzeigen, daß Chris hier war, daß der Platz besetzt war.

Ich stieg wieder ins Auto, wild entschlossen, irgendwo Plastikblumen zu finden, die halten würden, bis der Grabstein geliefert wurde.

Ich hasse Plastikblumen. Aber an diesem Morgen wollte ich sie mehr als alles andere auf der Welt.

Ich wußte nicht recht, wo ich anfangen sollte. Ich sah keine entsprechenden Geschäfte in der Nähe des Friedhofs. Ich fuhr meilenweit. Ich hielt an einem Blumengeschäft, konnte aber nichts Passendes finden. Ich fuhr weiter, inzwischen ohne den Schimmer einer Ahnung, wo ich mich befand. Endlich, kilometerweit entfernt, gelangte ich zu einem anderen Friedhof, und gegenüber war ein Laden mit Plastikblumen.

Sie waren scheußlich. Aber ich war nun mal entschlossen. Chris war ein großer Patriot gewesen. Schließlich fand ich ein Bukett aus roten, weißen und blauen Nelken, ein Gesteck mit einem Drahtstiel, fix und fertig, um in die Erde gesteckt zu werden.

Es muß noch mehr Leute wie mich geben.

Ich kaufte sie und fuhr zurück zu Chris' Grab. Und dort, auf dem römisch-katholischen Vorort-Friedhof, oben auf die frisch eingesetzte Grasnarbe, an die Stelle, an der des »Bewohners« knochige Knie sein mußten, plazierte ich den Strauß aus Plastiknelken in den Farben der amerikanischen Flagge. Und es sah beinahe hübsch aus. Jedenfalls machten sie sein Grab offiziell. Dann griff ich mir mein Sitzkissen, mein Buch und meine Zeitschrift und setzte mich eine Weile zu Chris. Er sollte sich wohl fühlen. Er sollte sich nicht allein fühlen an diesem fremden Ort. Er sollte sich immer noch geliebt fühlen, nicht vergessen. Ich setzte mich zu ihm, weil der Rest der Welt dort draußen darauf bestand, einfach weiterzumachen, und irgendeiner mußte bei Chris sein, irgendwer mußte innehalten.

Ich nahm mein Sitzkissen, meine Zeitschrift und mein Buch und saß ein bißchen bei Chris: viereinhalb Stunden lang.

Tod ist etwas Verrücktes.

ZWEITES KAPITEL

Was Trauern bedeutet

Dies ist ein Buch über das Trauern. Sein Zweck ist es, den Leser besser verstehen zu lassen, was es mit dem Prozeß des Trauerns auf sich hat. Es ist kein Universalmittel, das alle Arten des Trauerns aufzeigt und auf alle Fragen Antworten hat. Es ist ein schlicht geschriebener Ratgeber für jene, die einem Freund oder einem Verwandten helfen wollen, der Tod oder Sterben oder andere Arten von extremem Verlust betrauert. Viele, die helfen wollen, wissen oft nicht, was sie sagen oder tun sollen, und haben Angst, das Falsche zu sagen oder zu tun.

Dieses Buch sollte im Idealfall nicht zum ersten Mal dann gelesen werden, wenn ein Mensch gerade im ersten Schmerz der Trauer ist oder versucht, einem Menschen, dem es so geht, zu helfen. Man sollte dieses Buch in Zeiten seelischen Gleichgewichts lesen und es in Zeiten der Krise nutzen.

Die Geschichte von Chris' Tod und meine Reaktion darauf ist gedacht als eine Fallstudie, die dem Leser den Trauerprozeß in scharf umrissenen Konturen zeigt.

Das, was ich in meiner Geschichte beschrieben habe, ist so wahr wie meine Erinnerung. Daß ich mich so gut daran erinnern kann, hat vermutlich mit der Art und der Dauer meiner Beziehung zu Chris zu tun: lang genug und tief genug, um mich um ihn trauern zu lassen; aber nicht so lang und so intensiv, um mich für alle Zeiten unfähig zu machen, diesen Weg noch einmal nachzuvollziehen und meinen eigenen Trauerprozeß zu betrachten.

Generell kann man sagen, daß jemand, der um sein Kind, seinen Lebenspartner oder um seine Eltern trauert, einen härteren Weg vor sich hat und seine Verhaltensweise nicht so klar beschreiben und deuten kann.

Dennoch will ich vor der Gefahr warnen, die Intensität von Trauer an der Länge, der Art und der Intensität der

Beziehung zu dem Verstorbenen zu messen. Denn ausschließlich der Trauernde kennt den wahren Wert seiner Beziehung und spürt den Grad von Verlust, den er erlitten hat.

Wenn wir den Schmerz des Trauernden nach typischen Merkmalen kategorisieren und er das merkt, versucht er vielleicht, *unseren* Vorstellungen entsprechend zu trauern und dabei die Trauerzeit, die er für sich braucht, zu verkürzen oder zu verlängern. Das kann böse ausgehen, vor allem, wenn Trauer abgekürzt wird.

Noch ein Wort über das Trauern um eine Freundschaftsbeziehung. Es ist nötig. Chris war mein Freund. Ich war nicht blutsverwandt mit ihm und nicht seine Frau. Wir waren auch nicht seit fünfzig Jahren befreundet, nicht einmal seit zwanzig.

Doch in unserer Beziehung war Liebe im Spiel. Und bei jedem Tod, bei jedem Verlust einer Beziehung, die Liebe einschließt, wird Trauer auftreten.

Viele Freunde lieben einander aufrichtig: Männer Männer, Frauen Frauen, Frauen Männer. Die Liebe in einer Freundschaft kann sehr tief und unmeßbar wertvoll sein.

Aber ungeachtet des Wertes einer solchen Liebe unter Freunden, gibt es in unserer Gesellschaft offiziell nichts, um sein Beileid zum Verlust eines Freundes auszudrücken. Keine Beileidskarte, in der zum Verlust eines Freundes kondoliert wird. Keine Diskussion über den Freund als Trauernden in der Literatur über Tod und Sterben.

In ihrem klassischen Werk über Tod und Sterben hat Elisabeth Kübler-Ross der Familie des Patienten ein ganzes Kapitel gewidmet, einen Teil dieses Kapitels der Familie nach Eintreten des Todes. In einem Satz, in dem es um eine trauernde Ehefrau geht, heißt es: »Die erwartete Hilfe von Verwandten und Freunden . . .« In diesen wenigen Worten beschreibt Frau Kübler-Ross die von der Gesellschaft akzeptierten Abläufe: Ehemann stirbt, Ehefrau darf Hilfe von Freunden und Verwandten »erwarten«. Das erscheint logisch, und ich will es nicht in Abrede stellen. In den meisten Fällen ist es auch, wie es sein sollte. Aber angenommen, die Ehefrau hat ihren Mann verachtet. Weiter angenommen, dieser Mann hatte einen besten Freund, einen Kumpel, mit dem er aufgewachsen ist, die

Hochschule besucht hat, im gleichen Beruf tätig war. Kein Zweifel, dieser Freund, sowohl in der einschlägigen Literatur als auch nach üblichem Brauch, ist derjenige, von dem man erwartet, daß er die Witwe tröstet. Ich saß einmal im Bus vor zwei Frauen, die über den Tod einer engen Freundin der einen sprachen. Die ältere Dame hatte drei Tage Urlaub genommen, um bei der sterbenden Freundin zu bleiben und um sich nach deren Tod zu fassen. »Natürlich mußte ich unbezahlten Urlaub nehmen«, sagte sie. »Ich war ja nicht mit ihr verwandt.« Nordamerikanische Bräuche erlauben es der Familie, eine Weile zu trauern, erlauben es ihr sogar, eine Zeitlang verrückt zu spielen (darauf komme ich später zurück), wenn ein geliebter Angehöriger stirbt. Aber selten, wenn überhaupt, gestatten wir dieses Privileg Freunden. Ein trauernder Freund wird normalerweise ignoriert, oder man erwartet von ihm Taten des Trostes.

In einem späteren Werk, »Was können wir noch tun?« (1974), erkennt Frau Kübler-Ross die Rolle des trauernden Freundes an. Und auf die Frage, ob Freunde und Verwandte eines Todkranken die gleichen fünf Phasen durchlaufen wie er selbst, antwortet sie mit ja.

Jeder, der wirklich beteiligt ist, muß diese Phasen durchlaufen. Ich hoffe, wir werden uns an diese Worte erinnern. Wenn Ihnen jemand erzählt, seine Freundin, sein Freund sei gerade gestorben, geben Sie ihm Zeit und Gelegenheit, mehr darüber zu sagen, zu erzählen, ob es mehr als eine flüchtige Bekanntschaft war. Wenn es eine Liebesbeziehung war, schreiben Sie eine Beileidskarte, ein paar persönliche Zeilen und geben Sie, wenn Sie können, dem Trauernden ein paar zusätzliche Gelegenheiten, über den Toten zu sprechen. Er wird Ihnen vermutlich dankbarer sein, als Sie es je für möglich hielten.

Eine der Voraussetzungen in diesem Buch ist, daß aus weltlicher Sicht der Tod etwas Irrationales ist, etwas Verrücktes. Es macht keinen Sinn, daß ein Mensch ein Leben von Beziehungen und Liebe aufbaut und dann stirbt. Oder daß ein Kind, noch ganz neu voller Leben, an Krebs dahinsiecht. Unsere logischen Gehirne können eine ganze Menge erklären, aber das Warum des einzelnen Todes nicht. Es ist unlogisch. Es ist irrational. Es ist verrückt.

Wäre der Tod rational, würde man von uns erwarten, daß wir vernünftig damit umgehen, mit logischen Worten und Taten. Das wäre normal. Weil Tod aber irrational ist, dürfen wir irrational darauf antworten. Das ist auch normal. Wir tun es, und das ist gut so. Ob wir es nun wahrhaben wollen oder nicht, ob wir es jemandem erzählen oder nicht, wir reagieren auf den Tod eines geliebten Menschen zeitweilig irrational. Und diese Reaktion ist völlig normal.

Ich habe beschlossen, diese normalen unlogischen Reaktionen auf den Tod eines geliebten Menschen »Verrücktheiten« zu nennen. Als ich das erste Mal von diesen Verrücktheiten vor einem größeren Auditorium sprach und dabei von meinem Papierkuß und meiner Grabwache auf dem Sitzkissen erzählte, hatte ich Hemmungen und etwas Angst, vor meinem Publikum an Glaubwürdigkeit zu verlieren. Statt dessen erlebte ich eine überwältigende Reaktion. Nicht Mitleid mit meinem anormalen, irren Zustand, sondern vielmehr Einfühlungsvermögen, gefolgt von einer ganzen Reihe von ähnlichen Erfahrungsberichten. Bis zu jenem Abend hatten die Leute in der großen Vorlesungshalle, genau wie ich, niemals jemandem von ihren irrationalen Formen der Trauer erzählt – aus Angst, von der Familie oder von Freunden tatsächlich für übergeschnappt gehalten zu werden.

Es ist wahr: Alle diese Zuhörer, und ich auch, und die meisten Menschen drehen während unserer Trauer wirklich durch – und zwar in dem Sinn, daß wir uns auf eine Weise merkwürdig benehmen, die jemand, der nicht trauert, für verrückt halten muß.

Solch ein irrationales Betragen ist jedoch immer eine Reaktion auf ein unwiderrufliches irrationales Geschehen. Tod ist nicht vernunftgemäß, sondern verrückt. Und deshalb ist ein zeitweilig verrücktes Benehmen eine normale Reaktion auf den Tod. Oder anders: Es ist völlig normal, verrückt zu spielen, wenn man den Tod eines geliebten Menschen betrauert. Als ich den Begriff »verrückt« zum ersten Mal benutzte, sagte mir Dr. Martin Marty: »Ich bezweifle, ob ich Ihnen das ausreden könnte. Sie zeigen, daß eine Art Verrücktheit praktisch ist. So geht es auch.«

Und deshalb benutze ich das Wort Verrücktheit, obwohl es ganz gewiß kein wissenschaftlicher Begriff ist, um damit bestimmte irrationale, aber dennoch normale Reaktionen während der Trauerzeit zu beschreiben, auf die ich noch ausführlicher eingehen werde.

Es ist »in«, für die verschiedenen Situationen im Leben bestimmte Verhaltensmuster parat zu halten. Es gibt Phasen des Heranwachsens, des Älterwerdens, des Sterbens, um nur einige zu nennen. Wenn wir unser Leben in solchen Phasen betrachten, merken wir, daß vieles, was uns extrem oder beängstigend erscheint, ganz normal ist. (Die Bücher von Elisabeth Kübler-Ross über Tod und Sterben sind an diesem Punkt von unmeßbarem Wert.)

Allerdings birgt eine solche Auflistung in einzelne Phasen die Gefahr, daß Laien – aber auch Fachleute – andere Menschen zu schnell und zu selbstgerecht in Schubladen packen. Sie kann auch zu der Annahme führen, daß jeder genau die gleiche Phase von Verhalten durchläuft, wie sie in der Literatur beschrieben ist. Und das stimmt nicht immer.

Die meisten Fachleute warnen deshalb davor, irgendwelche bekannt gewordenen Verhaltensmuster als etwas Absolutes anzusehen. Ich gebe denselben Rat für die drei Phasen des Trauerprozesses, die ich im nächsten Kapitel ansprechen werde. Denn jedesmal, wenn wir jemanden zu schnell einer bestimmten Kategorie zuordnen und ihm ein Etikett verpassen, laufen wir Gefahr, ihm nicht mehr zuzuhören. Und wenn wir nicht mehr auf den Trauernden hören, können wir ihm nicht helfen.

Hauptsächlich wird in diesem Buch die Trauer *nach* dem Tod eines Menschen behandelt. Bei einem Tod nach langer, unheilbarer Krankheit wird ein Teil der Trauerarbeit sehr wahrscheinlich schon vor dem Tod geleistet worden sein. Art und Grad des Trauerns vor dem Tod hängen dabei von vielen Faktoren ab.

Ganz sicher kann man jedenfalls sagen, daß ein Mensch nach dem Tod eines geliebten Angehörigen durch eine Periode aktiver Trauer gehen muß, ganz gleichgültig, wie lange das Sterben gedauert hat und wie tief der Schmerz schon vorher war. Aber es kann sein, daß nach einem Trauern schon vor einem Tod die Verrücktheiten nicht mehr so ausgeprägt und die Zeitdauer des Trauerprozesses nicht mehr ganz so lang sein werden.

In mancher Beziehung sind die Trauerprozesse derer, die einen Verstorbenen beklagen, und jener, die mit einem anderen Verlust fertig werden müssen, sehr ähnlich. Ich gehe darauf im siebten Kapitel kurz ein. Behinderung, Scheidung oder eine andere zerbrochene Liebesbeziehung, sogar der Verlust des Arbeitsplatzes – all dies wird betrauert, und zwar zum Teil mit einer überraschenden Intensität. Ich kann darauf nicht ausführlich eingehen. Ich kann nur ein paar Hinweise geben, wie man bei einem solchen Trauernden Freund sein kann und was zu sagen ist. Aber es scheint mir wichtig, in Erinnerung zu behalten, daß *jeder* Verlust betrauert wird – nicht nur der an den Tod. Und daß wir unseren Angehörigen und Freunden diese Trauer erlauben und Verständnis für ihren Kummer haben müssen.

Eine letzte Bemerkung: Als ordinierte christliche Pfarrerin kann ich nicht seit vierzehn Jahren mit Tod und Trauer zu tun gehabt haben, ohne die Frage zu hören: »Warum, Gott?«, vieltausendmal mitten in tiefstem Leid.

Gegen Ende dieses Buches gibt es deshalb das Kapitel mit der Überschrift »Gott und Leiden«. Dies Kapitel ist kein Versuch, jemanden zu bekehren oder fertige Antworten zu liefern. Es ist hauptsächlich das Protokoll meiner eigenen Entwicklung und meiner unfertigen Gedanken, während ich mich mit einem der schmerzlichsten Aspekte des Trauerns herumschlage.

DRITTES KAPITEL

Der Trauerprozeß

Woran zuallererst und hauptsächlich gedacht werden muß, wenn man versucht, einem trauernden Freund* zu helfen, ist, daß er mich braucht.

Mag sein, er ist sich *nicht bewußt*, daß er mich braucht. Mag sein, er braucht mich nicht *zu diesem speziellen Zeitpunkt.* Mag sein, er braucht *mich* nicht zu diesem speziellen Zeitpunkt. Und für lange Zeit wird er von mir immer nur einen bestimmten Teil brauchen.

Was ich mir klarmachen muß, ist vor allem, daß mein Freund mich braucht.

Bevor Sie versuchen, einem trauernden Menschen zu helfen, machen Sie sich klar, daß Sie sich durchaus über die Störung ärgern könnten, die seine Trauer in Ihre Beziehung hineinbringt. Daß Ihnen das lästig ist, mögen Sie vielleicht nicht zugeben, aber es ist normal. Und wenn Sie solche Gefühle hegen, sind Sie noch lange keine schlechte oder egoistische oder herzlose Person.

Es ist nicht daran zu rütteln, etwas hat sich verändert. Zukunftspläne können unterbrochen oder gänzlich aufgegeben werden. Gemeinsamkeiten werden vielleicht für lange Zeit Pause haben. Und vieles in Ihrer Beziehung wird ziemlich Schlagseite bekommen. Sie werden für vielleicht sehr lange Zeit immer nur der sein müssen, der gibt.

Bevor Sie also einem Freund Ihre Hilfe anbieten, machen Sie sich klar, daß all dies geschehen kann und daß Sie sich von Zeit zu Zeit darüber ärgern werden. Und machen Sie sich vor allem klar, daß nichts Schlimmes daran ist.

Ein Mensch in Trauer ist nicht mehr der, der er mal war.

* Anmerkung der Übersetzerin: Im folgenden wird von trauernden Freunden und Freundinnen gesprochen. Das englische Wort »friend« gilt für beide Geschlechter, doch wechselt auch die Autorin der Lebendigkeit wegen zwischen »er« und »sie«. Der »geschlechtsspezifischen« Trauer von Männern widmet die Autorin einen eigenen Abschnitt.

Das Gleichgewicht seiner Tage und Nächte ist gestört, und logischerweise ist deshalb auch das Gleichgewicht der Beziehung zwischen Ihnen beiden gestört.

Aber selbst wenn eine Beziehung Monate später wieder ins Gleichgewicht gerät, es wird nicht das gleiche sein wie früher. Überhaupt nichts wird je wieder ganz genauso sein. Aber irgendeine Art von Gleichgewicht im Leben des Trauernden – von ganz wenigen Ausnahmen abgesehen – wird es wieder geben. Und Sie können dazu beitragen.

Reden wir also über die drei Arten von Trauer.

Über Schock einschließlich Leugnen und Betäubung; über Schmerz, sowohl akut als auch lang anhaltend; über Heilung, während derer ein neues Gleichgewicht gefunden wird und man wieder dazugehört.

Wie schon gesagt, durchläuft nicht jeder Trauernde diese Phasen in genau vorgeschriebenen Bahnen. Und mancher wird Erfahrungen machen, von denen hier nicht die Rede ist.

Hilfreich ist es für Menschen, die einen Trauernden begleiten, auf jeden Fall zu wissen, daß die Komponenten Schock, Schmerz und Heilung normale Reaktionen auf Tod und Sterben sind.

Schock

Schock, so beschreibt es Elisabeth Kübler-Ross, ist die erste Reaktion eines Kranken, der die Diagnose »unheilbar« hört. Und es ist auch die erste Reaktion eines Hinterbliebenen auf den Tod.

Im ersten Schock wird die Tatsache geleugnet. Die zweite Phase ist Betäubung, Erstarrung. Die Dauer dieser Phasen ist unterschiedlich lang und hängt davon ab, wie ein Mensch gestorben ist, in welcher Beziehung man zu dem Toten stand und wie man selbst ist. Aber selbst dann, wenn der Tod lange abzusehen war, ist Schock in Form von Leugnen und Betäubung fast immer die erste Reaktion.

Diese Form von Schock wird meist verbalisiert: »Nein!« Und das bedeutet: »Nein, es kann nicht wahr sein«; »Nein, ich glaube es nicht«; »Nein, nicht *jetzt*«; und »Nein, tu mir das nicht an – ich ertrage es nicht, *ich* bin noch nicht bereit«.

Der Tod eines geliebten Menschen ist eine furchtbare Tatsache. Sie leugnen zu wollen, so zu tun, als stimme sie nicht, ist völlig normal. Als der Anruf kam, konnte ich nicht nur nicht fassen, daß Chris gestorben war, sondern ich hatte in den ersten Minuten nach dieser Nachricht auch das Gefühl, man habe mir Gewalt angetan. Ich hatte die seltsame Vorstellung, daß ein Teil von mir geschlagen, amputiert, zugrunde gerichtet, verstümmelt, geschändet worden sei. Und genau das ist passiert. Als Chris starb, hatte unsere Beziehung einen Punkt erreicht, an dem er ein Teil meiner selbst geworden war, Teil meines Lebens, meines Alltags, meines Ichs. Und die Frau am anderen Ende der Leitung erzählte mir, er sei tot. Folglich war ein Teil meiner selbst genommen, »ermordet« worden. Meine Vorstellung von Gewalt war sehr real.

Dieses Gefühl von Gewalt war auch die Grundlage für meinen Ärger am nächsten Tag. Schließlich war es Chris, der gestorben war. Und es war sein Tod, der mich verletzt zurückließ. Deshalb mußte er dafür verantwortlich sein. Er war schuld. Und auf ihn war ich ärgerlich.

Vernünftig ist das natürlich nicht. Wenn ich schon auf die Ursache meines Leids böse sein wollte, dann hätte ich, vom Verstand her, auf den Herzinfarkt böse sein müssen. Der brachte Chris um. Chris hatte sich nicht selbst umgebracht.

Hier haben wir es wieder. Es ist normal, auf eine so irrationale, so verrückte, so unwiderrufliche Tatsache wie den Tod irrational zu reagieren. Insofern war es auch normal, daß ich eher auf Chris sauer war als auf den Infarkt, der ihn tötete. Aber normalerweise wird jemand, der diese Erfahrung von Ärger, von Zorn macht, nur ungern darüber reden; meistens wird er sie nicht einmal sich selbst eingestehen, weil es ja nicht besonders nett ist, zu einem solchen Zeitpunkt derart unangemessene Gefühle zu haben.

Hierzu eine Anmerkung: Das Gefühl von Ärger gegenüber einem geliebten Menschen, der stirbt, kann eine normale Trauerreaktion sein. Aber der Zorn, den ich an jenem Samstag morgen gegen Chris richtete, war noch nicht einmal ein Gefühl, denn ich stand noch unter Schock. Manchmal können Leute unter Schock überhaupt nichts fühlen, weder emotional noch körperlich. Es ist wichtig, sich das zu merken.

Ich erinnere mich an meine erste Erfahrung mit dem Tod eines Kindes. Ich war noch Studentin, und das Baby war gestorben, während ich Nachtdienst hatte. Am nächsten Morgen versuchte mein Supervisor ununterbrochen, mich dazu zu bringen, zu beschreiben, wie ich mich nach diesem Ereignis *fühlte*. Ich konnte die Fakten aufzählen, sagen, was geschehen war. Mehr nicht. Ich konnte nicht sagen, wie ich mich fühlte. Damals wußte ich noch nicht, daß ich noch unter Schock stand und daß jemand unter Schock nichts fühlt und schon gar nicht über Gefühle reden kann.

Diese Unfähigkeit, etwas zu fühlen, ist eigentlich ein Schutz. Wenn sie anhält, solange die Beerdigung vorbereitet werden muß, kann sie den Trauernden dazu bringen, den Sarg auszusuchen, die Leichenbestatter zu bezahlen, an der Totenwache teilzunehmen und die Beisetzung zu überstehen – alles ohne allzu große Mühe. Manche Beobachter werden diesen Zustand im Angesicht des Todes unverständlich finden.

Granger Westburg schreibt in *Good Grief* (Philadelphia 1962): »Es gibt Beerdigungen, da kommt die trauernde Witwe geradezu strahlend auf die Trauergäste zu, die ihr das Beileid aussprechen wollen . . . In Wahrheit kann es durchaus sein, daß diese Frau unter Schockeinwirkung nahezu betäubt ist.« Genauso, wie wir unter Narkose nichts spüren, so ist es auch unter Schock.

So kann es sein, daß Sie einem trauernden Freund in der Schockphase des Leugnens helfen können, indem Sie zuhören, aber möglicherweise wird er kein Wort darüber verlieren, wie er sich fühlt. Wenn er während dieser Zeit überhaupt viel spricht, dann deshalb, weil er die Tatsache des Todes intellektuell zu verarbeiten versucht. Sie werden vermutlich jede Menge Einzelheiten zu hören bekommen, wiedererlebte und wiedererzählte Fakten rund um den Tod, vieles auch aus der Zeit davor. Aber Sie werden nur wenig, wenn überhaupt etwas, davon erfahren, wie Ihr Freund sich fühlt. Und es würde ihm, jedenfalls zu diesem Zeitpunkt, auch nicht im geringsten helfen, wenn Sie ihn danach fragen würden. Denn er fühlt nichts. Wie also kann man jemandem am besten zuhören, der durch die Schockphase des Leugnens geht?

Die beiden wichtigsten Faktoren bei Jane und Jennifer, die mir in der Nacht von Chris' Tod zuhörten, waren erstens: Sie ließen mich wissen, daß sie Zeit hatten, mir zuzuhören, und daß sie mir zuhören wollten; und zweitens: Sie hörten mir zu. Wenn Sie wirklich keine Zeit haben, zuzuhören in dem Moment, wo der Anruf kommt, sagen Sie es. Unterstreichen Sie, daß das, was der Anrufer gerade durchmacht, viel zu gravierend ist, um es zwischen Tür und Angel abzumachen. Sagen Sie, daß Sie das, was geschehen ist, so bald wie möglich in allen Einzelheiten wissen wollen. Versichern Sie, daß Sie bei allererster Gelegenheit zurückrufen werden. Schlagen Sie einige andere Bekannte vor, die er anrufen könnte und die sein Bedürfnis, angehört zu werden, sofort erfüllen können. Manchmal kann man mehr nicht tun.

Ich hatte Glück mit Jane und Jennifer in jener Nacht. Jane, die nicht allzu lange zuvor ihre kleine Tochter verloren hatte, hätte mich leicht unterbrechen und ihre Erfahrungen beim Tod des Kindes einflechten können. Im etwas seltsamen Vergleich mit »akzeptablen« Todesfällen war ihr Verlust mit Sicherheit größer: Die kleine Ryan Miles mit ihrem zweijährigen Kampf gegen den Hirntumor und das zweiwöchige Sterben mit entsetzlichen Qualen am Ende – und dagegen Chris' Ein-Tages-Krankheit und sein rascher Tod im Alter von fünfzig Jahren.

Aber Jane hat mich nicht mit ihrer eigenen Geschichte unterbrochen. Dies war *meine Zeit* – meine Trauer, mein Schock, meine Erfahrung mit dem Tod, und sie respektierte mich als Trauernde, ohne aufzurechnen.

Jennifer arbeitet in der Neurochirurgie, wo Janes Tochter gestorben war und wo ich als junge Krankenhausseelsorgerin tätig gewesen bin. Auch sie hätte mit dramatischen Leidensgeschichten schwerkranker und sterbender Kinder gegenhalten können, die sie liebgewonnen hatte. Sie tat es nicht. Auch sie gab mir Zeit und das Gefühl, angenommen zu sein.

Wenn man einem Freund im ersten Schock der Trauerzeit zuhört, kann man ihn niemals damit trösten, daß es »schlimmere« Erfahrungen gibt, weder die eigenen noch solche, von denen man gehört hat. Ebensowenig kann man einen solchen Trauernden damit trösten, daß man sagt: »Ich weiß genau, wie du dich fühlst« – selbst dann nicht, wenn man begründeten Anlaß zu der Annahme hat, daß man es wirklich weiß. Zu einem späteren Zeitpunkt mag es für manche Trauernden hilfreich sein, wenn man vergleichbare Todesfälle, die man selber kennt, mit ihm austauscht. Aber nur dann, wenn man dazu aufgefordert wird oder der Trauernde damit anfängt. Jemand, der mit dem Tod eines geliebten Menschen leben lernen muß, könnte sich instinktiv an Sie wenden, weil er davon ausgehen kann, daß Sie sich mit seinem Verlust identifizieren können. Ich habe meine Freundin Jane als erste angerufen, weil ich wußte, was sie und ihre Familie wegen Ryans Tod hinter sich hatten. Aber ich habe sie nicht angerufen, weil ich dachte, sie wisse, wie *ich* mich fühle; eher vielleicht, weil ich instinktiv wußte, daß sie Erfahrung mit dem Tod hat. Jane sagte nicht: »Ich weiß, wie du dich fühlst«, weil sie es nicht wußte.

Sie wußte, was es bedeutet, nachts um halb zwölf mit jemandem reden zu müssen, weil ein geliebter Mensch gestorben war. Wie schon erwähnt, ist es wichtig, sich klarzumachen, daß ein Mensch in Trauer Sie braucht, daß er aber für lange Zeit nur einen bestimmten Teil von Ihnen braucht. Und umgekehrt wird er für lange Zeit nur einen kleinen Teil seines Lebens mit Ihnen teilen – auch wenn er vorgeben wird, er teile alles mit Ihnen.

Als ich Jane und Jennifer anrief, tat ich es mit dem instinktiven Wissen, daß ihre Erfahrungen mit Tod und Sterben gute Zuhörer aus ihnen gemacht hatten. Aber als ich sie erst am Telefon hatte und sie mir tatsächlich zuhörten, hörten sie für mich auf, Jane und Jennifer zu sein. Sie wurden Ohren für meine Stimme. Das, was ich von ihnen brauchte, waren ihre Ohren. Das, was ich mit ihnen teilte, war meine Stimme – und das war zu diesem Zeitpunkt alles, woraus ich bestand. Denn nichts sonst funktionierte.

Das hört sich sehr kalt an, ist aber wahr. Ihr trauernder Freund – obwohl er sich so nicht wahrnehmen wird – ist selbstsüchtig. Sie können für ihn einfach keine ganze Person sein, möglicherweise sehr lange nicht. Das kann für eine Beziehung hart sein. Freunde werden es leid, nicht mehr als menschliche Wesen gesehen zu werden mit ihren eigenen Gefühlen und Problemen und Hoffnungen. Sie werden es leid, für jemand anderen in einer offensichtlich einseitigen Beziehung dasein zu müssen. Aber es ist dennoch überflüssig zu sagen, daß Ihr trauernder Freund nicht in der Lage sein wird, mit Ihnen über Ihre eigenen Belange zu reden – monatelang, vielleicht jahrelang nicht.

Um es zusammenzufassen: Mit das Beste, was Sie einem Freund im Schockstadium des Leugnens tun können, ist, ihm zuzuhören, ohne eigene Erfahrungen einfließen zu lassen oder ihn darauf aufmerksam zu machen, daß er sich wiederholt oder dummes Zeug redet. Dazu hat Doug Manning ein großartiges Wort geschrieben: »Das Ohr ist der mächtigste Teil des menschlichen Körpers. Menschen können geheilt werden, wenn man ihnen ein Ohr leiht« (*Don't Take My Grief Away,* San Francisco 1984).

Betäubung

Wenn die Phase des Leugnens in die Phase der Betäubung übergeht, wird Ihr Freund nicht viel sprechen. Für Sie, die bisher zugehört haben, ist das verwirrend, aber Ihr Freund wird Ihnen Anhaltspunkte dafür geben, was er jetzt braucht. Das Beste, was Sie in dieser Phase tun können ist, einfach da zu sein, schweigende Anwesenheit anzubieten, die Hand zu halten oder ihn in den Arm zu nehmen – und zu tun, was getan werden muß.

Bei mir verwandelte sich die Phase des Leugnens in dumpfe Betäubung, als ich Chris zum ersten Mal im offenen Sarg sah.

So geht es vielen Menschen. Man kann sich schlechterdings nicht mehr gegen die Tatsache des Todes wehren, wenn man jemanden im Sarg liegen sieht.

Hier sei ein Wort zum Anschauen eines Toten gesagt. Fast alle Autoren, die sich mit Tod und Sterben befassen, betonen, wie wichtig es ist, den Körper des Toten anzuschauen, um die Wahrheit zu begreifen. Ich kann das nur unterstreichen und füge hinzu, daß es sogar noch hilfreicher ist, wenn man den Toten in der Leichenhalle sieht. Dafür gibt es mehrere Gründe.

Eine Leichenhalle ist der Ort, zu dem die Toten gebracht werden. Für viele ist der Geruch eindeutig, die Beleuchtung wirkt geisterhaft, das Dekor sieht aus wie ein schlechtes Bühnenbild, bei dem einen Platzangst befällt. Viele Bestattungsunternehmer geben sich inzwischen große Mühe, dieses miserable Image zu ändern.

Gleichzeitig wollen sie Möglichkeiten für Angehörige und Freunde schaffen, sich in angenehmer Atmosphäre und ohne Zeitdruck von dem Toten zu verabschieden. Solche Bestattungsunternehmer sollten beglückwünscht und ermutigt werden.

Unser ganzes Leben lang identifizieren wir Beerdigungsunternehmen und Leichenhallen mit Tod. Andererseits kommen wir nicht auf die Idee, Krankenhäuser, Altersheime oder gar unser eigenes Haus mit Unfällen oder gar Tod in Verbindung zu bringen. Den Körper eines Verstorbenen in der Leichenhalle, dem Haus des Todes sozusagen, anzuschauen, das kann die Tatsache bestätigen helfen, daß der Tod eingetreten ist. Selbst dann, wenn er lange erwartet wurde, ist Leugnen manchmal hilfreich – und eine Leichenhalle oder ein Aufbahrungsort können den Trauernden über diese erste Schwelle des Schocks bringen.

Den Verstorbenen nach einem *plötzlichen* Tod aufgebahrt zu sehen, das ist besonders wichtig. Als ich Chris in seinem flaggengeschmückten Sarg liegen sah, habe ich zum ersten Mal – intellektuell zumindest – akzeptiert, daß er tot ist.

Chris ist keines gewaltsamen Todes gestorben. Ihn im offenen Sarg aufzubahren, war für den Beerdigungsunternehmer kein Problem. In Fällen von gewaltsamem Tod kann das allerdings schwierig oder gar unmöglich sein. Den Toten noch einmal anzuschauen hat ja nicht den Sinn, zu sehen, was der gewaltsame Tod angerichtet hat. Wenn die Verletzungen so schwer sind, daß kein Teil des Körpers mehr einigermaßen hergerichtet werden kann, dann sollte man den Sarg zumachen. In diesem Fall könnte man den Hinterbliebenen vielleicht eine Haarlocke überlassen. (Falls die Beerdigungsleute nicht von selbst darauf kommen, könnten Sie als Freund oder Freundin der Familie darum bitten. Für den Trauerprozeß könnte solch ein Erinnerungsstück wichtig werden.)

Aber selbst wenn nur ein kleiner Teil des Körpers einigermaßen zurechtgemacht werden kann, ist es für die Trauernden wichtig, ihn noch einmal zu sehen. Natürlich muß man sie darauf vorbereiten, was sie erwartet. Ein kurzer Abschied vor der Beerdigung oder bevor der Sarg zur Feuerbestattung geschlossen wird, genügt.

Mit dem Körper des Verstorbenen eine Zeitlang allein sein zu dürfen, gleichgültig, ob in der Leichenhalle oder am Ort des Todes, ist für viele auch hilfreich. Um die Wahrheit zu begreifen, den Tod zu akzeptieren, ist eine Leichenhalle der richtige Ort. Aber um Abschied zu nehmen, den Toten noch einmal zu berühren, ihn festzuhalten, dafür ist der Ort des Todes, ist ein Zeitpunkt alsbald nach Eintritt des Todes besser, weil der Körper dann meistens warm und noch nicht steif ist.

Gleich, an welchem Platz – wichtig ist es auf jeden Fall, den Verstorbenen noch einmal zu sehen. (Sie als Freund oder Freundin könnten dabei behilflich sein. Sie könnten zum Beispiel dafür sorgen, daß Ihr Freund den geliebten Toten noch einmal sehen und eine Zeitlang bei ihm bleiben darf, um Abschied zu nehmen. Sie könnten anbieten, ihn dorthin zu begleiten und ihn wieder abzuholen. In der Verwirrung nach einem Tod kann so etwas einfach übersehen oder vergessen werden, wenn nicht das Klinikpersonal, der Beerdigungsunternehmer oder jemand von der Kirche dieses Angebot machen.)

Als ich Chris in seinem Sarg sah, seine krampfhaft gefalteten Hände, wußte ich, daß er tot war. Als ich seinen Ärmel berührte, der sich anfühlte wie mit Plastik ausgestopft, mußte ich zugeben, daß er tot war. Aber zu *wissen*, daß einer tot ist, und zu *glauben*, daß einer tot ist, sind zwei verschiedene Dinge. Und hier beginnt die nächste Schockphase, die Erstarrung.

Wie bereits beschrieben, wurde mein Körper steif, als ich Chris daliegen sah; ich war nicht fähig, mehr als zwei Worte zu sagen. Ja, ich sah Chris im Sarg und wußte nun, daß er tot war. Und deshalb wollte ich von Stund' an nicht mehr über Chris' Tod sprechen. Denn wenn ich darüber sprach, würde ich es glauben müssen, und wenn andere darüber sprachen, würden sie mir einreden, daß ich es glauben müsse.

Solange ich nicht an seinen Tod glaubte, mußte ich auch keine Konsequenzen ziehen. In dieser Situation hätte das bedeutet, mir Gefühle zu erlauben. Und das Gefühl, das kommen würde, war Schmerz. Wer wünscht sich Schmerzen? Deshalb wurde ich starr und redete nicht mehr.

In der Phase des Leugnens fühlte ich nichts, weil ich nicht konnte. In der Phase der Betäubung fühlte ich nichts, weil ich nichts fühlen wollte. Weil ich Angst davor hatte, den Schmerz zu ertragen, der kommen würde, sobald ich an Chris' Tod glaubte.

Betäubung, das ist die Phase, wenn der Kopf weiß, daß der geliebte Mensch tot ist, man sich aber weigert, es zu glauben. In dieser Phase weigert man sich nicht nur, darüber zu reden, es gibt noch einige andere Verneinungen: Kein Schlaf, es sei denn mit Tabletten, denn der Körper im Schock ist weder wach noch müde; kein Essen, jedenfalls kein regelmäßiges, denn der Körper kennt weder Hungergefühl noch Sattheit; keine Reaktion auf Telefon oder Türklingeln, keine Reaktion auf Beileidskarten – sie werden weder gelesen noch beantwortet. Auf etwas, was man nicht glaubt, kann man nicht reagieren.

Genau hier liegt der Hauptgrund dafür, daß wir jemanden unter Schock nicht wirklich trösten können. Schmerz, der auf Tatsachen beruht, aber nicht geglaubt wird, ist nicht zu lindern.

Gefühle, die man heftig bekämpft, weil man Angst hat vor ihrer Macht, können nicht aufbrechen.

Es ist schwer, jemandem in der Phase des Leugnens irgendwie anders zu helfen als durch Zuhören. Aber Zuhören in der Phase der Betäubung ist fast unmöglich, denn der Trauernde sagt kaum etwas. Er weiß, wenn er anfängt zu sprechen, wird er sich dem stellen müssen, was er am meisten zu verhindern versucht: Er muß begreifen, daß jemand, den er geliebt hat, tot ist.

Was also können wir für diesen Freund tun, außer still bei ihm zu sitzen, seine Hand zu halten oder ihn in den Arm zu nehmen?

Jemand im Stadium der Betäubung ist nicht er selbst. Er wirkt wie eine Marionette. Wenn man ihn sich selbst überläßt, wird er stundenlang irgendwo sitzen und nur vor sich hinstarren. Er wird sich in seiner Wohnung von einer Stelle zur anderen bewegen, er wird etwas tun, was wichtig sein kann oder auch nicht, wovon er weiß, daß er es tut oder auch nicht. Seine Reflexe sind verlangsamt. Er bewegt sich tolpatschig und ist deutlich unfallgefährdet. Seine Bewegungen und seine Sprechweise sind langsamer als sonst. Er wird eigene Bewegungen oder die von Menschen um ihn her kaum oder gar nicht wahrnehmen. Er hat wenig oder keine Ahnung, wie spät es ist, er will die Welt anhalten, und wenn er überhaupt mitkriegt, daß sich die Erde weiterdreht, wird ihn das bestenfalls zornig machen, denn er kämpft ja verzweifelt darum, die Zeit zurückzudrehen.

Aber gerade in dieser Zeit der Betäubung – dieser Betäubung, die allen Anstrengungen widersteht, sie zu vertreiben – kann es sein, daß der Trauernde einige wichtige Entscheidungen zu treffen und einige schwierige Sachverhalte zu klären hat.

Sie können für einen Freund nicht alles sein, nicht nur während seiner Trauerzeit nicht. Und Sie sollten das auch gar nicht erst versuchen. Dennoch fallen Ihnen vielleicht einige Dinge ein, die Sie selbst tun oder veranlassen könnten. Ich werde ein paar Vorschläge machen, aber es gibt gewiß viel mehr, die mir gerade nicht einfallen und die auch den Rahmen dieses Buches sprengen würden.

Wir haben schon davon gesprochen, daß Sie den Abschied von dem Verstorbenen für Ihren Freund und dessen Familie arrangieren könnten. Sie können die Tür aufmachen, wenn es klingelt, und ans Telefon gehen. Sie können dafür sorgen, daß die Beileidspost in einem bestimmten Korb oder Karton gesammelt wird und daß die Blumen versorgt werden. Schreiben Sie die Art des Straußes auf die beiliegende Karte und – sofern Sie ihn kennen – auch den Absender dazu. Sie können die passende Kleidung für Trauerfeier und Beerdigung heraussuchen. Sie können saubermachen, waschen, Böden wischen, Schuhe putzen, Staub wischen, Besorgungen machen, ein Foto und einige Informationen heraussuchen, die für den Nachruf in der Zeitung wichtig sind, Sie können kochen und dafür sorgen, daß die Kinder versorgt und betreut werden.

Es gibt eine schöne Geschichte von einem Mann, der ins Trauerhaus seines Freundes kam und sagte: »Ich bin gekommen, um die Schuhe zu putzen« – und das tat er auch. Wenn eine ganze Familie zur Totenwache, zur Trauerfeier und zur Beerdigung anständig angezogen sein soll, ist Schuheputzen eine große Hilfe.

Sie können die Blumenarrangements übernehmen. Sie können, falls notwendig, Flug- oder Bahnverbindungen heraussuchen und die Tickets besorgen. Sie können Trauergäste am Flugplatz oder am Bahnhof abholen. Sie können dringende Post erledigen und Hotelzimmer buchen. Sie können einkaufen gehen, sich ums Auto kümmern, Handwerker anrufen und Termine absagen.

Sie können darauf schauen, zu welchen gesellschaftlichen Gruppen der trauernde Freund gehört, und sie benachrichtigen. Das kann eine Religionsgemeinschaft sein, ein Club oder eine Geschäftsverbindung. Andere aus diesen Gruppen bieten vielleicht auch Hilfe an. Wenn das so ist, können Sie Verantwortung verteilen und sicherstellen, daß die angebotene Hilfe sich über einen längeren Zeitraum erstreckt. Mit etwas Organisationstalent muß es möglich sein, daß Ihr trauernder Freund nicht nur in den ersten Tagen bekommt, was er braucht, sondern möglichst auch noch in den folgenden Wochen und Monaten.

Ein weiterer Bereich, in dem Ihre Hilfe wichtig ist, kann die Planung der Beerdigung sein. Manche Glaubensgemeinschaften haben einen Standard-Gottesdienst, mit dem ihre Mitglieder einverstanden sein müssen. Wenn Ihr Freund dazu gehört, wird die tradionelle Trauerfeier ihm Trost bringen, so wie sie ist. Dennoch gibt es auch bei diesen Konfessionen vielleicht einen Priester, einen Pfarrer oder Rabbiner, der der Familie besonders nahesteht und die Trauerfeier allein durch seine Anwesenheit privater und persönlicher machen würde. Versuchen Sie, besondere Wünsche Ihres Freundes herauszufinden, wenn Sie ihm nahe genug sind und das Gefühl haben, daß daran nicht gedacht wurde. Achten Sie dabei darauf, daß es nicht zu Familienzwistigkeiten kommt. Handeln Sie ruhig und einfühlsam.

Wenn es beim Gottesdienst möglich ist, spezielle Arrangements zu treffen, und Ihr Freund das möchte, könnten die Vorbereitungen für eine sehr persönliche Trauerfeier eine große Erleichterung bedeuten. Vor allem nach plötzlichen Todesfällen, bei denen man sich logischerweise nicht schon vorher überlegt hat, wie ein Gottesdienst gestaltet sein sollte, wird Ihr Freund nicht wissen, wo er anfangen soll. Sie könnten ihm helfen, einige persönliche Daten zusammentragen, die die Standardfeier nicht nur privater und herzlicher machen, sondern für ihn und andere nahe Angehörige auch tröstlich sein dürften.

Ich selbst finde Beerdigungen, die die individuellen Eigenschaften des Verstorbenen würdigen, besonders eindrucksvoll; vor allem dann, wenn Freunde in der Kirche oder am Grab einen Nachruf halten dürfen. Falls das in der Glaubensgemeinschaft Ihres Freundes möglich ist, könnten Sie ihm helfen, Material dafür zu sammeln oder Leute anzurufen, die Ihr Freund dabei beteiligen will. (Dabei verhält es sich genauso wie bei einem telefonischen Rundruf bei Freunden und Verwandten, daß jemand plötzlich gestorben ist: Es könnte sein, daß diese Anrufe Ihr Freund oder andere Familienmitglieder selbst tätigen wollen.) Sie sollten deshalb fragen, ob Sie eine solch persönliche Angelegenheit übernehmen sollen. Aber gehen Sie nicht davon aus, daß Ihr Engagement nicht gewollt wird. Und gehen Sie auch nicht davon aus, daß schon jemand anderes tun wird, was getan werden muß. Das ist sehr oft nämlich nicht der Fall, und oft findet es die Trauerfamilie auch äußerst hilfreich, wenn ein Freund oder mehrere Freunde sich um einiges kümmern – Freunde, die nicht so tief in Trauer verstrickt sind wie die nächsten Angehörigen.

Was immer Sie tun, wichtig ist es, daß Sie so wenig Aufhebens wie möglich darum machen. Die Dinge sind verwirrend genug, und je leiser Sie Ihren Aufgaben nachgehen – ohne pausenlos im Flüsterton zu reden –, um so besser. Wenn Ihr Freund spricht, hören Sie ihm zu. Wenn er schweigt, kommen Sie nicht auf die Idee, Monologe führen zu müssen. Es ist auch völlig unnötig, bei Kleinigkeiten ebenso um Erlaubnis zu bitten, wie Sie es bei sehr persönlichen Entscheidungen machen würden – etwa, wenn Sie die Haustür aufmachen oder das Telefon abnehmen wollen –, tun Sie es einfach. Und wenn Sie das Haus betreten, sagen Sie einfach: »Ich bin gekommen, um dir zu helfen, so gut ich kann, es sei denn, du willst mich im Augenblick nicht hierhaben.« Möglicherweise bekommen Sie nur ein Nicken oder ein Lächeln als Antwort, aber es bedeutet ja, bleib hier.

Wenn Sie zu diesem Zeitpunkt wirklich nichts tun können, wird Ihr Freund Ihnen das in der Regel sagen. Wenn das geschieht, nehmen Sie Ihren Hut und gehen Sie. Seien Sie nicht verletzt oder beleidigt. Sie haben es versucht, aber es war der falsche Zeitpunkt. Es wird eine Zeit kommen, zu der Sie gebraucht werden. Geben Sie nicht auf. Ich sage es noch einmal: Der Trauernde braucht Sie. Aber er braucht Sie vielleicht nicht an diesem Tag und zu dieser Stunde, und er wird für lange Zeit immer nur einen Teil von Ihnen brauchen, wann immer Sie bei ihm sind.

Sie können natürlich zu Hause dennoch etwas kochen und hinüberschicken. Sie können eine Karte oder einen Brief schreiben. Sie können Energien sammeln für den Zeitpunkt, an dem Sie gebraucht werden. Denn daß der kommt, ist ziemlich sicher.

Nur sehr wenige und kranke Menschen können für immer ignorieren, daß ein geliebter Angehöriger gestorben ist. Der Schock mag lange anhalten, aber irgendwann muß das Begreifen einsetzen, weil nur so echte Trauer und Heilung möglich werden. Ich fing bei Chris' Beerdigung an, an seinen Tod zu glauben.

Ich war immer noch starr, als ich zur Trauerfeier fuhr. Ich kämpfte immer noch gegen alles an, was mich dazu bringen konnte, an Chris' Tod zu glauben. Ich stand unter einem starken Druck, und ich wollte, daß mich alle in Ruhe ließen und mich nur ja nicht ansprachen.

Als ich im Vorraum der Kirche stand und nicht weitergehen wollte, sah ich eine junge Frau aus meiner Firma, die vor kurzer Zeit ihren Mutterschutz angetreten hatte und auf die Geburt ihres ersten Kindes wartete. Die hochschwangere Frau kam auf mich zu und begann ein Gespräch. Sie wollte alle Einzelheiten über Chris' Tod wissen, wann und wie und warum, und wie die Kollegen im Büro damit umgingen. Das waren alles ganz normale Fragen, zumal sie nichts von meiner persönlichen Beziehung zu Chris wußte. Aber anstatt ihr zu sagen, daß mir gerade nicht nach Reden zumute war, was zumindest höflich gewesen wäre, nickte ich nur zu den ersten Sätzen, schaute in die andere Richtung und ging dann in die Kirche, allein in der Menge, und ich hatte nichts gesagt außer »Hallo«. Ich weiß noch, wie erstaunt und verletzt sie aussah.

Später, als ich mein Verhalten begriff, tat es mir leid, so grob gewesen zu sein. Aber damals konnte ich nichts anderes tun. Nachdem ich die Phase hinter mir hatte, in der ich dauernd darüber reden mußte, um die Tatsachen zu begreifen, und nun in der Phase war, in der ich verzweifelt dagegen ankämpfte, es wirklich glauben zu müssen, konnte ich einfach nicht davon sprechen. Noch konnte ich es nicht riskieren, zu *glauben*, was ich vom Verstand her schon *wußte* – genau genug wußte, um wenigstens höflich zu sein. Ich konnte es zu diesem Zeitpunkt nicht wissen, aber die Bombe war kurz vorm Platzen. Und ich war dabei, die Schlacht zu verlieren. Ich war kurz davor, glauben zu *müssen*, daß Chris tot war. Und, noch viel schlimmer, ich war kurz davor, wieder zu fühlen – zu fühlen, was Schmerz bedeutet.

Während es in der Schockphase als Antwort auf den Tod überhaupt keine Gefühle gibt, gibt es jede Menge davon, sobald man akzeptiert hat und der Heilungsprozeß beginnt. Diese Gefühle sind gewaltig und schmerzhaft, nicht nur emotional, sondern ganz oft auch körperlich. Ich mit meinem starken Willen – manche würden wohl eher sagen, meinem Dickkopf – versuchte so lange wie möglich, mich gegen den Schmerz zu wehren, als Chris gestorben war. Als ich vor der schwangeren Kollegin davonlief und mich in der Kirchenbank verkroch, versuchte ich immer noch mit ganzer Kraft, mir meine dumpfe Betäubung zu erhalten.

Schließlich war der Druck so groß, daß er sich ein Ventil suchen mußte. Erleichterung brach sich Bahn. Am liebsten hätte ich losgeschrien. Das wäre hilfreich gewesen – war aber nicht möglich, mitten in der Kirche. Ich wäre auch gern mit dem Kopf gegen die nächste Wand gerannt. Wenn man im Unterbewußtsein weiß, daß man wieder etwas fühlen muß, wäre es einem lieber, etwas von außen zu spüren, als sich darauf einzulassen, was innen vorgeht. Eine Gummiwand wäre gut gewesen, aber die gab es natürlich in der alten katholischen Kirche auch nicht.

Also fing ich an zu heulen. Ohne Schluchzen. Schließlich gab ich mir ja Mühe, mich zusammenzunehmen vor all diesen Leuten. Ich weinte gleichmäßig und still, es war wie ein schwerer Regenguß, der die Scheiben herunterläuft. So viel Gefühl konnte ich einfach nicht länger aushalten.

Die Tränen kamen plötzlich, ohne Vorwarnung. Eine Zeitlang konnte ich sie nicht stoppen, obwohl ich es mit aller Kraft versuchte. Schließlich hatte ich so viel geweint, daß ich Erleichterung spürte und mich soweit zusammenreißen konnte, um den Ausgang zu finden, mich in Jennifers Auto zu setzen und meinen Platz in der Trauerprozession einzunehmen. Ich erinnere mich, daß einige Kollegen nachdrücklich darauf bestanden hatten, mit mir zusammen zur Beerdigung zu fahren. Ich hatte es abgelehnt, weil ich glaubte, ich könne mich allein besser unter Kontrolle halten. Ich wollte niemanden um mich haben, vor lauter Angst, mich gehenzulassen.

In Wirklichkeit betrat ich Niemandsland, als ich in Jennifers zuverlässiges, altes, froschgrünes Auto kletterte. Ich war weder tot noch lebendig, fühlte nichts und war doch nicht gefühllos. Ich war genau zwischen der Phase des Leugnens und dem Schmerz des Begreifens. *Wenn dieser Schwebezustand länger anhält, kann es zu schweren emotionalen Schäden kommen.*

Für die meisten Menschen, die mit dem Tod konfrontiert werden, kommt glücklicherweise der Moment, wo Unglauben in Begreifen, Betäubung in Fühlen umschlägt. Wir schützen uns durch den Schock dagegen, so lange, wie das möglich ist. Danach, wenn wir mit zögernden Schritten beginnen, mit der Tragödie umzugehen, bewahren uns unsere Sinne davor, krank zu werden, indem sie uns vorwärtsschubsen in Gefühle und Realität. Auch das ist ein normaler Prozeß mit unterschiedlich langen Zeitspannen. Und wenn dieser Prozeß untersagt oder unterdrückt wird, sind Langzeitschäden möglich.

Die ersten Anzeichen von Begreifen sind fließend. Nicht daran glauben und daran glauben führen Wechselspiele miteinander auf, und zwar ziemlich lange, weil der erste Schmerz des Begreifens so verheerend ist. Aber wenn diese Schmerzen auftreten, ist das der erste Schritt auf dem langen Weg zur Heilung. Und Heilung ist oft ein schmerzhafter Vorgang.

Mein Niemandsland, der Zeitraum zwischen Fühllosigkeit und Fühlen, endete abrupt auf der Fahrt zum Friedhof. Es geschah in jenem Bruchteil einer Sekunde, als ich mir Chris' knochige Knie vorstellte und *wußte*, ich würde sie nie mehr berühren. Diese Vorstellung war so überwältigend, daß sie die Betäubung durchbrach. Die Mauer zwischen Tatsache und Begreifen stürzte ein. Ich *glaubte*, daß Chris tot war. Ich hatte es hinter mir: Tod als ein Wort, Tod als ein Fakt, Tod als etwas Begriffenes. Vom Leugnen im Schock zur Betäubung im Schock zum Schmerz des Begreifens: Chris ist wirklich tot.

Ich heulte wie noch nie in meinem Leben.

Nur mein Instinkt und das Schrittempo, in dem sich der Beerdigungszug bewegte, bewahrten mich vor einem Unfall. Ich sah nichts, geschüttelt von Schluchzen, über viele Kilometer hinweg. Der Schmerz fing gerade erst an.

Wenn man wieder anfängt, etwas zu fühlen, beginnt auch der Heilungsprozeß; und das führt unvermeidlich zu einem Aufruhr ganz verschiedener Empfindungen: Körperliche und seelische Schmerzen stellen sich ein, Tränen, Schreikrämpfe, Wut, Schuld, Angst, alle Sorten von Verrücktheiten, In-Frage-Stellungen, Stoßseufzer, Leere – alle im Wettkampf miteinander, täglich, manchmal stündlich.

Zu Anfang, wenn der Schmerz zu heftig wird, versuchen viele Trauernde, es sich leichter zu machen, indem sie in die Betäubungsphase des Schocks zurückkehren wollen. Weil ihnen das nicht gelingt, halten sie einfach die Welt an. Später, wenn der erste akute Schmerz dem länger dauernden dumpfen Schmerz weicht, beginnt das Sinnieren über den Wert des Lebens. Die Fähigkeiten, rational zu denken, kehren zurück.

Und wenn das geschieht, ist es für den Trauernden unausweichlich, sich mit Sinnfragen im Angesicht der Absurdität des Todes zu befassen.

Wenn man sich mit solchen Fragen beschäftigt, kann – seltsam genug – sogar Atmen in Schwerstarbeit ausarten. Daher kommen die tiefen Seufzer – Ausdruck eines Gefühls von Sinn- und Hoffnungslosigkeit.

Wenn man sich mit dieser umfassenden Phase des Trauernden, die ich mit *Schmerz* umschrieben habe, auseinandersetzen will, ist es einfacher, sie in Teile zu zerlegen. Der erste ist akuter Schmerz.

Akuter Schmerz

Schmerzen im Trauerstadium können seelischer wie körperlicher Natur sein. Das Gefühl von Gewalt, das ich in der ersten Schockphase hatte, verwandelte sich in Magenkrämpfe, als ich wieder begann zu fühlen. Es tat schon weh, aufrecht zu sitzen; es tat weniger weh, wenn ich mich zusammenkrümmte und die Hände auf den Magen drückte. Meine Arme und Beine fühlten sich schwer an. Mein Rücken tat weh, und ich war schrecklich müde, egal, ob ich geschlafen hatte oder nicht. Ich hatte Kopfschmerzen und bekam eine Gastritis.

Alle diese physischen Beschwerden und einige andere dazu können während des Trauerprozesses normal sein. Denn oft haben körperliche Krankheiten seelische Ursachen.

Es mag Menschen in Trauer geben, die gar kein körperliches Unbehagen empfinden, obwohl das selten ist. Andere mögen andere Symptome zeigen als ich. Aber meistens treten irgendwelche körperlichen Gebrechen auf. Das ist üblich und der Normalfall im Trauerprozeß. Der Grad der Erkrankungen schwankt von Fall zu Fall sehr stark: Manche Leute brauchen ärztliche Behandlung, andere kommen mit leichten rezeptfreien Medikamenten wieder auf die Füße.

Die andere Art von Schmerz ist seelischer Natur. Das ist viel komplizierter, läßt sich nicht mit Aspirin behandeln und ist auch nicht in wenigen Stunden oder Tagen zu beheben. Er bleibt in mancherlei Art und Grad für lange Zeit.

Auch seelischer Schmerz läßt sich mit Medikamenten betäuben.

Aber die meisten Fachleute im Bereich von Tod und Sterben sind ganz entschieden gegen den Gebrauch von solchen Unterdrückungsmedikamenten wie etwa Valium oder Librium. Ich sehe das auch so. Psychopharmaka behindern den Trauerprozeß sehr viel mehr, als daß sie ihn erleichtern. In besonders extremen Zeiten der Belastung, zum Beispiel in den ersten Tagen nach Eintritt des Todes, kann Valium vermutlich hilfreich sein. Aber eine Großpackung ist sicher ein Fehler. Auch diese Zeit der Trauer geht vorbei, und die Sinne zu betäuben ändert nichts an der Wahrheit. Aber die normale und notwendige Phase des Kummers könnte unterdrückt werden.

Seelischer Schmerz zeigt sich auf unterschiedliche Weise: Tränen, Ärger, Schuldgefühle und Angst. Wenn diese Empfindungen zu überwältigend zu werden drohen, dann kommen die Verrücktheiten. Denn sie beenden vorübergehend den Schmerz.

Angst, Schuldgefühle und Ärger ähneln einander sehr, und es ist oft schwierig, sie auseinanderzuhalten. Manchmal kommen sie alle gleichzeitig und bleiben ein unentwirrbares Knäuel.

Ein Beispiel: John und Mary sind mit dem Auto unterwegs

zu einer Party. Autounfall. Der Fahrer des anderen Wagens flüchtet. John stirbt. Mary überlebt mit einem Schock, aber sonst unverletzt. Während des Trauerprozesses bekommt Mary Angstzustände. Sie glaubt, weder seelisch noch körperlich ohne John leben zu können. Sie bekommt Wutanfälle gegen den Fahrer. Sie spürt Zorn über die Sinnlosigkeit dieses Todes. Und sie wird zornig auf Gott, weil er John nicht beschützt hat.

Gleichzeitig fühlt sie sich schuldig, weil sie Gott anklagt; schuldig, weil sie zu der Party wollte und beide nur deshalb mit dem Wagen unterwegs waren; schuldig, weil sie überlebt hat; und/oder schuldig, weil sie John nicht noch mehr geliebt hat. Und ganz oft sind Wut, Ärger und Schuldgefühle nur vage zu unterscheiden.

Wie kann man als Freund einem solchen Menschen im ersten Schmerz helfen?

Zuerst sollte man sich daran erinnern, daß körperliche und seelische Schmerzgefühle normal sind. Dieser Mensch verliert weder den Verstand noch das Leben, obwohl es so aussehen mag. In Zeiten von Angst, Schuldgefühl und Wut verwirrt jemand wie Mary ihre Umgebung mit rationalen wie irrationalen Reaktionen. Beides ist normal.

Da zu sein, als Zuhörer zur Verfügung zu stehen, ist für jemanden, der hier helfen will, von größter Bedeutung. Wenn Sie das tun, dürfen Sie dennoch nicht vergessen, daß Sie für Ihre trauernde Freundin nicht alles sein können. Es ist nicht schlimm, nein zu sagen, wenn es Ihnen nicht möglich ist, hinzugehen oder ihr zuzuhören, oder wenn es Sie zu hart ankommt. Wenn Sie heute nein sagen, haben Sie vielleicht an einem anderen Tag genug Energie und Geduld, um ja zu sagen.

Das Wichtigste ist, die Kommunikation nicht abreißen zu lassen, was sehr viel leichter ist in der akuten Schmerzphase und sehr viel schwerer in der längeren dumpfen Schmerzphase.

Daß sich Schmerz als Angst Bahn bricht, ist eine logische Reaktion von jemandem, der nicht weiß, wie sich die alltäglichen Bedürfnisse in Zukunft befriedigen lassen sollen. Von

Kindheit an haben wir Angst davor, daß unsere Grundbedürfnisse nicht gestillt werden. Eine trauernde Freundin spricht vielleicht über diese Angst nicht, weil sie nicht als geldgierig oder herzlos erscheinen will. Aber ihre Angst kann sehr real sein und der ohnehin schon schweren seelischen Last einen weiteren Packen aufbürden.

Soforthilfe, was Essen, Besorgungen, Kinderbeaufsichtigung, Saubermachen anbelangt, wird sicher zu diesem Zeitpunkt gerne angenommen.

Aber die Ängste beziehen sich meist auch auf fernere Zukunft. Wenn Sie die Möglichkeit haben, finanziell zu helfen, ist es gut, das jetzt anzusprechen.

»Wenn du Geld brauchst, um erst mal über die Runden zu kommen, Mary«, könnten Sie sagen, »laß es mich wissen. Ich kann dir helfen.« Wenn Sie so ein Gespräch anfangen, achten Sie darauf, daß niemand Ohrenzeuge werden kann. Nehmen Sie Marys Hand oder nehmen Sie sie in den Arm. Das ist die optimale Kommunikation, und sie wird sicher nicht abgelehnt, wenn das Bedürfnis danach da ist. Wenn Mary kein Geld braucht, wird sie sich dennoch freuen über Ihr Verständnis und über die angebotene Unterstützung als Beweis, daß Sie sich um sie kümmern.

Wenn Sie selbst keine finanzielle Hilfe anbieten können, aber Verbindung aufnehmen könnten mit Leuten oder Institutionen, die dazu in der Lage wären, bieten Sie diesen Dienst an. Auch das wird nach aller Erfahrung dankbar angenommen.

Angst vor der Zukunft ist nicht nur Angst vor Armut. Es kann auch Angst vor Verwundbarkeit sein, vor Einsamkeit, vor Leere, vor zu großer täglicher Belastung, vor Änderungen der Lebensgewohnheiten, Angst davor, nicht mehr gewollt zu werden, oder Angst davor, nie wieder jemanden zu haben, den man liebt.

Solche Ängste bleiben im ersten Schmerz des Verlusts meist unter der Oberfläche und manifestieren sich in weniger rationalen, aber dennoch normalen Verhaltensmustern. Einige will ich beschreiben. Eine Freundin fürchtet, daß auch sie sterben wird. Gefühle von Verletzbarkeit kommen auf – wenn das jemandem passieren kann, der mir so nahestand, dann kann es mir ebenso gehen.

Eine Freundin hat Angst davor, ohne den geliebten Mann weiterleben zu müssen. Flüchtige Gedanken, manchmal sogar konkrete Pläne, sich das Leben zu nehmen, sind zu diesem Zeitpunkt nicht unüblich.

Die überwältigende Gegenwart des Todes vermittelt das Gefühl, das sei die einzige Möglichkeit. Der Tod und die Erinnerungen an den Toten füllen Tage und Nächte. Der eigene Tod scheint der einzige Weg, mit dem Geliebten wieder vereint zu sein oder dem Schmerz ein Ende zu setzen.

In ihrem hervorragenden Buch »The Grieving Time« (»Trauerzeit«, Anm. der Übers.) beschreibt Anne Brooks, wie sie in den ersten Monaten nach dem Tod ihres Mannes ihre Selbstmordgedanken nicht mehr vertreiben konnte:

». . . Ich glaube ganz gewiß, daß er irgendwo ist. Dieses Bewußtsein ist der hauchdünne Faden, der meine Gesundheit noch hält – der Gedanke, daß ich irgendwann und irgendwo wieder mit ihm zusammensein werde. Das ist die eine Hälfte der Anziehungskraft, die mich zum Selbstmord zieht. Die andere Hälfte ist schlicht die Tatsache, daß das Leben ohne ihn unerträglich ist.«

Gedanken an Selbstmord können sich noch viel merkwürdiger äußern. Nach Auffassung des Trauernden hat der Tote immer noch die Fähigkeit zu fühlen – und ist irgendwo dort draußen allein, ängstlich, in der Kälte, hat Platzangst, fühlt sich ungeliebt und vergessen. Trauernde Witwen meinen zum Beispiel, sie müßten auch sterben, um bei dem toten Partner sein zu können, um ihn zu beschützen, seine Ängste zu teilen, ihn wissen zu lassen, daß er nicht allein ist.

Ich dachte nicht an Suizid, als Chris starb, aber ein Teil meiner Verrücktheiten resultierte daraus, daß ich *ihn* so sehr brauchte: Der Papierkuß etwa, den Chris in seinem Grab finden sollte, und die Sitzwache am ersten Tag nach der Beerdigung, die Chris zeigen sollte, daß er unvergessen war. Mein Schmerz und meine Angst, Chris zu verlieren, waren so übermächtig, daß ich ihn einfach nicht verlieren *konnte.* Deshalb ging ich zu ihm und blieb ein paar Stunden bei ihm, als ob er das wissen oder fühlen könnte, daß ich da war.

Gedanken an Selbstmord kamen mir vielleicht deshalb nicht, weil Art und Länge unserer Beziehung noch nicht über viele Jahre gediehen waren. Vielleicht auch, weil meine Verrücktheiten es mir erlaubten, meinen Beschützerinstinkt auf diese Weise auszuleben, meine Sehnsüchte, bei ihm zu sein, ohne in das Extrem zu verfallen, im Tod bei ihm sein zu wollen. Als Schmerz und Angst allzu groß wurden und es mir nicht gelang, in den Betäubungszustand zurückzukehren, hielt ich meine Welt an und wurde verrückt, um nicht verrückt zu werden. Ich hörte mit allem auf, was zu meinem normalen Leben gehörte, und fuhr los, um bei Chris zu sein.

Zu den Verrücktheiten (die noch ausführlicher zur Sprache kommen werden) gehören andere heftige Gefühle wie Wut und Schuld, die sich während dieser Zeit tiefen Schmerzes um unsere Aufmerksamkeit bemühen. Sie alle mit ihren unterschiedlichen Abläufen und Auswirkungen überwältigen normalerweise die Gedanken an Selbstmord, bevor sie sich wirklich festsetzen.

Wenn Sie einen trauernden Freund in dieser angsterfüllten, schmerzerfüllten Zeit begleiten wollen, ist es äußerst hilfreich, ihm zuzuhören, wenn er von seinen Ängsten spricht – und zwar, ohne darüber zu urteilen, ohne ihm zu sagen, diese Ängste entbehrten jeder Grundlage, ohne vorzuschlagen, die verlorene Liebe durch eine neue zu ersetzen, ohne zusammenzuklappen, wenn er von Selbstmord spricht, und ohne zu versuchen, ihn vom Thema abzubringen.

Wenn Sie überhaupt reden, dann vor allem, um Ihrem Freund zu versichern, daß seine Ängste Bestandteil seiner Trauer sind und daß das normal ist. Sich Gedanken zu machen über unsere Verletzlichkeit gegenüber dem Tod ist ein normaler Vorgang, wenn Gedanken an den Tod unsere Sinne beherrschen. Es ist genauso normal, daß wir uns Einsamkeit vorstellen und Visionen von einem für immer unerfüllten Leben haben, wenn wir anfangen zu begreifen, daß ein geliebter

Mensch tot ist. Es ist normal, sterben zu wollen, erscheint es doch als Ausweg aus dieser öden Zukunft. Und es ist auch normal, daß man am liebsten mit dem Verstorbenen zusammensein möchte.

Wohlmeinende Freunde, die einem Trauernden durch Angst und Schuld und Zorn hindurchhelfen wollen, versuchen oft, den Freund von diesen Gefühlen zu befreien, indem sie sie bagatellisieren oder erzählen, es gebe keinen Grund dafür. Mit dem Erfolg, daß sich der Trauernde nicht richtig im Kopf fühlt. Also wird er in Zukunft über Angst und Schuld und Wut nicht mehr sprechen. Aber davon gehen sie nicht weg.

Sie stauen sich in ihm auf. Und weil er sie nicht loswerden kann, können sie seinen natürlichen Trauerprozeß blockieren; schwere seelische Langzeitschäden können die Folge sein. Deshalb ist es wichtig, den Freund dazu zu ermuntern, seine Gefühle auszusprechen, und ihm zu sagen, daß dies völlig normale Empfindungen sind, wenn jemand trauert.

Schuldgefühle sind ganz besonders üblich bei Trauernden. Jemand kann glauben, er habe, durch Tun oder durch Unterlassen, den Tod des geliebten Menschen verursacht. »Hätte ich doch nur den Arzt früher angerufen.« – »Hätte ich ihn doch nur nicht gezwungen, zu dieser Party zu gehen.« – »Hätte ich ihn doch nur mehr geliebt.«

Wer einen langen Sterbeprozeß mitgemacht hat, mag einige der Schuldgefühle schon durchlebt haben während dieser Zeit; dennoch werden sie jetzt wiederkommen, wenn auch vermutlich nur für einen kürzeren Zeitraum.

Solange Sie einem Freund, einer Freundin erlauben, über diese Schuldgefühle zu sprechen, so lange helfen Sie ihm oder ihr. Zu Anfang werden vielleicht nur die »Hätte ich doch . . .« oder die »Warum« immer und immer wiederholt, ohne die Bereitschaft, einen Kommentar dazu von Ihnen hören zu wollen. Und sie sind noch lange nicht soweit, vernünftig an diese Dinge heranzugehen.

Schmerz, der aus Schuldgefühlen resultiert, ist grausam. Aber auf seltsame Weise ist es manchmal so, daß der Trauernde diesen Schmerz *braucht*. Unbewußt mag er sich ausdenken, wenn der geliebte Mensch schon die ganze Qual des Todes erlitten hat, dann ist es nur gerecht, wenn ich jetzt auch Schmerz fühle und leiden muß. Sich selbst mit Schuldgefühlen zu quälen, das ist eine Art, sich Schmerz zuzufügen. Schließlich kommt der Zeitpunkt, an dem sich der Verstand wieder zu Wort meldet. Aber selbst wenn Sie einem Menschen dabei helfen können, Schuldgefühle logisch aufzuarbeiten, ist nicht zu erwarten, daß sie auf wundersame Weise plötzlich verschwinden. Die »Hätte ich doch ...« oder »Warum habe ich nicht ...« kommen wieder. Sie tauchen vielleicht weniger häufig und weniger intensiv auf, aber sie tauchen wieder auf, manchmal über Jahre.

Als Beispiel, wie man einem Trauernden helfen kann, mit Schuldgefühlen umzugehen, lassen Sie uns zurückkehren zu der Unfallgeschichte von John und Mary. Mary hatte Schuldgefühle, weil sie auf Gott wütend war. Hatte Schuldgefühle, weil sie überlebt hatte, weil sie zu der Party wollte und beide deshalb in jener Nacht unterwegs waren, weil sie John angeblich nicht genug geliebt hatte.

»Warum mußte ich John nur zu dieser Party schleppen? Wenn wir zu Hause geblieben wären, wäre all dies nicht geschehen.« Natürlich gibt es nicht den geringsten Zweifel daran, daß Mary diesen Unfall nicht vorhersehen konnte. Aber anstatt nun zu sagen: »Mary, du hast das doch nicht ahnen können!«, ist es besser, Mary dazu zu bringen, es selber logisch anzupacken.

Freundin: »Hast du gewußt, daß so etwas geschehen würde, als du dich entschlossen hast, zu der Party zu gehen?«

Mary: »Natürlich nicht.«

Freundin: »Hättest du es auf irgendeine Weise vorher wissen können?«

Mary: »Nein.«

Freundin: »Wenn du es gewußt hättest, wärst du trotzdem gegangen?«

Mary: »Nein.«

Zu diesem Zeitpunkt wird Mary sich langsam fragen, ob Sie noch ganz dicht sind – und das ist gut so.

Aber anstatt dieses Frage- und Antwortspiel weiterzutreiben, könnten Sie als Freundin nun sagen: »Mary, Schuldgefühle zu haben ist in dieser Situation normal. Wenn das meinem Mann und mir passiert wäre, ginge es mir mit Sicherheit genauso. Unsere Männer tun immer so, als würden wir sie zu den Partys zwingen – bis sie dort ankommen und sich königlich amüsieren. Es gehört zum Rollenspiel der Ehemänner. Aber du und ich wissen, daß du nicht zu dieser Party gehen wolltest um den Preis von Johns Leben. Das ist eine Tatsache. Und wir wissen auch, daß du es nicht vorhersehen konntest, sonst wärst du zu Hause geblieben. Auch das ist ein Fakt.

»Hätt' ich nur« und »Warum bloß?« zu sagen sind normale Reaktionen, aber logisch sind sie nicht. Du kannst dich mit diesen Schuldgefühlen auf Jahre hinaus in Grund und Boden rammen, aber wenn es nun anders gelaufen wäre und du wärst tot – würdest du wollen, daß John sich so quält?«

Dies ist ein Beispiel, wie man jemandem zum richtigen Zeitpunkt dabei hilft, mit Schuldgefühlen umzugehen. Mary ist sicher nicht in der Lage, all das in dem Augenblick zu verarbeiten und zu akzeptieren, in dem es gesagt wird. Aber wenn der Schmerz langsam nachläßt, wird sie an einen Punkt kommen, an dem sie Teile des Gesprächs gebrauchen kann, um ihre nach und nach wiederkehrende Logik zu stärken, obwohl die »Hätt' ich doch . . .« und die Fragen nach dem »Warum« noch lange gelegentlich aufkreuzen werden.

Ähnlich könnte ein Gespräch ablaufen mit jemandem, der sich schuldig fühlt, weil er überlebt hat.

Wenn man jemandem dabei hilft, klar zu sehen, daß solche Ereignisse nicht der menschlichen Kontrolle unterliegen und daß es keine *Wahl* gab, wer sterben sollte, dann kommt der Trauernde von selbst an den Punkt, wo er sieht, daß seine Gefühle normal, aber nicht logisch sind.

Was nun das Gefühl anbelangt, sie hätte John viel mehr lieben sollen, so könnte Mary normaler gar nicht sein. Fast jeder, gleich wie wunderbar die Beziehung gewesen sein mag, wünscht sich zur Zeit des Todes, mehr und besser geliebt zu haben. Helfen Sie dem Freund, der Freundin mit der Versicherung, daß auch dies normal ist. Es kann auch helfen, eine Begebenheit zu erzählen, bei der der Verstorbene Ihnen gegenüber etwas besonders Liebevolles über seine Frau gesagt hat. Es wird ihr das Gefühl geben, daß ihr Mann sich geliebt wußte und daß er sogar anderen gegenüber darüber sprach. Das kann besonders hilfreich sein, wenn es ein Anlaß war, von dem die trauernde Witwe bisher nichts wußte. Sollte es sich bei den Schuldgefühlen um medizinische Aspekte handeln, können Sie helfen, indem Sie ein Gespräch zwischen dem Trauernden und dem zuständigen Arzt arrangieren.

Vielleicht quält sich Mary mit der Frage, ob John hätte gerettet werden können, wenn sie ihren Schock schneller überwunden und einen Krankenwagen gerufen hätte. Die beste Therapie für Mary wäre der Arzt, der Mann mit dem akademischen Titel, der zu ihr sagt: »Mrs. Smith, es gab nichts, was Sie hätten tun können. Zeit hat im Falle Ihres Mannes überhaupt keine Rolle gespielt. Er war sofort tot. Er hat nichts mehr gespürt.« Daß der Arzt erwähnt, John habe keine Schmerzen gehabt, ist eine große Erleichterung. Vielleicht zeigten Marys quälende Bilder ihr ihren Mann auf der Straße liegend, einen langsamen, schmerzhaften Tod erleidend. Und sie hätte ohne Sie vielleicht nie die Gelegenheit ergriffen, über diese Ängste mit dem Arzt zu reden. In manchen Krankenhäusern gibt es inzwischen »Sprechstunden« für Familienangehörige, denen ein Mitglied in der Notaufnahme gestorben ist oder bei Ankunft im Krankenhaus schon tot war. Sie haben die Möglichkeit, einige Wochen nach dem Tod Fragen zu stellen, entweder persönlich oder telefonisch. Das ist hilfreich, um die Wirklichkeit in den Trauerprozeß einzuarbeiten und um die Horrorbilder auszutreiben, die sich in der Vorstellung des Trauernden als endloser Film abspulen.

Trauernde finden immer etwas, woran sie sich schuldig fühlen. Aber wenn sie sich auf Sünden durch Handeln oder durch Unterlassen konzentrieren, sind diese Schuldgefühle fast nie berechtigt. Helfen Sie solchen Trauernden, indem Sie sie von Schuld sprechen lassen, ebenso von Ängsten. Urteilen Sie nicht. Sagen Sie nicht sofort, daß solche Gefühle jeder Grundlage entbehren. Vermitteln Sie nicht das Gefühl, Ihr Gesprächspartner sei nicht normal. Und versuchen Sie nicht, ihn vom Thema abzubringen, indem Sie die Macht und den Grad seiner Gefühle leugnen. Wenn er über seine Schuld mehrfach oder über eine lange Zeit hinweg geredet hat, können Sie in einem ruhigen Gespräch ohne Ohrenzeugen anfangen, die Wirklichkeit gegen die Gefühle zu stellen und mit logischen Maßstäben zu messen.

Es gibt auch Fälle, in denen die Schuldgefühle auf Tatsachen beruhen. Und es gibt Fälle, in denen ein geliebter Mensch nicht sofort tot ist, sondern langsam und qualvoll stirbt.

Im ersten Fall ist professionelle Hilfe meist notwendig, um dem Trauernden zu ermöglichen, mit seiner Schuld zu leben. So merkwürdig es klingt – manchmal ist dabei sogar eine juristische Bestrafung hilfreich. Sie wird als öffentliche Buße angesehen. Aber generell ist eine Strafverfolgung nicht ausreichend.

Sie können Ihre Freundschaft unter Beweis stellen, indem Sie jemandem, der sich nach dem Gesetz schuldig fühlt am Tod eines Menschen, zuhören, zustimmen, ohne allzu sehr zu unterstreichen, daß die Schuldgefühle berechtigt sind, indem Sie zu einer Therapie raten und dafür sorgen, daß sich die Sühne umwandeln läßt in positive Anstrengungen. Das ist allemal besser, als sich damit zu Tode zu quälen. Das Sprichwort, daß aus zweimal falsch nicht einmal richtig wird, stimmt. Zwei zerstörte Leben ergeben kein gerettetes.

Wenn ein Angehöriger in den Minuten und Stunden vor seinem Tod furchtbar leiden mußte und nichts getan wurde oder getan werden konnte, um die Schmerzen zu lindern, wird der zuständige Arzt das den Hinterbliebenen gegenüber vermutlich nicht äußern. Es ist ziemlich ausgeschlossen, daß die trauernde Witwe noch einmal in eine vergleichbare Lage gerät. Es wird auch kein Arzt wollen, daß sie sich noch mehr quält, weil man ihr sagt, sie hätte tatsächlich noch etwas für den Verunglückten tun können. Es mag andere Lektionen geben, die man aus einer Tragödie lernen kann. Die Beschreibung von Schmerz und Leiden gehört nicht dazu. Sie ist grausam und ändert nichts an den Tatsachen. In den meisten Fällen ist es bei Opfern eines Verkehrsunfalls etwa ja doch so, daß sie das Bewußtsein verlieren und von den Schmerzen nichts mehr mitbekommen.

Angst, Schuldgefühle und Wut sind vor allem dann üblich, wenn ein gewaltsamer Tod zu beklagen ist. Gewaltsame Todesarten wie Johns Verkehrsunfall, aber auch Mord, Selbstmord oder Feuertod scheinen im nachhinein vermeidbar. Die Sinnlosigkeit eines gewaltsamen Todes, anders als nach langer Krankheit oder durch Herzschlag, hätte doch mit einem bißchen Vorsicht und Sorgfalt verhindert werden können. Wir werden nicht müde, uns das immer wieder herzusagen. Menschlicher Irrtum ist so banal, und seine Konsequenzen sind so urplötzlich, daß wir wütend und entsetzt auf dieses Mißverhältnis von Ursache und Wirkung starren. Wer mit einem gewaltsamen Tod konfrontiert wird – durch Mord, Selbstmord oder unvorhersehbare Umstände –, bei dem verstärken sich Angst, Schuldgefühle und Wut während des Trauerns sehr häufig. Wir versuchen, einen vernünftigen Grund zu finden, wir brauchen jemanden, den wir anklagen können, und manchmal schreien wir auch nach Rache. Es ist ein Alptraum, wenn jemand, den man liebt, erstochen worden ist, vergewaltigt und umgebracht, niedergeschossen, Hand an sich gelegt hat, in einem Flugzeug verbrannt oder ertrunken ist.

Wenn Sie jemandem helfen wollen, der einen gewaltsamen Tod betrauert, erfordert es viel Reden auf seiner und viel Zuhören auf Ihrer Seite, bevor die traumatischen Bilder langsam verblassen.

Wut wird sich in die Gespräche einschleichen, aber es ist mehr als nur Wut. Es ist Angst, daß das, was dem Nächsten zustoßen konnte, mir auch passieren kann. Es ist Schuld – egal, ob durch Unterlassen oder durch Handeln. Und es ist Zorn auf die Sinnlosigkeit eines solchen Todes, auf den Übeltäter oder den Auslöser des menschlichen Versagens, die den Tod verursacht haben, und möglicherweise auf Gott, den wir anklagen, nicht aufgepaßt oder die Tat nicht verhindert zu haben.

Bei manchen Menschen, die gewaltsamen Tod betrauern, können Wut, Schuldgefühle, Rachegedanken oder Vorstellungen von Stigma so stark werden, daß Ihnen als Freund oder Freundin nichts Besseres zu tun bleibt, als ärztliche oder psychotherapeutische Hilfe zu vermitteln.

Bei gewaltsamem oder unnatürlichem Tod kann es geschehen, daß der Trauernde völlig auf einen Aspekt fixiert ist, etwa auf Schuld – und der Trauerprozeß gehemmt wird. Oder der Trauernde fühlt sich dermaßen stigmatisiert von der Tragödie, daß es mehr braucht als Freunde und weniger betroffene Angehörige, um ihn da durchzubringen. Ich kann nur mit Nachdruck empfehlen: Jedem, der einen geliebten Menschen durch Gewalt oder auf andere grauenvolle Art verloren hat, muß professionelle Hilfe zuteil werden.

Das heißt nun nicht, daß Sie ihm nicht dennoch zuhören und um ihn sein sollen. Im Gegenteil, gerade bei Tod durch Mord oder Selbstmord ziehen sich viele Freunde aus Verlegenheit oder Entsetzen zurück. Deshalb ist es ganz wichtig, daß Sie ausharren. Sie sollten aber darauf drängen, daß therapeutischer Rat und fachärztliche Begleitung gesucht werden.

Welche Todesart auch immer, jeder Trauernde wird Zorn verspüren. Wenn es sich um Tod nach langer Krankheit handelt, sind solche Ausbrüche vermutlich schon vorher einige Male aufgetreten: Ärger (unausgesprochener, fast immer) auf den Menschen, der stirbt; auf die Schwester, auf den Pfleger; manchmal auch, wenngleich seltener, auf den Arzt; auf untätige Zuschauer; Ärger auf die medizinische Forschung, weil sie kein Mittel hat; auf die Regierung, die Geld für lauter unwichtige Dinge ausgibt; auf Ehepartner, Verwandte, Freunde und auf Gott.

Nach dem erwarteten, aber auch nach einem plötzlichen Tod kommt Ärger in der einen oder anderen Weise zutage. Zusätzlich grämt man sich über die bürokratischen Prozeduren, die mit dem Tod einhergehen: Umstände mit dem Beerdigungsunternehmen, Auflösung von Bankkonten, Erfüllung des letzten Willens und all die tausend anderen erforderlichen, aber zeitraubenden und lästigen Dinge, an die man vorher nicht gedacht hat.

Aber Ärger ist ein Gefühl, das sich selbst verbraucht. Man benötigt schon viel Energie, um über einen langen Zeitraum ärgerlich zu bleiben. Um diesen Ärger aufzulösen, hilft nichts mehr, als zuzuhören, ohne zu urteilen und ohne das Gefühl verringern zu wollen. Logisches Aufarbeiten können Sie sich weitgehend sparen, denn in der Hitze des Ärgers will Ihre

Freundin gar nicht vernünftig sein. Wenn sie ihren Ärger losgeworden ist, wird sie seiner überdrüssig sein und ihn eine Zeitlang beiseite packen wollen. Nach und nach wird der Ärger weniger heftig und weniger häufig erscheinen. Aber er wird auf einer bestimmten Stufe vorhanden bleiben, länger noch manchmal als Schuldgefühle, denn es wird so gut wie nie eine ausgleichende Gerechtigkeit geben, um welche Todesart er sich auch handelt.

Manchmal haben Leute zumindest das Gefühl ausgleichender Gerechtigkeit, wenn sie ihren Ärger zur Vollendung treiben. Viele Juden haben das getan, indem sie, als Antwort auf die Greuel des Holocaust, den Ermordeten Denkmäler setzten. In den USA haben Mütter sich zum Ziel gesetzt, gesetzliche Sanktionen gegen jene betrunkenen Autofahrer zu erreichen, die ihre Kinder umgebracht haben. Dies ist ganz gewiß eine positive Art, mit Ärger umzugehen. Aber nicht jeder kann das.

Eine andere gute Möglichkeit, mit Ärger umzugehen, ist, zu verzeihen. Das ist für viele Menschen extrem schwer, wenn nicht gar unmöglich, vor allem im ersten Schmerz. Wenn es Ihrem Freund, Ihrer Freundin gelingt, sich selbst oder anderen, die beteiligt waren, aufrichtig zu verzeihen, ist viel in Richtung Heilung erreicht. Es zu versuchen, bevor man wirklich dazu in der Lage ist, hat hingegen keinen Sinn.

Lassen Sie uns schließlich über Tränen sprechen. Tränen bedeuten Erleichterung; sie schleifen die scharfen Kanten des Schmerzes ab. Sie wirken wie ein Schwall kalten Wassers auf einer heißen Herdplatte. Das Wasser verdampft und kühlt die Oberfläche vorübergehend ab, aber die Temperatur im Herd bleibt glühend heiß.

Deshalb ist es wichtig, sich klarzumachen: Tränen allein helfen niemandem durch den Trauerprozeß.

Lassen Sie Ihre Freundin weinen, aber geben Sie ihr auch Gelegenheit zu reden. Lassen Sie sie wissen, daß Sie Verständnis für die Tränen haben, aber daß Sie auch für sie da sind, wenn sie über ihre Gefühle sprechen will.

Manchmal hilft es auch, wenn Sie *mit* Ihrer Freundin weinen. Dabei teilen Sie das einzige mit ihr, was Sie rund um einen Todesfall teilen können: Hilflosigkeit. Sie können ihr nicht geben, was sie möchte, und sie kann nicht bekommen, was sie sich am meisten wünscht: Daß der Mensch, den sie geliebt hat, wieder lebendig wird. Bei dieser Hilflosigkeit gemeinsam zu weinen, das kann beiden helfen. Dasein, zuhören ist wichtig, um einer trauernden Freundin zu helfen. Falls Sie das aber zu sehr belastet, können Sie genauso helfen, indem Sie beherzt zupacken und alltägliche Dinge im Haushalt übernehmen, von denen schon die Rede war. Die Trauernde ist immer noch stark auf sich und auf den Tod fixiert und hat ihre Welt angehalten, um nicht zu zerbrechen. Das ist zwar eine gute Verteidigung, aber sie verträgt sich nur selten mit dem Alltag.

Was während der Zeit des ersten, intensiven Schmerzes hilft, ist vorurteilsloses Zuhören, einfach dasein, zupacken, wo es nötig ist, oder zum richtigen Zeitpunkt dabei helfen, irrationale Gefühle logisch aufzuarbeiten. Und bereit zu sein, die Freundin oder den Freund in den Arm zu nehmen, die Hand zu halten oder die Schulter anzubieten – zum Ausweinen.

Verrücktheiten

Nun sind wir endlich bei den Verrücktheiten angelangt; bei den Spinnereien, die uns intakt halten können, wenn uns der Schmerz zu überwältigen droht.

Der erste Schritt zur aktiven Trauer ist getan, wenn man glaubt, daß der Angehörige tot ist. Aber daran zu glauben und damit umgehen zu müssen, Tag für Tag, Minute für Minute, kann manchmal mehr sein, als ein Mensch ertragen kann. Es tut einfach zu weh. Deshalb, um sich vor dem Schmerz zu schützen, veranstalten viele Trauernde alle möglichen Verrücktheiten in dem Versuch, mit dem Toten verbunden zu bleiben.

Ich habe meinen Papierkuß beschrieben, meine Grabwache und meine Jagd nach Blumen für Chris' Grab. All dies waren Versuche, ihn festzuhalten – Versuche, wenigstens für eine

Weile die schreckliche Tatsache zu leugnen, daß er nicht wieder lebendig werden würde. Ich machte noch andere überspannte Sachen. Sie waren normal für jemanden in meiner Situation. Jedem anderen wären sie irrational, anormal, verrückt erschienen.

Deshalb habe ich auch nie jemandem von diesen Verrücktheiten erzählt bis zu dem Tag, an dem ich sie zögernd in einer Rede ansprach – viele Jahre später. Seither sind sie mir von Hunderten von Menschen bestätigt worden, die ähnliche Erfahrungen gemacht hatten und die sie, wie ich, selten oder nie zugegeben hatten.

Bevor ich meine eigenen Verrücktheiten im Zusammenhang mit Chris' Tod zur Diskussion stelle, hier eine notwendige Warnung:

Normale Trauer-Spinnereien können anormal werden, wenn sie über Gebühr lange andauern oder wenn sie als Langzeitflucht vor der Wirklichkeit benutzt werden. Ihre Dauer und ihre Art sind von Fall zu Fall so unterschiedlich, daß ich zögere, eine Spanne zu benennen. Ich glaube, daß in den meisten Fällen ein Mensch, der seine Verrücktheiten durchexerziert, irgendwann merkt, daß er etwas Irrationales tut. Wenn er aber anfängt, solche Dinge zu tun, ohne sie selbst als unüblich oder absurd zu empfinden, dann kann Gefahr im Verzuge sein.

Vom Kopf her wußte ich, daß Chris meinen Kuß in seinem leeren Grab nicht finden würde. Ich wußte, daß ich Plastikblumen nicht ausstehen konnte. Ich wußte, daß meine Sitzwache für viereinhalb Stunden neben seinem Grab ihm nicht wirklich helfen würde. Aber ich wußte auch, daß all diese Dinge mir gut taten. Ich brauchte sie geradezu. Sie waren zu diesem Zeitpunkt notwendig, um mit dem Schmerz umzugehen, den ich damals fühlte. Im übrigen habe ich weder den Papierkuß noch die Blumen oder die Sitzerei am Grab vorher geplant. Sie schienen mir einfach normal zu sein.

Mein zweiter Aufenthalt an Chris' Grab dauerte nur noch drei Stunden. Das reichte. Und bald fand ich, daß Sitzwachen auf dem Friedhof gar nicht mehr nötig waren, um meinen Schmerz zu lindern. Es war nicht mehr nötig, meine Welt auf diese Weise für einen solchen Zeitraum anzuhalten. Alles zusammen hat es fünf Wochen und vier Friedhofsbesuche lang gedauert.

Zwei, drei Monate lang entwickelte ich so etwas wie den Verlust des Kurzzeitgedächtnisses, aber die Ausfälle kamen immer seltener. Sie bezogen sich nur auf alltägliche Dinge; niemals auf Chris oder seinen Tod oder Ereignisse davor. Auch dies war ein Weg, meine Welt anzuhalten: Ich nahm nicht mehr wahr, was sich in der Gegenwart abspielte.

Zwei weitere bizarre Angewohnheiten kamen in dieser Trauerphase ans Licht: Ich nahm jedes Beerdigungsunternehmen der Stadt wahr, und ich las alle Todesanzeigen.

Bevor Chris starb, hatte ich noch nie ein Bestattungsinstitut bewußt zur Kenntnis genommen. Aber noch monatelang nach seinem Tod fiel mir jedes auf, an dem ich vorbeifuhr. Und wochenlang gehörten die Todesanzeigen zu meiner täglichen Pflichtlektüre. Ich achtete nur auf Geschlecht und Alter. Wann immer ich von einem Mann las, der älter geworden war als Chris, fühlte ich mich betrogen. »Siehst du«, dachte ich bei mir, »dieser Mann hat sechzig oder siebzig oder achtzig Jahre alt werden dürfen. Das ist ganz sicher normaler, als plötzlich mit fünfzig sterben zu müssen.« Und wenn ich las, daß jemand »plötzlich und unerwartet« und vielleicht sogar jünger als Chris gestorben war, dachte ich:

»Ich weiß, wie die, die ihn geliebt haben, sich fühlen – betrogen. Es ist einfach nicht fair.«

Nach einer gewissen Zeit übersah ich die Beerdigungsinstitute wieder und schaute auch nicht mehr, wer gestorben war. Aber noch heute muß ich an Chris denken und daran, wie ich mich gefühlt habe, wenn ich höre, daß jemand mit fünfzig oder darunter sterben mußte. Auch solche Dinge waren ein Versuch, bei dem Toten zu verweilen und nicht bei den Lebenden. Ein Versuch, die Welt am Todestag anzuhalten.

Wiederholungen sind eine andere Möglichkeit, mit der die Verrücktheiten die Welt in Schach halten. Nachdem ich damit aufgehört hatte, erzählten mir Freunde, wie oft ich immer das gleiche erzählt hätte in den Monaten nach Chris' Tod. Ich hatte es nie bemerkt, und sie waren einfühlsam genug, mir es nicht unter die Nase zu reiben. Es war leichter für mich, Dinge aus der Vergangenheit, die mit Chris' Leben und Tod zu tun hatten, immer neu herunterzubeten, als Neues von einer sich weiterdrehenden Erde einzubeziehen. Ich war noch nicht soweit, daß meine Welt sich weiterdrehen konnte. Es gibt noch viele andere Verrücktheiten – vermutlich ebenso viele, wie es Trauernde gibt. Es gibt Leute, die schlafen mit einem Foto des Verstorbenen auf dem Kopfkissen oder umwickeln es mit Kleidungsstücken oder tragen seinen Schlafanzug oder Bademantel oder Schal. Das ist besonders häufig bei Witwen und Witwern und kann ziemlich lange dauern.

Vielleicht haben Sie von Leuten gelesen, die das Zimmer, den Schreibtisch, den Schrank, die Kleider des Toten genau so belassen, wie sie zu Lebzeiten gewesen sind. Für eine gewisse Zeit ist das in Ordnung. Aber wenn die Zeit auf Dauer angehalten und aus dem Zimmer ein Ewigkeitsschrein gemacht wird, aus dem Schreibtisch ein Altar, dann wird es gefährlich.

Einige besondere Dinge des Toten aufzubewahren ist verständlich und heilsam. Ich habe ja auch immer noch Chris' Plüschtier, und obwohl es verstaubt ist und in der Schublade liegt, will ich mich doch nicht davon trennen. Aber alles so zu lassen, wie es war, reißt beim Trauernden nur immer neue Wunden auf und verhindert den Trauerprozeß in Richtung Heilung.

Allerdings kann es genauso schmerzhaft sein, das Gegenteil zu tun. Manche Leute versuchen, davonzulaufen, wechseln den Arbeitsplatz, verkaufen das Haus, lassen sich auf gelegentliche Sex-Abenteuer ein, heiraten direkt nach Ablauf des Trauerjahres wieder oder geben alles her, was dem Verstorbenen gehört hat. Aber vor dem Tod davonlaufen können sie nicht. Sie werden das Trauern nicht abstellen, indem sie in einer anderen Umgebung leben und arbeiten, schnell einen anderen heiraten oder das Eigentum des Toten verschenken. Tatsächlich können solche übereilten Aktionen den Trauerprozeß unterbrechen – mit bösen Auswirkungen.

Als Faustregel sagen Experten, man solle keinerlei dramatische Veränderung während des ersten Jahres vornehmen. Man kann andere Reiseziele für den Urlaub aussuchen, wenn die familiäre Situation es erlaubt. Das kann diese schlimme Zeit ein bißchen erleichtern. Aber es ist weise, die wichtigsten Dinge im ersten Jahr nicht zu verändern. Es könnte schwierig oder unmöglich sein, wenn Änderungen sich – wie es in Streßzeiten oft geschieht – als Fehler erweisen und man sie rückgängig machen will.

Beide Verhaltensweisen, den Nachlaß unberührt lassen oder tabula rasa machen, sind Versuche, die Welt in der Todesstunde anzuhalten. Beides sollte man vermeiden.

Wenn alles gesagt und getan ist, wird der Schmerz furchtbar – und doch ist das die einzige Tür, durch die Heilung kommen kann. Gerade der akute Schmerz zu Anfang bedeutet seelisches und oft auch körperliches Weh. Dazu gehören Tränen und Hilflosigkeit, Angst und Zorn und Schuld, und all das kann so heftig werden, daß man aus seiner Welt aussteigen muß, um zu überleben. Daß man Verrücktheiten ausleben muß, um normal zu bleiben.

Ich habe Möglichkeiten genannt, wie man als Freund mit einem Menschen umgeht, der Tränen, Angst, Ärger und Schuld durchlebt. Um einem Freund zu helfen, der seine Verrücktheiten durchmacht, muß man ihn nur gewähren lassen. Möglicherweise erwähnt er mit keinem Wort, warum er tut, was er tut, oder daß er es überhaupt tut.

Aber wenn er sich auf Sie verlassen und Ihnen erlaubt hat, um ihn zu sein, zu reden oder zu weinen, und sich plötzlich nicht mehr bei Ihnen meldet, lassen Sie ihm Zeit. Vielleicht ist er auf dem Friedhof, oder er redet mit der Toten oder schaut Fotoalben an, oder er liegt im Bett und hat ein Kissen im Arm, das er mit der Bluse seiner Frau bezogen hat, oder er lebt irgendwelche anderen Verrücktheiten aus. Er wird nicht wollen, daß Sie etwas davon wissen, noch nicht, vielleicht nie. Drängen Sie sich nicht auf, machen Sie ihm kein schlechtes Gewissen – er kämpft um seinen Verstand.

Sie können ab und zu ein Lebenszeichen geben – mal anrufen oder kurz vorbeischauen, ohne sich lange aufzuhalten, wenn er abwesend wirkt. Gelegentlich findet er aus den Verrücktheiten heraus. Er wird damit anfangen und aufhören, anfangen und aufhören, lange vielleicht – länger jedenfalls, als

Sie erwartet haben, wenn Sie nicht schon einen ähnlichen Verlust erlitten haben. Das dauert, bis der akute Schmerz langsam schwächer und durch den dumpfen Langzeitschmerz ersetzt wird. Jetzt muß Ihr Freund eine weite Strecke allein gehen.

Lethargie und dumpfer Schmerz

Ich arbeite zur Zeit sehr viel mit Patienten, die plötzlich vom Hals oder von der Hüfte abwärts gelähmt sind, meistens Querschnittgelähmte. Solche Leute erleben ihren Verlust mit ähnlichem Schock und Schmerz wie jene, die damit auf den Tod eines geliebten Menschen reagieren. Aber ihre schlimmste Zeit ist nicht die, wenn sie begreifen, daß sie gelähmt sind, sondern dann, wenn sie zu vermuten anfangen, daß diese Lähmung für immer bleiben wird.

Genauso kann jemand glauben, daß er Krebs hat, er kann glauben, daß dies nun Bestandteil seines Lebens ist, aber die tiefere, die marternde Qual steht ihm bevor, wenn er anfängt zu vermuten, daß dieser Krebs ihn ohne jeden Zweifel umbringen wird. Genau so ist es während des Trauerns.

Ein Mensch, der sehr gelitten hat, der schließlich eingewilligt hat in die Tatsache des Todes, muß nun der Wahrheit ins Auge blicken, darauf hinzuweisen, daß ein kleines Kind mit der Permanenz des Todes nichts anzufangen weiß. Ein kleines Mädchen mag ja glauben, daß die Mutter tot ist, aber es wird dennoch darauf warten, daß sie mit den Blumen im Frühjahr wieder aus der Erde kommen wird. Aufs Ganze gesehen, sind wir Erwachsenen nicht sehr viel anders. Unser Intellekt sagt uns, daß Tod fortdauert für immer, aber es zu glauben, erfordert lange Zeit. Wenn das aber geschieht, kriecht das »Für immer« wie langsame, würgende Finger in das Bewußtsein der Trauernden, und sie weiß nicht mehr, was sie mit sich anfangen soll.

Sie war eine gute Witwe. Sie hat sich ausgesprochen. Sie hat ihre Freunde zuhören lassen, hat sich von ihnen trösten, umarmen, sie um sich sein, sich von ihnen helfen lassen. Sie hat Totenwache gehalten, hat Abschied genommen, hat die Beerdigung und die Beileidsbezeugungen hinter sich gebracht. Sie hat einen Grabstein bestellt und war auf dem Friedhof. Oder sie hat die Asche ins Meer gestreut und die Urne beisetzen lassen. Sie hat furchtbar gelitten. Sie hat ihren Part gespielt. Warum kehrt der normale Alltag nicht zurück?

Normal, wie es einmal war, ist nichts mehr. Das seelische Gleichgewicht von früher wird nie zurückkommen. Langsam kommt der Witwe der Verdacht, daß es deshalb nicht zurückkehren wird, weil ihr Mann nicht mehr zurückkehren wird. Nie mehr ist nicht nur ein Begriff, es ist Wirklichkeit, die durchlebt werden muß. Das trifft sie so plötzlich, daß sie ihre Welt auf andere Weise anhält: Sie betritt die Welt des Nichts.

Das ist nun keine Welt mit Tod oder dem Verstorbenen als alles verzehrendem, gräßlich schmerzhaftem Mittelpunkt; genausowenig ist es eine Welt mit irgend etwas anderem als alles verzehrendem schmerzlinderndem Mittelpunkt. Es ist eine Welt, angefüllt mit nichts. Die Trauernde »funktioniert« nun wieder. Sie beherrscht die Spielregeln des Alltags. *Aber sie erlebt die Welt nicht.* Was sie erlebt, sind der dumpfe Schmerz in ihr und das Ringen mit den Gespenstern der Bedeutungslosigkeit. Was ihr zuvor weh getan hat, ist nun hohl. Sie fühlt sich leer, findet nichts als unbeantwortete Fragen, halb sinnlose Gedanken und schwere Zweifel, womit sie die Leere füllen könnte.

Viele Leute denken, wenn die Phase des dumpfen Schmerzes einsetzt, wäre für ihre Freundin das Schlimmste vorüber. Das ist ein Irrtum. Diese Phase kann sehr lange dauern. Und es ist dann besonders schwierig, der Trauernden Freund oder Freundin zu sein.

Sie wird sich jetzt oft in ihre eigene Welt zurückziehen und nur selten die Hand nach Ihnen ausstrecken oder Ihnen erlauben, einzutreten. Wenn sie es tut, sollten Sie ihr so lange wie möglich zuhören und sie ermutigen, Gedanken und Gefühle auszusprechen. Ihre Freundin braucht Sie auch jetzt noch. Trotzdem kann es sein, daß sie Sie zuweilen zurückweist, daß sie Sie mit Gleichgültigkeit behandelt oder geradezu rüde mit Ihnen umgeht. Es fällt ihr zu schwer, sich in dieser Zeit an die Regeln der Höflichkeit zu halten. Vermutlich redet sie sich selbst ein, daß sie nun, nach einem oder zwei Monaten, wieder in den Alltag zurückfinden müßte, und sie wird es auch versuchen. Aber wenn sie den Eindruck gewinnt, daß sie doch noch nicht richtig funktioniert, fühlt sie sich schlecht und will sich zurückziehen oder davonlaufen. Und sie läßt Sie hängen. Ihnen mag es so scheinen, als wäre Ihre Freundschaft nicht mehr erwünscht. Sie mögen sich fragen, womit Sie die Freundin so gegen sich aufgebracht haben. Mit gar nichts. Seien Sie sicher, Sie haben nichts falsch gemacht. Haben Sie nur Geduld.

Anne Brooks beschrieb eine solche Periode so: »Ich mag nichts mehr. Kein Essen, keine Freunde, keine Musik ... Bei all meinen Freunden finde ich Fehler. Wieso hab' ich die je gemocht?«

Es kann auch sein, daß Ihre Freundin, bewußt oder unbewußt, alle Bekannten mit dem Verstorbenen vergleicht. Und im Augenblick wird natürlich niemand diesem Vergleich standhalten. Person und Beziehung scheinen nahezu perfekt. Nichts kann das ersetzen. Es ist für Freunde, die helfen wollen, eine schwere Zeit, aber es ist nichtsdestoweniger normal.

Seit die Trauernde begriffen hat, daß der Tod unwiderruflich ist, ist ihr Verlust noch größer geworden. In dem Maße, in dem das Gefühl des Verlusts stärker wird, wachsen auch die Dimensionen des Toten, um die riesige Leere zu füllen. In den Augen der Trauernden ist der Tote nahezu verklärt. Die Erinnerungen werden immer schöner, immer glücklicher. Sie als ganz gewöhnlicher Sterblicher sehen im Vergleich mit dem fast heiligen Toten ziemlich unbedeutend aus.

Solche Gefühle sind noch intensiver, wenn sich Ihre Freundin heimlich mit dem Vorwurf herumschlägt, sie hätte den Toten nicht so sehr geliebt, wie ihre Freunde und ihre Familie dies von ihr angenommen hatten. Sie kompensiert dieses Schuldgefühl, indem sie die Tugenden des Toten und ihre Beziehung glorifiziert. Es kann Ihnen passieren, daß Sie den Verstorbenen in solchen Erzählungen kaum wiedererkennen; er muß die Qualitäten eines Heiligen gehabt haben. Die Beziehung, die er zu seiner Frau gehabt hat, wird viel glücklicher dargestellt, als sie Ihnen je erschienen sein mag. Halten Sie sich zurück, hören Sie zu und freuen Sie sich, daß die Kommunikation noch da ist. Familienangehörige haben eher die Möglichkeit, zu diesem Zeitpunkt ein etwas gerundeteres Bild des Verstorbenen zu zeichnen. Für Sie als Freundin wäre das zu diesem Zeitpunkt nicht besonders geschickt.

Die Tage und Nächte Ihrer Freundin scheinen sich endlos in die Länge zu ziehen; die Nächte vor allem. Jeden Morgen beim Aufwachen wird sie wieder an ihren Verlust erinnert. Vielleicht hat sie von dem geliebten Menschen geträumt, vor allem, wenn es sich um den Ehemann handelt. Vielleicht hat sie auch halluziniert, der Tote sei bei ihr. Träume, Halluzinationen sogar, sind normal und hilfreich für den Trauerprozeß, wenn man dadurch nicht völlig den Bezug zur Realität verliert und wenn diese Phase nicht endlos andauert.

Ihre Freundin lacht vielleicht wieder, aber selten. Und wenn sie es tut, wird sie sich Vorwürfe machen, einen Moment so ausgesehen zu haben, als hätte sie Spaß. Ihr Lachen wird ihr wie ein Verrat an dem Toten und an der Größe seines Verlusts vorkommen.

Wenn Ihre Freundin lacht, schauen Sie sie nicht an, als hätte sie ein Sakrileg begangen, schauen Sie nicht einmal erstaunt. Lächeln Sie und sagen Sie: »Es ist schön, dich lachen zu sehen. John hätte es gern gesehen; er hat es immer gemocht, dich glücklich zu sehen.« Das vermittelt Mary das Gefühl, es sei nichts dabei, ab und zu zu lachen – und daß John es gutheißen würde.

Eine Anmerkung zum Lachen im Zusammenhang mit Tragödien und anderen traurigen Ereignissen: Ich habe eine wunderbare, wilde Stieftochter, die immer dann lacht, wenn sie nervös ist, wütend, aufgedreht oder ängstlich. Sie hat darüber nicht die geringste Kontrolle. Sich auf die Lippen beißen hilft manchmal, aber nicht immer. Es gibt noch mehr Menschen wie Nicole. Wenn Sie jemanden sehen, der bei einer Beerdigung lacht, seien Sie einfühlsam. Er tut es ganz gewiß nicht aus Mangel an Respekt, sondern weil er nicht anders kann. Es ist seine Art, nicht zu weinen. Wie nahe beides beieinanderliegt, wissen wir.

Lachen kann auch eine Art von Therapie sein. Wie oft hört man ein Lachen beim Leichenschmaus! Es kann eine enorme

Erleichterung sein von der Spannung, in der alle Beteiligten gelebt haben, vor allem, wenn der Tote schon sehr lange krank war. Der Druck ist in solchen Fällen über Wochen, manchmal über Monate angewachsen, und wenn der Tod endlich eintritt, kann Lachen ein dringend notwendiges Ventil sein, genauso wie ein Tränenstrom vom Schock befreien kann. Trotz gelegentlichen Lachens findet Ihre trauernde Freundin wenig oder nichts, worüber sie sich freuen könnte. Sie lebt in der Vergangenheit, funktioniert einigermaßen in der Gegenwart und hat Vorstellungen von der Zukunft, die es nicht wert sind, darüber zu sprechen oder sich gar darauf zu freuen. Oder sie denkt an die Zukunft und überprüft dabei Werte und Prioritäten ihres Lebens. Das kann gut sein. Wenn es aber zu gründlich und zu schnell geschieht, kann das zu übereilten und unklugen Veränderungen führen. Ebenso kommt vieles an Schuldgefühlen, Ärger und Angst periodisch wieder, und diesmal muß sich Ihre Freundin auf einer tieferen Ebene damit auseinandersetzen. Das ist gut so, und es muß sein. Aber der dauernde Kampf, diese Gefühle abzulegen oder wiederzubeleben und gleichzeitig über Werte nachzudenken und neue Prioritäten zu setzen, läßt Ihre Freundin körperlich müde und seelisch erschöpft zurück. Sie werden feststellen, daß Ihre Freundin tief aufseufzt – Seufzer, die von tiefer innerer Qual künden: »Was soll ich tun, und wohin soll ich gehen; und wer bin ich nun, was soll das alles überhaupt noch?«

Mag sein, daß vieles davon in stummem Zwiegespräch mit Gott abgehandelt wird; mit Gott oder mit jener Macht, die größer ist als alle Menschen und Dinge. Manchmal scheint Gott dem Trauernden sehr fern zu sein, manchmal auch wieder sehr nahe – so nahe, daß er, käme er nur noch ein klein wenig dichter herbei, eins zwischen die Zähne bekommen würde. Das macht nichts, Gott wird's schon aushalten.

Ihre Freundin muß in dieser Phase des Trauerns verlernen, die Rückkehr des Toten in ihr Leben zu erwarten.

Deshalb muß man sie in Ruhe lassen. Sie lernt, was Alleinsein bedeutet, und sie vergewissert sich, daß etwas für immer fehlt. Wenn jemand stirbt, der uns sehr nahestand, verändert sein Tod auch alltägliche Abläufe für immer. Und wir müssen liebe Gewohnheiten ablegen.

Als ich nach Chris' Tod wieder zur Arbeit ging, wußte ich nach Feierabend nicht, was ich mit mir anfangen sollte. Ich wollte in Chris' Zimmer gehen und wie früher mit ihm reden, mit ihm lachen, etwas unternehmen. Aber Chris war nicht mehr in seinem Zimmer. Ich vermute, daß ich geradewegs nach Hause ging, aber diese Zeit hat in meiner Erinnerung weiße Flecken. Ich habe die Abende aus meinem Bewußtsein ausgesperrt, bis ich andere Verhaltensmuster, andere Gewohnheiten entwickeln konnte.

Am schlimmsten war es Freitag abends. Freitagabend war gleichbedeutend mit Chris. Ich konnte es nicht vergessen, bis es mir gelang, diese Abende auf andere Weise zu füllen und mich dabei wohl zu fühlen. Aber für lange Zeit fühlte ich mich Freitag nacht physisch verloren.

Wohlmeinende Freunde haben versucht, sich mit mir zu verabreden. Ich bin froh, daß sie es taten, obwohl ich lange Zeit immer abgesagt habe. Zum Glück gaben sie es nicht auf. Dennoch hat es fast ein Jahr gedauert, bis ich zum ersten Mal wieder ausging.

Ich erinnere mich an Freunde, die mir in jener Zeit zu helfen versuchten, und die Erinnerung ist positiv. Aber ich weiß auch, wie oft ich ihre Versuche – hoffentlich höflich – zurückgewiesen habe. Es war nicht so, daß ich mal gut drauf war, mal schlecht, wie es meinen Freunden erschienen sein mag; ich war einfach überhaupt nicht beieinander.

Manchmal ließ ich mich auf eine Einladung ein, weil es leichter war, zuzusagen, als schon wieder zu kneifen; manchmal dachte ich auch, es würde helfen. Aber ich tat nichts, was ich wirklich gewollt hätte. Ich wollte nichts. Nun, nachdem mir klargeworden war, daß Chris nie wiederkommen würde, daß ich ihn nicht haben konnte, wollte ich auch nichts anderes mehr. Schließlich war unsere Beziehung nahezu perfekt gewesen.

Es ist nicht leicht, über längere Zeit in der Schwebe zu leben. Und es ist auch nicht leicht, jeden Tag mit Perfektion zu leben. Deshalb errichten wir unseren Helden Denkmäler und leben unser unvollkommenes Leben weiter. Aber wir müssen die Denkmäler bauen. Deshalb kommt auch dem Trauernden der Gedanke, er müsse etwas unternehmen, damit das Leben des Verstorbenen noch zählt.

Er muß sicher sein, daß der Tote nicht vergessen ist. Erst dann fühlt er sich berechtigt, weiterzuleben.

Aber bevor wir bereden, was in der Phase aktiven Tuns passiert, wollen wir sehen, was man als Freund tun kann, wenn der Trauernde das Stadium des absoluten Nichts durchlebt.

Ihr Freund ist sich der Gefühle der Leere und der Bedeutungslosigkeit möglicherweise bewußt, die er während seines Kampfes gegen die Dämonen in seinem Inneren erlebt. Sie können ihm nur dadurch helfen, daß Sie ihm versichern, seine Gefühle seien normal. Sie können nur Geduld haben und ansprechbereit bleiben. Einen Tag wird Ihr Freund mit Ihnen reden, den anderen wird er Sie vielleicht behandeln wie einen unwillkommenen Hausierer.

Wenn er mit Ihnen spricht, dann über alles nur denkbar Mögliche. Vielleicht sind es Erinnerungen an glückliche Zeiten mit der Verstorbenen. So können Sie eigene Erlebnisse beisteuern oder ihn ermutigen, sich weiter zu erinnern, ohne ihn übertrumpfen zu wollen. Ein anderes Mal will er vielleicht wieder über seine Ängste, Schuldgefühle oder seinen Zorn reden. Hören Sie ihm zu, und helfen Sie ihm dann, wenn er das möchte, diese Punkte logisch zu diskutieren. Selbst wenn Sie das alles schon mehrfach getan haben, erinnern Sie Ihren Freund jetzt nicht daran. Vielleicht weiß er es nicht mehr, vielleicht will er es aber auf einer tieferen Bewußtseinsstufe erneut bereden.

Mag auch sein, daß er mit Ihnen über den Sinn des Lebens sprechen will, über bleibende Werte oder über Gott im Angesicht des Todes. Das ist normal und für gewöhnlich eine gute Therapie. Warnen Sie Ihren Freund davor, im ersten Jahr irgendwelche größeren Veränderungen vorzunehmen, aber hören Sie sonst zu, ohne ein Urteil abzugeben. Und wenn Sie dieser Meinung sind, sagen Sie getrost, daß es normal und verständlich ist, wenn man Gott in Frage stellt oder zornig auf ihn ist. Und daß Gott selbst das so sieht.

Versuchen Sie aber nicht, Ihrem Freund Ihre eigene religiöse Überzeugung aufzudrängen, es sei denn, er fragt ausdrücklich danach. Und selbst dann gehen Sie bitte nicht davon aus, daß er sie sofort übernimmt. Und tadeln Sie ihn nicht, wenn er seinen Glauben für eine gewisse Zeit und vielleicht sogar für immer verliert.

Freund können Sie am besten sein, wenn Sie zuhören, zur Verfügung stehen und sich nicht zum Richter aufwerfen.

Das einzige, wovon Ihr Freund kaum je sprechen wird, wenn er es denn überhaupt tut, sind Sie. Er will nicht egoistisch sein, aber er ist es. Für ihn ist die Welt stehengeblieben am Tag des Todes, und obwohl er sein Handwerkszeug beherrscht, um den Alltag zu leben, ist er noch nicht wieder Teil dieser Welt geworden. Seine Welt ist seine Trauer, nichts anderes gibt es für ihn.

Das kann schwierig werden für jemanden, der seine eigenen Bedürfnisse, Gedanken, Erfahrungen hat und diese mit einem anderen teilen will. Aber wenn Sie das aushalten, werden Sie Ihrem Freund viel mehr helfen, als Sie sich vorstellen können. Wenn Sie bei Ihrem Versuch, Kontakt zu Ihrem Freund aufzunehmen, abgewiesen werden, reagieren Sie nicht verletzt oder wütend darauf. Gehen Sie leicht darüber hinweg und versprechen Sie ihm, daß Sie zu einem besseren Zeitpunkt wiederkommen werden. Zwischendurch können Sie eine Ich-denk'-an-dich-Karte schicken. Es spielt keine Rolle, ob Sie eine vorgedruckte nehmen oder selbst formulieren.

Wichtig ist, daß die Kommunikationslinie nicht abgeschnitten wird. Denn der Trauernde hat nach so einer Karte einen Grund, Sie anzurufen, wenn er das will. Wenn Sie nichts hören, dann vielleicht, weil der Trauernde sich noch nicht imstande fühlt zu reden oder weil es ihm zu schwer fällt oder ihn zu viel Kraft kostet, auch nur die Hand nach dem Hörer auszustrecken. Eine oder zwei Wochen nach der Karte können Sie ihn wieder anrufen. Fragen Sie nicht: »Hast du meine Karte gekriegt?«, als ob Sie Dank erwartet hätten. Sagen Sie einfach: »Ich wollte mal eben guten Tag sagen.« Auch bei diesem Versuch werden Sie an der Antwort ablesen können, ob ihm nach Reden zumute ist.

Oft haben Freunde Angst, das Falsche zu sagen oder zu tun oder zum falschen Zeitpunkt anzurufen, und tun statt dessen überhaupt nichts. Sie sagen dem Trauernden vielleicht, er möge selbst anrufen, wenn er etwas braucht oder wenn er reden will. Nur selten wird ein Trauernder in der Phase des dumpfen Schmerzes darauf eingehen. Es fällt ihm viel zu schwer, die Initiative zu ergreifen. In der Folge wird er über lange Zeit gar keinen Kontakt zu seinen Freunden haben, und ihn wieder zu knüpfen kann sehr schwierig werden, wenn der Trauernde endlich dazu fähig wäre.

Der Beispiele sind Legion, in denen Trauernde die ganze Last tragen mußten, bis Freundschaften wieder besiegelt worden waren, und immer sagten die Freunde, die den Kontakt scheuten: »Ich wußte nicht, was ich sagen soll.«

Es gibt keine Regel für das absolut richtige Wort. »Ich habe gerade an dich gedacht und wollte dir das sagen. Ist das ein guter Tag heute?« öffnet manche Tür. Vorausgesetzt, es gibt überhaupt eine Chance, daß der Trauernde einen Tag hat, der ein bißchen besser ist als scheußlich.

Wenn Sie Angst davor haben, einen trauernden Freund durch einen Anruf zu stören, schreiben Sie etwas wie dieses:

»Ich weiß, daß alles für dich immer noch hart ist, und ich will dich auch nicht stören, wenn du lieber allein oder mit deiner Familie zusammensein willst. Aber ich will dich gelegentlich anrufen und dich wissen lassen, daß ich für dich da bin, wenn du mich sehen oder mit mir reden willst.« Und: »Ich werde dich jedesmal fragen, ob dir nach Reden zumute ist oder nicht. Sei ehrlich. Ich verspreche dir, ich werde nicht verletzt oder enttäuscht sein, wenn du nicht reden magst. Ich werde dafür Verständnis haben und nach wie vor deine Freundin sein.«

Damit haben Sie Ihrem Freund die Freiheit gegeben, nicht zu reden und dennoch Ihre Freundschaft nicht in Gefahr zu bringen. Und wenn bei ihm die Heilung einsetzt, wird Ihre Freundschaft nicht zu denen gehören, die neu aufgebaut werden müssen.

Danach zu fragen, ob jemand reden mag oder nicht, sollte man zur Faustregel jeden Anrufs machen, egal, zu welchem Zeitpunkt des Sterbe- oder Trauerprozesses.

Während der Zeit des dumpfen Schmerzes können Sie Ihrem Freund auch Gelegenheit geben, wieder aufzutauchen und den gesellschaftlichen Bereich seines Lebens wieder zu betreten. Ihr erster wie vermutlich Ihr fünfzigster Versuch werden abgelehnt, aber geben Sie es nicht auf. Drängen Sie nicht, aber geben Sie auch nicht auf. Überlegen Sie, was Sie und Ihr Freund in der Vergangenheit gern unternommen haben; vor allem, wenn es etwas war, was die verstorbene Person nicht einschloß. Vielleicht sind Sie kegeln oder ins Kino gegangen. Laden Sie Ihren Freund dazu ein. Wenn Sie in einer Clique gekegelt haben, ist das eventuell zu viel für ihn. Schlagen Sie ihm vor, daß nur Sie beide losziehen würden, um die Situation und die Umgebung so unkompliziert und unbelastet wie möglich zu halten. Wenn Sie ins Kino gehen, suchen Sie den Film sorgfältig aus: Nichts Schreckliches, nichts Wildes. Planen Sie nicht so viele zusätzliche Dinge wie Essen davor und Drinks danach. Wenn Ihr Freund das erste Mal zugesagt hat, können Sie einiges an Zusatzprogramm beim nächsten Mal vorschlagen.

Am Todestag der Verstorbenen oder an einem Tag, an dem Ihr Freund mit ihr etwas zu unternehmen pflegte, wird es ihm besonders schwer, einer Einladung zu folgen. Sie können es trotzdem tun, ihn auch an diesen Tagen anrufen oder besuchen, solange Sie nicht versuchen, das nachzumachen, was die beiden miteinander geteilt haben. Das Wichtigste aber ist, dem Trauernden sofort zu erlauben, Ihr Angebot, Ihren Anruf, Ihren Besuch abzulehnen. Sie werden erstaunt sein, wie offen er dafür ist, diese schweren Zeiten mit irgend etwas zu füllen.

Am schwierigsten ist es für Trauernde, einen Zeitvertreib wieder aufzunehmen, den sie mit dem Verstorbenen geteilt haben.

Wie beim Lachen haben sie auch dabei das Gefühl, das Andenken des Toten zu entehren oder ihn gar zu betrügen. Das ist zwar irrational, aber dennoch normal.

Irgendwann wird die Trauernde ihren Alltag wieder im Griff haben und sich stark genug fühlen, auch die Dinge wieder zu tun, die sie mit dem Verstorbenen getan hat. Aber das kann dauern. In vielen Fällen ein Jahr oder länger, und manchmal gibt es auch Dinge, die sie nie wieder anrühren oder tun wird. Wenn sie auf andere Weise wieder am täglichen Leben teilnimmt, sollte man diese Entscheidung akzeptieren.

Sie können einem Menschen in der Phase des dumpfen Schmerzes helfen, indem Sie anerkennen, was er durchmacht, und verstehen, daß das so sein muß. Sie können die Verbindung aufrechterhalten und mit wachsender Beharrlichkeit versuchen, ihn zu erreichen: mit Anrufen, Besuchen und/oder mit Briefen. Und Sie müssen ihm Gelegenheit geben, Ihren Anruf oder Besuch abzulehnen, ohne riskieren zu müssen, daß Ihre Freundschaft darunter leidet. Wenn er sich entscheidet, mit Ihnen zu reden, lassen Sie ihn, ganz egal, wie oft er sich wiederholt. Und gehen Sie mit ihm seine Schuldgefühle oder andere schmerzliche Empfindungen durch, so oft er das will. Wenn ein Mensch mit Ihnen über die Grundfragen des Lebens reden will, hören Sie ihm zu, ohne zu urteilen. Und wenn er zornig auf Gott ist, sagen Sie ihm, daß das normal ist – eine verständliche Reaktion auf die eigene Hilflosigkeit im Angesicht des Todes. Und daß auch Gott das versteht.

Auch sollten Sie sich ein dickes Fell zulegen, denn ein Mensch in Trauer wird den einen Tag offen auf Sie zugehen und am nächsten wieder nicht; und er wird selten bis nie nach Ihnen fragen oder zur Kenntnis nehmen, daß Sie ein Lebewesen mit eigenen Gefühlen sind.

Nach einer gewissen Zeit können Sie dem Freund oder der Freundin zwanglos Gelegenheit verschaffen, wieder aktiv am Leben teilzunehmen. Und Sie werden Verständnis dafür haben, wenn er oder sie dieses Angebot mehrfach ablehnt.

Vor allem haben Sie Geduld mit dem Trauernden. Er braucht Sie. Bald braucht er Sie auch wieder ganz, und Sie können anfangen, eine Beziehung aufzubauen, von der Sie beide profitieren. Solange ein neues seelisches Gleichgewicht nicht wieder gefunden wird, solange der Schmerz noch anhält, wird ein trauernder Mensch sich dennoch aufgerufen fühlen, für das Andenken des Verstorbenen etwas zu tun, etwas, das gewährleistet, daß man ihn nicht vergißt.

Der Hintergrund solcher Überlegungen ist, daß die Trauernde, mitten im tiefsten Schmerz sogar, ab und zu mit den

Gedanken abschweift und sich mit Dingen befaßt, die überhaupt nichts mit dem Toten zu tun haben.

Das macht ihr angst. Langsam beschleicht sie die Sorge, sie selbst könne den Verstorbenen vergessen, und damit auch die Größe dieses Verlusts.

Sie wünscht sich, daß es aufhört, weh zu tun. Aber sie wünscht sich ganz gewiß nicht, den Menschen zu vergessen, der den Schmerz in ihr ausgelöst hat. Und so komisch es auch scheinen mag, sie will die Intensität ihrer Gefühle behalten – wie weh es auch tun mag –, erscheint im Vergleich mit ihnen doch alles andere unwichtig. Eine nahe Berührung mit dem Tod ist fürchterlich. Aber sie bringt Menschen auch in Berührung mit den Tiefen ihres Seins, und danach ist es schwer, wieder an der Oberfläche leben zu wollen. Es sollte Sie nicht überraschen, wenn ein trauernder Mensch mit sich selbst im Krieg liegt: einerseits besessen von den Erinnerungen an den Toten, von Gedanken über den Tod überhaupt; andererseits muß er weiterleben.

Um aus dieser Sackgasse herauszukommen, muß etwas getan werden, um dem Vergessen zu wehren. Der Tote soll wenigstens in der Erinnerung am Leben bleiben.

Eine Witwe mag sich durchaus einreden, sie tue das alles, um ihren Mann anderen Leuten, der Gesellschaft oder der ganzen Welt ins Gedächtnis zu rufen oder weil Dritte vom Tod ihres Mannes profitieren sollen. Aber selbst wenn das eintreten sollte – der wahre Grund, unbewußt vielleicht nur, ist, daß sie dadurch einen akzeptablen Weg aus ihrem eigenen Schmerz findet. Wenn es gelingt, daß der Tote seinen festen Platz im Gedächtnis erhält, befreit sich die Trauernde für den Rückweg in den Alltag.

Dieses Irgendwas-Tun muß nicht kostspielig sein. Es muß nur die Absicht erfüllen, daß der Tote einmal gelebt und bleibende Spuren im Leben seiner Frau und seiner Freunde hinterlassen hat.

Als Chris starb, habe ich unterschiedliche Dinge getan und andere versucht. Am Anfang waren das sehr persönliche Anstrengungen. Zum Beispiel ihn durchs Fegefeuer hindurchzubeten, wie er es sich erbeten hatte, war mein erster Versuch, etwas für ihn zu tun. Aber damals stand ich noch unter Schock. Ich glaubte noch nicht, daß Chris wirklich tot war.

Den letzten Willen des Verstorbenen zu erfüllen, das ist für viele Trauernde ein klares Mandat. Es eröffnet nicht nur Wege, sondern ganze Prachtstraßen für die Hinterbliebenen, etwas zu tun, was sich der Tote gewünscht hatte. Manchmal sind solche Vermächtnisse aber nicht zu erfüllen. Deshalb sollte man auch einem Sterbenden besser nichts versprechen, wovon man weiß, daß man es nicht wahrmachen kann oder daß es unerschwinglich sein wird. Hinterher schlägt sich der Trauernde mit einem zusätzlichen Schuldgefühl herum.

Ein anderer Versuch, Chris zu ehren, war meine Grabwache, Teil meiner Verrücktheiten. Er kam daher, daß ich meine Welt anhalten und weiter bei Chris sein wollte. In Wirklichkeit habe ich meinen eigenen emotionalen Kampf ausgetragen; ich wollte dem toten Chris die Eigenschaften eines lebendigen Menschen nahebringen – fühlen, hören, sehen, wissen.

Auch als der erste Schmerz abgeklungen, die Verrücktheiten vorbei waren, als ich wußte, daß Chris tot war und nie wiederkommen würde, auch dann konnte ich ihn noch nicht aufgeben. Mindestens die Erinnerung an ihn mußte lebendig bleiben. Und ich war auch noch nicht soweit, die Macht der Gefühle zu vergessen, die mit seinem Tod aufgebrochen waren. Das war auch eine Möglichkeit, ihn wieder herbeizurufen. Deshalb glaubte ich, etwas unternehmen zu müssen, um sicher zu sein, daß ich ihn nie vergessen würde.

Als ich so in meinem Büro saß und an Chris dachte, beschloß ich, für jeden Tag, an dem ich ihn im Jahr vor seinem Tod getroffen hatte, eine Messe lesen zu lassen. Woche für Woche, Monat für Monat ging ich den Weg in meinem Kalender zurück, dem gleichen Kalender, aus dem ich das Blatt Papier für den Kuß gerissen hatte.

Chris und ich hatten uns viel öfter verabredet, als mir bewußt gewesen war. Für jedes Rendezvous eine Messe lesen zu lassen, würde schwierig werden bei meinem Einkommen. Ich mußte immer gleich für einen Monat bezahlen, aber ich tat es. Herumtelefonieren wegen der Messen, die anonym gelesen werden sollten, war etwas, das Chris' Andenken bewahren würde. Zu wissen, daß diese Messen an den Gedenktagen unserer Rendezvous gelesen würden, das hieß für Chris – und für mich –, daß er unvergessen war.

Eine andere Art, Chris im Gedächtnis zu behalten, waren meine Besuche in seiner Kirche, jeden Sonntag nachmittag, zwei Monate lang. Leicht war das nicht. Die Kirche war ziemlich weit von meiner Wohnung weg, und ich konnte Jennifer nicht jede Woche um den Wagen bitten. Also kaufte ich mir eine Tageskarte und fuhr mit dem Bus.

Ich ging hin in der Hoffnung, niemandem zu begegnen, den ich kannte. Ich hoffte, die Kirche möge leer sein. Ich saß in der Bank, in der ich mit Chris gesessen hatte, als ich ihn einmal zum Gottesdienst begleitet hatte, nicht lange vor seinem Tod. Er hatte nicht erwartet, daß ich mitgehen würde damals, und er freute sich, als ich nicht zögerte. Aber ich zog ihn schwer auf unterwegs, denn er war in diesem Monat so oft zur Kirche gegangen. Wollte er sich einen Ablaß verdienen? Elisabeth Kübler-Ross würde sicher sagen, daß Chris irgendwie von seinem baldigen Tod gewußt haben muß. Vielleicht hat sie recht, vielleicht hat er das wirklich.

Ich saß in »unserer« Bank an jenen Nachmittagen und betete ein bißchen. Manchmal saß ich einfach nur da. Dann zündete ich eine Kerze für ihn an und nahm den Bus nach Hause. Ich verwahrte jede Buskarte in einem Kästchen auf meinem Schreibtisch. Dort liegen sie immer noch. Aber jetzt sind sie ein Teil meiner Geschichte.

Als der Gedanke, in Chris' Kirche zu gehen, mir zum ersten Mal kam, schien er mir selbstverständlich; fast, als ob mich etwas hinzöge. Es schien mir so normal wie an Chris' Grab zu sitzen. Eine Erinnerung ausleben, um sie zu bewahren. Genau das war es, was ich wollte.

Aber nach und nach fingen die Nachmittage in der Kirche an, wie eine lästige Pflicht zu wirken. Ich merkte auf einmal, wie lang die Busfahrt war. Wenn ich endlich da war, hielt ich mich kürzer in der Bank auf und wurde eher abgelenkt durch andere Besucher. Aber ich konnte und wollte den Kirchgang nicht aufgeben, solange ich keinen Ersatz dafür gefunden hatte. Etwas anderes mußte her, um Chris wissen zu lassen (oder mich?), daß er nicht vergessen war. Etwas Größeres mußte es sein.

In meiner Vorstellung war die Idee logisch. In Wirklichkeit war sie riesig. In meiner Naivität war ich sicher, sie verwirklichen zu können. Dabei hatte sie so viel Chancen wie ein Schneeball in der Sonne Floridas.

Chris war Geschäftsmann gewesen, hatte sich aber auch politisch engagiert. Allerdings nicht in der Partei, die an der Macht war. In nächster Nähe zu seiner Wohnung war unlängst eine Schule gebaut worden. Chris hatte seine Nachbarn sehr gemocht, und er war stolz auf die vielen persönlichen Anstrengungen, die er unternommen hatte, um den Schulbau voranzutreiben. Da Chris sowohl im Rathaus der Stadt als auch in den politischen Kreisen gut bekannt gewesen war, schien es mir nur logisch, daß die neue, noch namenlose Schule seinen Namen tragen würde. Das würde sicherstellen, daß er unvergessen bliebe, vor allem in seiner Nachbarschaft, die er so geliebt hatte.

Eines unserer Lieblingslokale wurde auch von vielen Politikern zum Essen aufgesucht. Häufig kam jemand von den Politikern an unseren Tisch und begrüßte Chris. Vor allem ein Mann, der eine leitende Position in der führenden Partei innehatte, kam oft herüber und unterhielt sich mit uns. An diesen Mann wandte ich mich mit meinem »logischen« Vorschlag, die Schule nach Chris zu benennen.

Ich rief ihn an und bat ihn zu einem Gespräch bei einer Tasse Kaffee in einem nahegelegenen Restaurant. Da ich als Grund für mein Anliegen Chris nannte, hat er wohl ein Geheimnis oder gar eine Intrige vermutet – jedenfalls war er sofort einverstanden. Rückblickend muß ich lachen. Er hat wohl gehofft, ich würde ihm eine nette kleine Korruptionsgeschichte auftischen. Vermutlich verdient der Mann eine Medaille dafür, keinen Lachkrampf gekriegt zu haben, als ich mit meinem naiven Vorschlag überkam. Aber er sprach freundlich mit mir, bedauerte Chris' Tod aufrichtig und versprach, alles zu versuchen. Er könne allerdings nichts garantieren und wolle auch keine allzu großen Hoffnungen wecken, denn »bei solchen Entscheidungen geht es immer um politische Sachzwänge«.

Man stelle sich vor, in einer Stadt, in der die gleiche Partei seit vielen Jahren das Sagen hat, wird eine neue Schule nach einem Mann benannt, der zur Opposition gehört! Aber noch Jahre später bekam ich von dem netten Menschen zu Weihnachten einen Gruß. Wahrscheinlich kommt er bis heute nicht über so viel Naivität hinweg.

Ich habe diese Geschichte als Beispiel dafür erzählt, was Trauernden einfallen kann, um dem Verstorbenen ein Denkmal zu setzen, bevor sie selbst wieder ins aktive Leben zurückkehren. Ein paar Wochen später brachte mir der Mann aus dem Rathaus so schonend wie möglich bei, daß die Schule nach einem früheren Kongreßabgeordneten benannt würde. »Aber«, fügte er hinzu, »wir haben es versucht.«

Und das war genug. Ich hatte es versucht. Ich hatte etwas unternommen, um Chris in Erinnerung zu behalten, ich hatte versucht, das auf eine ganze Stadt zu übertragen. Aber nicht jeder, der stirbt, ist John F. Kennedy.

Tatsache ist, traurig, aber wahr, daß man auch mit Gedenktafeln, Totenmessen und Monumenten niemanden am Leben erhalten kann. Ebensowenig kann man die Intensität der Gefühle weitertragen, die man während des Sterbens oder in der Trauer durchlebt. Aber wir müssen lange genug versuchen, es uns selbst zu sagen, es dem Toten zu sagen, wenn er es denn auf irgendeine Weise erfahren kann, es Gott zu sagen, falls er zuhört: daß wir den Verstorbenen lieben und in Ehren halten, und daß er für uns über das Grab hinaus Bedeutung hat.

Diese Versicherung ist unser Versuch, alles zu sagen, was ungesagt geblieben ist, alles zu tun, was ungetan geblieben ist, und all das zu sein, wovon wir glauben, daß wir es dem Verstorbenen zu Lebzeiten nie waren.

Ihre Freundin erzählt ihnen vielleicht nie, was sie alles getan hat, um das Andenken ihres Toten wachzuhalten; vielleicht auch nichts darüber, wie stark sie sich an die übermächtigen Gefühle geklammert hat, die sie nach dem Tod erlebte. Niemandem, den ich kannte, habe ich von den Messen erzählt oder von meinen Kirchgängen. Und bis zu dem Tag, an dem ich es hier aufgeschrieben habe, weiß niemand außer dem Mann im Rathaus von meinem Vorschlag mit dem Schulnamen. Aber das ist meine Geschichte; andere Leute sind anders.

Wenn Ihre Freundin Ihnen erzählt, was sie vorhat, unterstützen Sie sie, aber überschütten Sie sie nicht mit Lob und Bewunderung. Setzen Sie den Toten nicht herab, aber verstärken Sie die ohnehin fast heiligen Züge nicht auch noch, die der Verstorbene inzwischen angenommen hat. Wenn Sie Ihre Freundin zu sehr loben für das, was sie gerade plant, wird es sehr schwer für sie, damit aufzuhören, wenn ihr Bedürfnis nach Taten abnimmt. Und je mehr Sie Ihre Freundin darin bestärken, den Verstorbenen auf ein Podest zu heben, desto schwerer wird es ihr, die Beziehung zu dem Toten mit Abstand neu zu betrachten oder das Risiko einzugehen, neue Bindungen mit normalen Menschen einzugehen, die wenig von einem Heiligen an sich haben.

Sie können Ihrer Freundin in dieser Phase auch helfen, indem Sie die Werte aufzählen, die ihr Leben ausmachen, weil sie es mit dem Verstorbenen geteilt hat. Werte in den Blick zu nehmen, die von dem Toten nahegebracht oder verstärkt worden sind, zeigen der Hinterbliebenen, daß ein Teil des Toten in ihr weiterlebt.

Das ist allerdings etwas anderes, als ihr zu erzählen, sie müsse nun die Eigenschaften oder den Lebensstil des Verstorbenen überdenken. Das ist eine zu große Last und außerdem unfair. Es kann sogar gefährlich werden und tragisch ausgehen. Zum Beispiel wenn eine Witwe aus eigenem Antrieb oder durch unbedachte Ermutigung ihres Freundeskreises meint, sie müsse dem Toten zuliebe seine Geschäfte übernehmen oder in seine Fußstapfen treten. Unter Umständen kann das auch mal gutgehen. Aber wenn es die Individualität Ihrer Freundin bedroht, unterdrückt oder außer acht läßt, kann es ein schwerwiegender Fehler sein, der ihr unendliches Leid bringen wird.

Andererseits kann Ihre Freundin bei einem Gespräch über bleibende Qualitäten als Teil des Vermächtnisses des Toten begreifen lernen, daß der Grundstein für die Unsterblichkeit des geliebten Menschen in ihr selbst gelegt ist. Ganz egal, wie viele Gedenktafeln, Schulen, Bücher oder Denkmäler es auch geben mag – was wir hinterlassen, ist das, was zwischen uns und denen, die wir liebhatten, gewachsen ist. Das sind viele gute Gaben, und Generationen von Menschen leben in uns. Gaben, denen wir eigene hinzufügen und die wir weitergeben werden an unsere Kinder und andere Menschen, die wir lieben.

Heilung

Eines Morgens, ganz leise, ohne Glocken, Pauken und Trompeten, wahrscheinlich sogar unbemerkt, findet Ihre Freundin ihr seelisches Gleichgewicht wieder. Es ist nicht das gleiche wie zuvor und es schließt auch noch nicht andere Menschen und Dinge mit ein. Aber es ist wieder ein Gleichgewicht, und das ist der Beginn der Heilung.

Aktives, tägliches, alles verzehrendes Trauern ist nun vorbei. Es wird hin und wieder zurückkommen, oft unangekündigt. Unglauben, Tränen, Schmerz, das Bedürfnis, etwas zu tun – die ganze Sippschaft aktiver Trauer –, wird wiederkommen, aber diesmal sind es Stippvisiten. Ihre Freundin wird sich nicht mehr fühlen, als sei sie in einen Abgrund gestürzt.

Es gibt keinen Zeitplan, wann was eintritt. Der dumpfe Schmerz dauert am längsten, und er kommt auch am häufigsten wieder.

Man sagt, Zeit heile alle Wunden. Das ist nicht wahr. Zeit allein heilt überhaupt nichts, wenn jemand, der einen geliebten Menschen verloren hat, nicht aktiv trauert. Aber trauern braucht seine Zeit, und wenn diese Zeit verstrichen ist, hat man einen tröstlichen Abstand zum Tod hinter sich gebracht, die scharfen Kanten des Leids haben sich abgeschliffen. Nach einer gewissen Zeit denken die meisten Trauernden, daß sie doch eher den Menschen geliebt haben, der gestorben ist, daß es besser war, diese zu kurze Zeit mit ihm geteilt als ihn gar nicht gekannt zu haben. Das ist allemal besser gewesen, obwohl die Tatsache seines Todes schmerzlich ist und unabänderlich dazu. Die Trauernden nehmen die guten Eigenschaften mit, die ihre Beziehung ausgemacht haben, und werden sie anderen Beziehungen auf ihrem Weg hinzufügen. Sie vergessen den Menschen nicht, der die Quelle der Bereicherung ihres Lebens gewesen ist.

Diese Heilung ist das Resultat aktiver Trauer und Zeit, und sie beginnt mit flüchtigen Momenten eines wiederkehrenden inneren Gleichgewichts. Ihre Freundin stellt fest, daß sie zunehmend besser mit den Anforderungen und Entscheidungen des Tages umgehen kann. Sie kann auch Dinge angehen, die ihr bisher unmöglich waren, zum Beispiel den Schreibtisch des Toten aufräumen. Sie kann besser Informationen aufnehmen und behalten, die nichts mit dem Verstorbenen zu tun haben. Wenn sie manchmal lacht, hat sie kaum noch Schuldgefühle. Die Natur meldet sich zurück: Hitze, Kälte, Regen, Sonne, Bäume, Blumen werden wieder gefühlt und gesehen. Und vielleicht sogar gern gesehen.

Einen Fernsehfilm schaut sie sich richtig an, anstatt ihn an sich vorbeirauschen zu lassen, obwohl humorige Attacken gegen den Tod für die Trauernde noch nicht wieder komisch sind. Sie kann mehr als ein oder zwei Absätze in einem Buch oder einer Zeitung lesen, ohne daß ihre Gedanken auf Wanderschaft gehen, obwohl sie auch jetzt noch den Todesanzeigen mehr als nur flüchtiges Interesse zuwendet.

Diese und andere Anzeichen lassen die Trauernde darauf vertrauen, daß ihr seelisches Gleichgewicht wiederkommt. Auch dieses Vertrauen kommt nicht über Nacht. Jedesmal kommt auch ein Schuß Trauer zurück und erschüttert das Vertrauen. Sogar Augenblicke der Verzagtheit kommen jetzt noch, Zweifel, ob sie je wieder intakt sein wird. Es dauert lange, bis sie an dieses neue Gleichgewicht genug glaubt, um fähig zu sein, auch auf anderes zu reagieren als nur auf sich selbst.

Aber die Tür der Kommunikation, die Sie die ganze Zeit über offengehalten haben, zieht Ihre Freundin jetzt über die Schwelle. Sie wird keine Last damit haben, die Beziehung zu Ihnen neu aufzubauen. Sie und Ihre Freundin müssen nicht erst durch ein Meer von Entschuldigungen waten, warum es keinen Kontakt zwischen Ihnen gegeben hat. Sie haben die Verbindung offengehalten, sogar dann, wenn es so aussah, als werde es ignoriert. Und Sie haben ihr erlaubt, Ihre Anstrengungen zu ignorieren, bis sie bereit war, zu Ihnen zu kommen.

Sie haben eine harte Aufgabe hinter sich, und Sie verdienen

eine Perle in Ihrer Krone für Ihre Arbeit an einer schwierigen Freundschaft. Dennoch werden Sie die Perle nicht von Ihrer Freundin bekommen. Jedenfalls vorerst nicht.

Wenn Ihre Freundin zum ersten Mal eine Einladung zum Ausgehen annimmt, wird sie sich vermutlich zu Tode fürchten vor ihrer eigenen Reaktion und kaum auf Ihre Gefühle achten. Möglicherweise haben Sie auch Angst. Selbst wenn Sie während der Trauerzeit die Beziehung aufrechterhalten haben, kann es sein, daß Ihrer beider Optimismus deutlich nachläßt im Angesicht einer Verabredung außerhalb eigener schützender Wände.

Aber wie besorgt Sie auch sein mögen, denken Sie dennoch daran, daß Ihre Freundin Ihnen unendlich viel Vertrauen entgegenbringt, indem sie mit Ihnen ausgeht.

Wenn Sie Ihrer Freundin ein solches Angebot machen und sie ist dazu noch nicht bereit, drängen Sie sie nicht. Und wenn sie Sie begleitet, erwarten Sie nicht, daß sie das Ereignis lauthals als Erfolg bezeichnet, auch dann nicht, wenn sie das Unternehmen in ganzer Länge durchgestanden hat.

Die meisten gesellschaftlichen Dinge, die wir tun, sind ein Stück weit frivol. Unter normalen Umständen bemerken wir das kaum. Aber hier geht es um eine Person, die gerade durch alle Phasen der Trauer gegangen ist, die bis in die Tiefen ihrer Seele vorgedrungen ist und alles ausgefochten hat. Schmerz, Angst, Schuld, Ärger, Leere, Gott, alles miteinander, die gekämpft hat wie Jakob mit dem Engel. Und diese Person soll nun zu einem gesellschaftlichen Ereignis gehen, Kegeln, Mittag- oder Abendessen. Sie kann hinterher das Gefühl haben, ihre Zeit mit sinnlosem Geschwätz vertan zu haben.

Jemand, der aus seiner Trauer auftaucht und in gewöhnliches menschliches Leben zurückkehrt, urteilt oft sehr hart über diese Welt. Und er unternimmt vielleicht gleich mehrere mißglückte Versuche, bevor er der Welt wieder mit einem Anflug von Spaß oder Gelassenheit angehört.

Erinnern Sie sich an meine Vorwärts-und-zurück-Bewegung, mit der ich auf Chris' Anblick im Sarg reagierte. Dieses Vorwärts und Zurück gibt es oft bei Leuten, die die furchterregende Welt aktiver Trauer betreten, und auf die gleiche

Weise verlassen sie sie auch wieder, um die nun furchterregende Welt des Alltagslebens zu betreten.

Ihre Freundin fürchtet vielleicht, daß die gewöhnlichen Dinge des Alltags sie aus dem intensiven Zusammensein herausreißen, das sie während ihrer Trauer zu dem geliebten Verstorbenen gespürt hat. In den meisten Fällen ist das auch so.

Es kostet sehr viel Kraft, täglich an der Grenze der Tod-und-Leben-Gefühle entlangzubalancieren. Wenn wir es tun, fühlen wir uns seltsam lebendig, weil der Schmerz jeden einzelnen Nerv zwingt, dagegen anzugehen. Unsere Nervenenden vibrieren vor Anstrengung, am Leben zu bleiben und den Schmerz über den Verlust zu bekämpfen und uns gleichzeitig mit den unbeantwortbaren Fragen nach menschlichem Sein herumzuschlagen. Es ist zu viel. Es ist zu überfrachtet. Wir halten das nicht tagaus, tagein aus, wir würden überschnappen.

Es muß zu einem Ende kommen. Und wenn es soweit ist, verlieren wir einen Großteil dieser übermächtigen Gefühle. Wir vergessen zwar nicht, daß es sie gab, werden sie vielmehr gut in Erinnerung behalten und später als neue Prioritäten oder Muster für eine neue Lebensqualität verarbeiten. Aber wir können auf dieser Stufe übermächtiger Gefühle nicht stehenbleiben. Wir überleben es nicht.

Es gibt viele unterschiedliche Arten von Trauer, und es gibt ebenso viele unterschiedliche Arten, daraus aufzutauchen. Vielleicht versuchen Sie gerade, einem Ehepaar zu helfen, dessen Kind gestorben ist, oder einer Witwe oder einem Witwer. Das kann schwierig sein, denn es schließt manchmal mehr als eine Zweierbeziehung ein. Sie können den Wiedereintritt ins Leben erleichtern durch eine zwanglose Gelegenheit, basierend auf gemeinsamen Erfahrungen vor dem Trauerfall.

Am behutsamsten muß man mit dem Angebot umgehen, eine Trauernde in Ihren eigenen gesellschaftlichen Kreis einzuladen. Sie muß das Gefühl haben, dort erwünscht zu sein, und sie muß die Chance haben, sich den Zeitpunkt auszusuchen. Sie könnten es so ausdrücken: »Ich möchte dich wirklich gern bei Gelegenheit einmal sehen, vorausgesetzt, du fühlst dich gut genug, um eine Einladung anzunehmen. Und um es so zwanglos wie möglich zu halten, würde ich gerne das mit dir unternehmen, was dich am wenigsten belastet. Wir könnten zusammen zu Mittag essen, nur wir zwei oder mit einigen anderen, wenn du möchtest. Oder komm einfach zum Kaffee vorbei. Nächsten Dienstag oder Donnerstag wäre gut. Sag, was dir am besten paßt. Also, wenn du überhaupt dazu bereit bist, würde ich dich schrecklich gern sehen.«

Sie müssen das nun nicht alles als Monolog herunterleiern. Das sind Anregungen, aus denen Sie sich fischen können, was passend erscheint. Improvisieren Sie. Wichtig ist nur, daß Ihre Freundin sich erwünscht weiß, daß Sie für eine Situation ohne Druck sorgen, daß Sie ihr die Wahl von Ort und Tag lassen, ihr vielleicht anbieten, sie abzuholen, und daß Sie ihr eine Hintertür offenhalten, durch die sie vor dem Termin oder während der Verabredung schlüpfen kann. Dieses letzte Angebot können Sie als Postskriptum anhängen, etwa so: »Und wenn es dir zu schwer wird, werden ich (und alle anderen hier) Verständnis dafür haben, wenn du kurz vorher oder noch in letzter Minute absagst. Du bist die einzige, die weiß, wie du dich wirklich fühlst.« Was wahr ist.

Wenn die Einladung angenommen wurde und zwischen Einladung und Treffen einige Tage liegen, sollten Sie mit einem Anruf nachfassen. Oft haben Menschen, vor allem beim ersten Mal, hinterher doch Zweifel und trauen es sich nicht mehr zu. Sie können Ängste abbauen, wenn Sie nach ein paar Tagen noch mal anrufen und ihr versichern, wie sehr sie willkommen ist. Lassen Sie sie wissen, daß Sie sehr wohl anerkennen, was das für ein schwerer Schritt für sie ist, und daß Sie froh sind, daß sie es wenigstens versuchen will. Das gibt Ihrer Freundin vielleicht den Schubs, den sie braucht, und läßt ihr doch noch einen Fluchtweg offen. Und sie darf das Gefühl haben, Sie wissen, daß dieses Ereignis alles andere als leicht für sie sein wird.

Wenn Ihre Freundin kommt, tun Sie nicht so, als wäre alles wieder normal und wäre nichts geschehen. Noch längst ist nicht alles normal, und es ist etwas geschehen. Darüber frühzeitig zu sprechen bedeutet, es als Tatsache anzusehen, als wichtig. »Ich bin sicher, es ist dir nicht leichtgefallen, heute abend herzukommen.« Ein solcher Satz kann ein Einstieg sein, erfordert aber keine endlose Diskussion der Tragödie. Der Tod des Mannes Ihrer Freundin sollte jedenfalls nicht das Hauptgespräch des Abends sein. Der Hintergrund ist nämlich der: Ihre Freundin hat es riskiert, auszugehen, weil sie an anderes denken, über anderes sprechen will als über den Tod ihres Mannes. Es kann hilfreich sein, wenn Sie sich vorher überlegen, welche Themen sie wohl interessieren könnten.

Im Laufe des Abends können Sie einige Bemerkungen fallenlassen, die Ihre Freundin dazu ermuntern, von Ihrem Mann zu reden, wenn sie das möchte, etwas Erinnerungen auszugraben.

Ihre eigenen Erinnerungen an den Verstorbenen sollten Sie jetzt noch für sich behalten, sie tun Ihrer Freundin noch zu weh. Jeder Gedanke an ihren Mann, den sie nicht schon selbst gedacht und in ihrem Inneren bewegt hat, ist etwas Neues, mit dem sie umgehen muß. Es kann gut und heilsam sein, solche Erinnerungen abzurufen, aber sie können auch zu einer Tränenflut führen. Wenn ihr die Tränen kommen, sorgen Sie sich nicht: Ihre Freundin kann damit leben, sie hat es seit Wochen und Monaten getan.

Fragen Sie bitte nicht: »Alles in Ordnung?« Ich werde nie aufhören, darüber zu staunen, daß man einen Menschen schluchzen sehen und ihn fragen kann, ob alles okay sei. Sagen Sie eher: »Es ist wirklich schlimm. Jedesmal aufs neue, wenn du dich erinnerst.« Mehr brauchen Sie nicht zu sagen. Vielleicht wird Ihre Freundin darüber sprechen. Vielleicht schneidet sie ein anderes Thema an. Vielleicht beschließt sie auch zu gehen. Egal wie, fühlen Sie sich nicht schuldig. Sie haben die Tränen nicht ausgelöst. Sie haben Erinnerung möglich gemacht, gute Erinnerung. Der Tod des Mannes, der mit der Erinnerung zu tun hat, hat die Tränen ausgelöst. Es wird andere Erinnerungen geben, und sehr wahrscheinlich auch weitere Tränen. Daran führt kein Weg vorbei.

Wenn Ihre Freundin vorzeitig aufbricht, sagen Sie ihr, wie froh Sie sind, daß sie da war, und sei es nur für ein, zwei Stunden. Rufen Sie am nächsten Tag an und wiederholen Sie, wie froh Sie sind, daß sie da war. Entschuldigen Sie sich nicht dafür, daß Sie Erinnerungen hervorgerufen haben. Sagen Sie nur, Sie wissen, daß der Abend nicht leicht war, und daß Sie hoffen, es würde bei jedem neuen Versuch weniger schwierig. Sagen Sie ihr, daß Sie froh sind, sie als Freundin zu haben.

Wenn sich das Gespräch wieder dem Todesfall zuwendet, könnten Sie zum Beispiel fragen: »Was hat dir am meisten geholfen?« Das kann Ihnen und anderen Freunden Hinweise auf weitere Hilfe geben, die benötigt wird. Vor allem bekommt Ihre Freundin dadurch die positiven Aspekte dieser schmerzlichen Zeit in den Blick, von der sie sich gerade erholt. Seien Sie nicht verletzt, wenn sie bei ihrer Aufzählung nichts erwähnt, was Sie speziell getan haben. Sie sieht den Wald vor lauter Bäumen nicht. Die Tatsache, daß sie Ihre Einladung angenommen hat, ist ihr Dank, ihre Geste des Vertrauens.

Wenn Ihre Freundin das erste Mal ausgegangen ist, wird es für sie nie mehr so schwierig sein. Diese Hürde hat sie hinter sich, auch dann, wenn sie sich nun wieder eine Zeitlang zurückzieht. Lassen Sie die Verbindung nicht abreißen, rufen Sie ab und zu an oder schreiben Sie ein paar Zeilen. Wiederholen Sie gelegentlich die Einladung. Mehr ist nicht zu tun. Wenn bestimmte Umstände zu einem langanhaltenden Schock geführt haben oder wenn der Zeitplan der Trauerphasen für Beobachter und trauernde Person unterschiedlich ausfällt, kann die Rückkehr in das soziale Leben auch zu früh erfolgen. Wenn der Schock lange anhält, wenn es keinen greifbaren Beweis für den Tod eines geliebten Menschen gibt, kann ein Trauernder auf die Idee kommen, er habe lange genug getrauert und sei bereit, wieder in den Alltag zurückzukehren. Wenn dieser Mangel an greifbarem Beweis – das Fehlen des Toten, einer Urne, eines Sargs oder einer Beerdigung – fortdauert, bleibt der Trauernde im ersten Schock und ist nicht fähig, die nächste Stufe aktiver Trauer zu erreichen. In solchen Fällen muß ärztlicher Rat eingeholt werden, und Freunde müssen dazu ermutigen.

Es gibt auch Fälle, in denen jemand zurückkehrt ins Leben, weil er dazu bereit ist. Als Freund sollten Sie ihn willkommen heißen, auch wenn Sie das Gefühl haben, daß er nicht angemessen lange genug getrauert hat. Geben Sie ihm das Gefühl, gewollt zu sein und akzeptiert. Zu messen, was wohl eine angemessene Trauerzeit sein mag, ist gefährlich und unfair.

Noch eine Anmerkung: Ich kann mich wirklich darüber aufregen, wie ungerecht diese Gesellschaft mit Witwen, Witwern, Singles und Geschiedenen umgeht. Wir scheinen über die Zeiten von Noahs Arche nicht hinausgekommen zu sein. Wir müssen offenbar unbedingt immer Paare um uns haben. Der Himmel möge verhüten, daß bei Tisch eine ungerade Zahl von Leuten sitzt. Der Himmel möge verhüten, daß zwei Männer oder zwei Frauen nebeneinander sitzen. (Dabei hätten sie vielleicht Spaß an der Unterhaltung, mal was anderes!)

Bei uns zu Hause gibt es eine eiserne Regel (von der mein Mann heute glaubt, es wäre seine Idee gewesen), daß keine Party, die wir geben, aus Paaren besteht um der Paare willen. Wenn jemand keinen Partner hat und er oder sie gehört zu unserem Freundeskreis, wird er oder sie eingeladen, kann allein kommen oder jemanden seiner Wahl mitbringen. Natürlich erwartet man von einer gerade verwitweten Freundin nicht, daß sie jemanden mitbringt. Aber Verwitwete oder gerade Geschiedene werden Sie wissen lassen, ob sie in Begleitung kommen.

Aber jemanden nicht einzuladen, weil er oder sie (zur Zeit) keinen Partner hat, ist lächerlich. Ein verheirateter Mensch ist kein halber Mensch, und genausowenig ist das ein Single oder ein geschiedener oder verwitweter Mensch. Das mußte mal gesagt werden.

Wenn das neue Gleichgewicht stabiler wird, innen wie außen, hat Ihre Freundin noch eines vor sich: Sie muß in ihr Leben integrieren, was ihr widerfahren ist. Sie hat festgestellt, daß es nicht das alte Gleichgewicht ist. Nichts ist genau so wie früher. Der Lebensweg, den sie vor sich hat, ist ein anderer. Sie wird vieles nicht tun, was sie getan hätte, wäre ihr Mann nicht gestorben. Aber sie wird vielleicht anderes tun, was sie mit ihm nicht getan hätte. Ihr Gleichgewicht mag wieder da sein, ihr Alltag wieder funktionieren, und doch hat sich alles geändert, unwiderruflich.

Wenn all dies geschieht, wird Ihre Freundin eines Tages auch Sie wiederentdecken – und zwar nicht als zwei Ohren und zwei Hände, sondern Sie ganz. Vielleicht bedankt sie sich überschwenglich für alles, was Sie für sie getan haben – da ist sie dann endlich, die Perle in Ihrer Krone –, vielleicht hat sie aber auch nie bemerkt, wie sehr Sie sich bemüht haben, um ihr zu helfen, sondern spürt nur, daß sie gern bei Ihnen ist, daß sie gern mit Ihnen etwas unternimmt und mit Ihnen redet. Und das muß Ihnen dann auch Dank genug sein.

Sie wird den Verstorbenen nicht vergessen. Und Sie tun ihr nicht weh, wenn Sie Erinnerungen mit ihr teilen oder sie von früher erzählen lassen. Gehen Sie an solche Gespräche vorsichtig heran, eröffnen Sie sie, wie man eine Tür öffnet. Ihre Freundin wird eintreten, wenn ihr danach ist. Wenn nicht, machen Sie sie leise wieder zu. Haben Sie keine Angst, den Namen des Toten zu erwähnen, wenn er Ihnen im Laufe eines Gesprächs ganz natürlich über die Lippen kommt. Es wäre viel peinlicher, mitten im Satz aufzuhören und das Thema zu wechseln. Der Name spielt keine Rolle mehr. Der Mensch hat schließlich mal gelebt.

Sie werden sehr froh sein, wenn Ihre Beziehungen zueinander wieder im Lot und Ihre Freundin ins Leben zurückgekehrt ist. Während dieses Prozesses ist für Sie nicht viel abgefallen. Es hat viel Kraft gekostet, Freund zu sein in diesen langen Monaten. Aber da sind zwei Dinge: Sie wissen, daß Sie alles mitbringen, was man braucht, um ein wirklicher Freund zu sein. Und Ihre Freundschaft wird langfristig sehr viel stärker sein durch das, was Sie investiert haben. Und falls Sie einmal in die Lage kommen sollten, in der Ihre Freundin sich befunden hat, kommt vielleicht ein Drittes hinzu – daß sie dann für Sie sein kann, was Sie für sie waren.

VIERTES KAPITEL

Wenn Kinder trauern

Wir machen einen Riesenfehler, wenn wir davon ausgehen, daß Kinder auf die gleiche Art trauern und die gleichen Bedürfnisse haben wie Erwachsene. Sie durchleben zwar auch Schock, Schmerz und Heilung während ihres Trauerprozesses, aber sie drücken vieles anders aus und brauchen auch einen anderen Trost.

Ein Kind wird besser mit Tod und Sterben umgehen können, wenn ihm beides nahegebracht wurde, *bevor* ein naher Angehöriger stirbt. Wir sind zwar meistens willens und bereit, unsere Kinder auf fast alle Probleme des Lebens vorzubereiten, aber wir wissen wenig bis gar nichts über den Tod zu sagen, bis er jemanden trifft, der uns nahesteht. Wenn das geschieht, geht es uns meistens selber schlecht, und wir sind dann kaum in der Lage, klar zu denken und uns sorgfältig zu überlegen, wie wir unseren Kindern die Tragödie klarmachen können. Wir machen vielleicht den Fehler, es ihnen in ihrem eigenen Zimmer oder an einem anderen Lieblingsplatz zu sagen. Das kann zur Folge haben, daß sich mit diesem Raum über Jahre die Erinnerung an die traurige Nachricht verbindet. Sie mögen ihn nicht mehr. Danach ignorieren wir die Kinder ungewollt für Wochen, weil wir selbst von unserem Kummer so überwältigt sind. Im Rückblick erkenne ich dankbar, wie klug meine Mutter war, mich zu Mister Keefers Beerdigung mitzunehmen, als ich noch keine sechs war. Sie sagt, sie erinnere sich nicht mehr daran, ich aber habe Teile dieses Nachmittags noch so deutlich vor Augen, als wäre es gestern gewesen.

Meine Mutter hatte mich an die Hand genommen, als wir die vielen Stufen zur Kirchentür hinaufstiegen. Mister Keefer war gestorben, und wir waren unterwegs, um ihm die letzte Ehre zu erweisen.

Ich kann mich nicht mehr erinnern, wie meine Mutter mir erklärt hat, was Sterben bedeutet. Ich wußte jedenfalls, daß Mister Keefer nicht mehr in die Kirche kommen würde, weil er »es« getan hatte – er war gestorben. Er war alt, und er war einfach gestorben, sagte meine Mutter. Es hatte ihm nicht weh getan zu sterben, und tot zu sein tat ihm auch nicht weh, ich solle mir darüber also keine Sorgen machen.

Mister Keefer war mir sehr alt erschienen, vielleicht war er es auch. Er grüßte mich immer freundlich nach dem Gottesdienst und gab mir oft ein Stück Kaugummi. Er bedeutete für mich Kirche und Kaugummi. Und nun würde er – außer heute – nicht mehr in der Kirche sein. Und er würde auch nicht mehr imstande sein, mir Kaugummi zu schenken, weil er tot war.

Meine Mutter erzählte mir, daß Mister Keefer in einem Sarg liegen würde; ich würde schon sehen, was ein Sarg ist. Und daß er sich nicht mehr rühren würde und die Augen zuhabe, als ob er schliefe. Aber er schlafe nicht, er sei tot.

Ich klammerte mich noch fester an Mutters Hand, und wir gingen in die alte lutherische Kirche. Ich weiß noch, daß ein schwarzer Gummiläufer auf dem Holzboden lag, und links von der Tür stand der glänzende schwarze Sarg, in dem Mister Keefer mit geschlossenen Augen lag.

Ich fand nicht, daß er aussah, als ob er schlafe. Er sah tot aus. Nun wußte ich, wie Tote aussehen.

Ein Kind, das einen toten Erwachsenen sieht, kommt nicht auf die Idee, er schlafe. Man kann Kinder nicht betrügen. Sie sehen zehn Sachen auf einmal, wo wir nur eine sehen. Nichts entgeht ihnen. Kinder sind sehr sachlich, sehr konkret.

Wenn sie einen toten Erwachsenen sehen, wissen sie, wie Tod aussieht. Und sie wissen, daß der Tote nicht schläft. Wenn sie den Toten gesehen und von den Großen gehört haben, daß er nie mehr lebendig werden wird, akzeptieren sie das. Aber meine Geschichte von Mister Keefer ist noch nicht zu Ende. Wir standen eine Weile hinter dem Sarg. Ich muckste mich nicht und hielt die Hand meiner Mutter fest. Dann machte meine Mutter eine Bewegung auf den Sarg zu. Ich hielt sie nicht zurück, also gingen wir hin. Ich weiß nicht, was ich dabei gedacht habe. Wahrscheinlich nichts, Schauen war genug.

Dann fragte mich meine Mutter, ob ich Mister Keefer anfassen wolle. »Du brauchst keine Angst zu haben«, sagte sie.

»Es ist der nette alte Mister Keefer, er tut dir nichts. Streichel einfach seine Hand, um ihm auf Wiedersehen zu sagen.« Das tat ich. Und ich glaube, daß wir dann fortgingen.

Mag sein, daß meine Mutter dachte, ihn kurz anschauen sei genug. Vielleicht nahmen wir aber auch an der Trauerfeier teil, ich weiß es nicht mehr. Ich weiß nur noch ganz genau, wie Mister Keefer in seinem glänzenden Sarg ausgesehen und wie sich seine Hand angefühlt hatte, sehe die Kirche und den schwarzen Läufer vor mir – und daß ich die Hand meiner Mutter nicht losgelassen habe.

Innerhalb weniger Minuten hatte ich gesehen, wie Tote ausschauen, und es hatte mir keine Angst gemacht.

Weil ich, das mag ein Grund gewesen sein, Mister Keefer nicht geliebt habe. Ich mochte ihn leiden, aber er gehörte nur zu ein paar Minuten am Sonntag morgen, nicht zu einem Kinderalltag. Außerdem hatte mir meine Mutter vorher gesagt, was ich zu erwarten hatte und wie Mister Keefer aussehen würde. Und Mutter hielt mich an der Hand, die ganze Zeit über. Das gab mir ein Gefühl von Sicherheit.

Überdies hat sie mich nicht gezwungen, ihn anzuschauen, näher heranzugehen oder ihn anzufassen. Und schließlich hatte sie mir erklärt, daß Tod – Mister Keefers – mir nicht weh tun würde.

Kleine Kinder stellen sich alles Mögliche vor: den Tod als Sensenmann, den Tod als etwas wie Schlafen, als etwas, das weh tut, das ansteckt, das nicht ewig dauert. Und sie stellen sich vor, daß sie den Tod hervorgerufen haben.

Diese und viele andere Mißverständnisse können Kindern in den Sinn kommen. Oft werden solche Gedanken nie besprochen, bis die eigene Familie mit dem Tod konfrontiert wird – zu einem Zeitpunkt also, wo die Kraft der Angehörigen schwach genug ist.

Meine Mutter hat mir in ihrer Weisheit den Tod gezeigt, bevor ich ihn betrauern mußte. Sie tat es am Beispiel eines Menschen, den ich kannte und mochte. Ich konnte den Unterschied zwischen dem lebenden und dem toten Mister Keefer sehen, und ich hatte das Gefühl eines Verlusts, allerdings keines großen. Sie zeigte mir einen Toten und brachte mir bei, daß Menschen wie Vögel, Insekten und andere Tiere sterben müssen. Sie brachte mir auch bei, daß Tod an sich nicht weh tut und daß es mir auch nicht weh tun würde, einen Toten anzufassen. Sie erklärte mir, daß Tod nicht das gleiche ist wie Schlaf – und als ich es sah, wußte ich es auch. Deshalb habe ich nie Angst gehabt, daß meine Eltern oder ich sterben würden, wenn wir abends zu Bett gingen. Meine Mutter sagte mir, daß Tod für immer sei. Ihn gesehen zu haben half mir, das zu akzeptieren.

Es ist sehr wichtig, einem Kind auch die kleinste Begegnung mit dem Tod nahezubringen, dem eines Menschen oder eines Tieres. Man sollte bei ihm bleiben und ihm das Gefühl von Sicherheit geben und alle seine Fragen beantworten. Das kann sich als große Hilfe erweisen, wenn ein Kind später mit dem Tod eines Menschen konfrontiert wird, den es geliebt hat.

Selten angesprochen werden die Gründe, die zum Tode führen, und die Trennung von Körper und Seele (falls das dem Glauben der Familie entspricht). Da meine Mutter mir nicht sagte, woran Mister Keefer gestorben war, nehme ich an, daß ich mir den Reim darauf machte, Tod sei etwas, was Leuten widerfährt, die sehr alt sind. Das stimmt ja auch. Zu jenem Zeitpunkt hatte sie auch nichts vom Körper im Grab und der Seele im Himmel gesagt. Sie sagte nur, daß Mister Keefer an diesem Tag zum letzten Mal in der Kirche sein und dann mit Gott leben würde. Für eine Sechsjährige war das genug. Man muß nicht alles übergenau erklären. Schlichte Tatsachen reichen aus. Wenn ich damals mehr hätte wissen wollen, hätte ich gefragt. Aber jede weitere Erklärung hätte mich nur durcheinandergebracht, hätte mich weggeführt von der simplen Tatsache des Todes, die mir meine Mutter gezeigt hatte bei einem Menschen, um den ich nicht allzusehr trauern mußte.

Bei manchen Kindern ist es allerdings ganz wichtig, über die Todesursache zu sprechen. Ein Kind kann böse Gedanken gegen den Toten gehegt oder sich sogar gewünscht haben, er möge sterben. Kinder tun das, sogar bei den eigenen Eltern. Wenn dann so ein Angehöriger stirbt, können Kinder meinen, sie seien schuld an seinem Tod. Es ist deshalb ganz wichtig, einem Kind klarzumachen, daß niemand stirbt, weil ihm einer den Tod wünscht oder er böse Gedanken gegen ihn hat.

Um das zu beweisen, sollten Sie mit dem Kind ein Spiel machen. Bitten Sie es, sich ganz fest zu wünschen, daß Sie singen, lachen oder weinen, ohne Ihnen zu sagen, was es auswählt. Es wird sich etwas ausdenken – und Sie tun es nicht. Sagen Sie ihm, es solle Sie mehrmals auffordern zu singen, so oft, daß es schon wütend wird. Sie singen nicht. So bringen Sie dem Kind bei, daß es durch Willenksraft oder Befehl niemanden zu irgend etwas zwingen kann, auch nicht durch Wut. So ist es mit dem Sterben auch: Es heimlich zu wünschen, bewirkt nichts.

Je kleiner ein Kind ist, um so schwieriger ist es für jemanden außerhalb der eigenen Familie, ihm während seiner Trauer Freund zu sein. Ein kleines Kind versteht nicht, daß wir viele Menschen liebhaben können. Es liebt seinen Vater und seine Mutter, seine Geschwister und die Großeltern. Kein kleines Kind unter sechs oder sieben Jahren würde zu einem Erwachsenen außerhalb der Familie sagen: »Ich hab' dich lieb.«

Also lassen Sie uns überlegen, welche Bedürfnisse ein trauerndes Kind hat und wie man ihm Freund sein kann. Ich war Junggesellin bis zu meinem 36. Lebensjahr. Mit meiner Heirat bekam ich einen Mann und zwei Stiefkinder im Teenageralter. Im Laufe der Jahre sind wir einander trotz manchen Kummers und Streits sehr nahegekommen. Ich habe sie sehr lieb, und ihnen scheint es mit mir genauso zu gehen. Meistens jedenfalls. Aber es ist keine Frage, und wir wollen es auch gar nicht anders, daß sie ihre eigene Mutter ganz besonders und sehr viel tiefer lieben.

Gleichgültig, wie alt sie sind und wie die Familiensituation ist, Kinder lieben die Menschen am meisten, die sie als Vater und Mutter bezeichnen.

Bei einem sehr kleinen Kind, dem ein Elternteil gestorben ist, ist es möglich, daß es mehr als einen Menschen als Vater oder Mutter identifiziert. Wenn einem Kind zwischen achtzehn Monaten und zwei Jahren der Mensch stirbt, den es bisher als Mutter gekannt hat, und der Vater innerhalb der nächsten zwei Jahre wieder heiratet, ist es durchaus möglich, daß die zweite Frau auch als Mutter angesehen wird. Das heißt nicht, daß die besondere Beziehung zur richtigen Mutter aufgehoben wird. Ein Kind wird sich an sie erinnern, normalerweise durch Fotos und Geschichten, und an sie denken mit Gefühlen eines Kindes für seine Mutter. Aber das lebende Objekt seiner Mutter-Kind-Liebe ist jetzt die Stiefmutter.

Das liegt daran, daß ein Kind den Menschen am meisten liebt, der sich vorrangig und regelmäßig um es kümmert. Im Normalfall ist das zuerst die Mutter, dann kommen beide Eltern. Ein kleines Kind bezieht seine Identität aus dieser Beziehung. Es ist buchstäblich Teil seiner Versorgung, weil es völlig von ihnen abhängig ist. Wenn das Kind älter wird und einen Teil seiner Bedürfnisse selbst befriedigen kann, merkt es, daß es ein eigener Mensch ist. Aber nach wie vor braucht es die Eltern, um Essen zu bekommen, um Erfahrungen zu machen, um eine Persönlichkeit zu werden, um mit dem Alltag zu Rande zu kommen. Es braucht die Eltern (oder die wichtigsten Versorger) voraussichtlich bis ins Teenager-Alter.

Gegen Ende der Teenagerzeit, wenn sich die jungen Leute mit den Eltern reiben, um endlich erwachsen und selbständig zu werden, unterscheidet sich dieses Kind gewaltig von dem Anderthalb- bis Zweijährigen, das ganz sicher sein kann, daß Mami und Papi alles für es tun werden.

Was heißt das nun für ein Kind, dessen Vater oder Mutter gestorben ist und dem Sie Freund sein wollen? Ich zögere, Vorschläge in Alterskategorien zu machen, denn Kinder wachsen nach individuellen »Zeitplänen« heran. Einem Kind von sechs Jahren oder darunter muß vom überlebenden Elternteil erlaubt werden zu trauern, darüber zu reden und den Prozeß durchzustehen. Und der beste Weg, dem Kind Freundschaft zu schenken, ist, diesem Elternteil Freund zu sein. Das ist der Idealfall.

Wenn, wie es manchmal geschieht, in der Familie niemand ist, der sich nach dem Tod der Mutter um das Kind kümmern kann – es füttert, badet, anzieht, mit ihm spielt –, können Sie sich anbieten, falls Sie die Möglichkeit dazu haben.

Auf Dauer wird jemand gesucht werden müssen, der diese Aufgabe übernimmt. Aber in der hektischen Zeit rund um den Tod der Mutter können alle diese Aufgaben dem zufallen, der gerade verfügbar ist. Das kann alle paar Stunden jemand anderes sein. Und das ängstigt ein Kind. Unter solchen Umständen ist es besonders wichtig, daß es mit seinem Gefühl des Verlassenseins und der Angst zu einem Menschen kommen kann, der für es da ist. Das ist auf jeden Fall besser als ständig wechselnde Personen, die eher zufällig nach dem Kind schauen und es völlig verwirren.

Behalten Sie im Sinn, daß sich das Kind mit der Mutter identifiziert hat und unter dem Verlust leidet, auch wenn es zu klein ist, um den Tod zu begreifen.

Am besten ist es, wenn der überlebende Elternteil die Rolle übernimmt. Die nächstbeste Lösung wäre, wenn jemand die Verantwortung übernimmt, den das Kind schon kennt, die Haushälterin, der Babysitter, in Einzelfällen ältere Geschwister.

Wenn Sie Babysitter waren, bevor die Mutter starb, oder wenn Sie schon vorher viel Zeit mit dem Kind allein verbracht haben, sollten Sie jetzt Ihre Hilfe anbieten. Jedenfalls so lange, bis eine andere, dauerhaftere Lösung gefunden ist.

Darüber hinaus können Sie am ehesten helfen, wenn Sie dem trauernden Vater oder der Mutter Ihre Freundschaft anbieten. Oder dem Menschen, der jetzt für das Kind sorgt.

Solche Hilfe schlägt sich am ehesten in Taten nieder. Der überlebende Elternteil ist ja selbst in Trauer und nimmt vielleicht nicht einmal wahr, wie verlassen und erschrocken sein Kind sich fühlt. Viele Erwachsene glauben, ein Kind unter sechs Jahren sei zum Trauern zu klein. Das ist falsch. Viele Studien haben das belegt. Ihre Hilfe beim Kochen, Waschen, Einkaufen gibt dem hinterbliebenen Elternteil Zeit, sich seinem Kind zu widmen. Nur selten wird jemand in der ersten Phase der Trauer solche Hilfe ablehnen.

Sie könnten folgendes sagen: »Ich habe das Gefühl, daß du eine ruhige Stunde mit Billy gebrauchen kannst; er sieht so aus, als brauche er seinen Papi jetzt dringend. Laß mich mal hier aufräumen, und du machst mal eine Tür hinter euch zu. Ich sorge dafür, daß ihr nicht gestört werdet.« Damit erreichen Sie mehrere Dinge auf einmal.

Es ist für den Vater leichter, sich um sein Kind zu kümmern, wenn Sie ihm anderes abnehmen. Außerdem können Sie ihn daran erinnern, daß sein Kind da ist und ihn braucht.

Dem Kind wird die Aufmerksamkeit des Vaters guttun, dem Vater die Tatsache, daß er gebraucht wird. Denn der fühlt sich im Angesicht des Todes ohnehin oft nutz- und hilflos. Für einen anderen etwas tun zu können, das hält ihn vielleicht aufrecht.

Daß Sie als wohlmeinende Freundin sich mit dem Kind in eine ruhige Ecke zurückziehen, ist zweit- bis zehntbeste Wahl. Am allermeisten braucht das Kind jetzt jemanden, den es lieb hat, denn nur von so jemandem will es die Erlaubnis zu trauern. Also können Sie Ihre Freundschaft zu einem trauernden Kind am besten beweisen, wenn Sie den hinterbliebenen Elternteil oder den Menschen, der dem Kind am nächsten steht, entlasten, damit ihm mehr Zeit für das Kind bleibt.

Das gilt für Kinder unter sechs Jahren. Bei einem älteren Kind stellt sich zuerst die Frage nach Ihrem eigenen Alter, danach die nach Ihrer Beziehung zu dem Kind, nicht zu seinen Eltern.

Das Alter spielt manchmal und bei bestimmten Beziehungen gar keine Rolle. Während einiger Phasen der Kindheit und der Jugend aber fühlen sich Kinder einfach nicht wohl in Gegenwart von Leuten, die mehr als zehn bis fünfzehn Jahre älter sind. Sie mögen sich ihnen nicht anvertrauen. Es ist ein schwieriges Alter: Die Welt eines Kindes entwickelt sich immer schneller, es hat zu tun mit dem nahenden Erwachsensein und allen seinen Verantwortungen; Unbekanntes stürzt auf es ein. Ein Heranwachsender versucht seine Welt zu kontrollieren, indem er die Reihen derer einengt, denen er vertraut.

Die Jugend ist vielleicht die empfindlichste Zeitspanne im ganzen Leben. Wenn Sie über dreißig sind, ist die Wahrscheinlichkeit gering, daß jemand mit dreizehn oder vierzehn, sogar noch mit sechzehn oder siebzehn Ihnen von sich aus seine Gefühle anvertraut. Lieblingslehrer und langjährige Haushälterinnen mögen eine Ausnahme von der Regel sein.

Wenn Sie dennoch das Gefühl haben, Ihre Beziehung zu einem Kind über sechs sei so eng, daß es Ihnen einen Teil seiner Trauer anvertrauen würde, nehmen Sie so früh wie möglich direkten Kontakt zu ihm auf.

Die meisten Leute schicken Beileidskarten an den »Hauptleidtragenden mit Familie«. Manchmal ist das in Ordnung. Aber wenn einem Kind die Mutter oder der Vater stirbt, ist es gut möglich, daß es unter diesem Verlust mehr leidet als der überlebende Elternteil. Wenn Sie einem solchen Kind sehr nahestehen, schreiben Sie ihm einen Beileidsbrief extra. Je nachdem, in welchem Verhältnis Sie zu dem Kind stehen, können Sie es kurz danach oder ein paar Tage später direkt anrufen. Wenn das gutgeht, laden Sie es zu einem Spaziergang oder in die Eisdiele ein. Ernährungswissenschaftler mögen mir verzeihen, aber für die meisten Kinder hat Eis etwas Besänftigendes an sich. Fragen Sie nicht den Erwachsenen, ob er erlaubt, daß das Kind mit Ihnen ausgeht. Fragen Sie es selbst; es könnte sich sonst gezwungen fühlen oder es sogar werden. Dennoch sollten Sie das Einverständnis der Familie einholen und hinterlassen, wohin Sie gehen. Sollte das Kind sich darauf einlassen, fangen Sie nicht gleich vom Tod des Elternteils an. Sie brauchen überhaupt nicht viel zu reden; gehen Sie einfach ein Stück mit ihm. Fassen Sie das Kind nicht an, es sei denn, die Initiative geht von ihm aus. Viele Kinder sind es nicht gewöhnt und mögen es auch nicht, wenn jemand außer den Familienmitgliedern sie berührt.

Wenn Sie meinen, Sie müßten etwas sagen, dann vielleicht: »Möchtest du reden?« oder: »Es ist eine schlimme Zeit für dich, nicht wahr?« Für gewöhnlich wird die Antwort aus nicht mehr als »Ja« oder »Nein« bestehen, und ohne weitere Impulse sagt das Kind vielleicht nichts.

Vor allem ein Teenager hat es so an sich, mit Erwachsenen sehr einsilbig zu reden. Das macht nichts. Die Tatsache, daß er eingewilligt hat, mit Ihnen wegzugehen, vor allem, wenn Sie über dreißig sind, ist sensationell. Vielleicht finden Sie eine Eisdiele, in der es auch Computerspiele gibt. Spielen Sie ein paar Runden mit ihm, wenn er möchte. Dabei kann er Dampf ablassen. Sie können auch im Freien mit einem Fußball herumkicken. Wenn er von sich aus anfängt zu reden, hören Sie vor allem zu. Geben Sie ihm ein Stichwort wie »wütend«, »schuldbewußt« oder »verängstigt«. Manchmal brauchen Kinder und Jugendliche Hilfe bei den schweren Wörtern, die ihre Gefühle am ehesten beschreiben. Aber drängen Sie nicht, solche Wörter auszusprechen oder solche Gefühle auszudrükken. Und stürzen Sie sich vor allem nicht auf lauter gute Ratschläge und die berühmten »Ich erinnere mich, als . . .«. Wenn jemand aus Ihrer Familie gestorben ist, als Sie so alt waren wie das Kind, können Sie das erwähnen (ohne dazuzusagen, Sie wüßten, wie es sich fühlt). Aber damit soll es genug sein. Wenn das Kind wissen will, wie es Ihnen damals gegangen ist, wird es Sie fragen. Viel wahrscheinlicher aber kann es sich gar nicht vorstellen, daß Sie einmal in seinem Alter waren und Eltern hatten, so jung wie seine.

Wenn es nicht über seine Gefühle spricht, halten Sie die Zeit dennoch nicht für verschwendet. Sie haben gesagt, Sie wollten sich kümmern, indem Sie sich Zeit nehmen.

Und indem Sie ihm eine Beileidskarte geschrieben haben, haben Sie ihm das Gefühl vermittelt, seinen schweren Verlust zu kennen. Aber Sie haben ihn nicht in Verlegenheit gebracht und nicht gezwungen, über den Tod zu reden, wenn er das nicht will. Sie haben ihm geholfen.

Wenn er nicht überraschend aus sich herausgeht und nicht den Eindruck erweckt, er brauche solche Begegnungen dringend, sollten Sie es mit diesem Ausflug erst einmal gut sein lassen. Es langsam angehen lassen ist bei Kindern, mehr noch bei Jugendlichen, allemal besser als zu schnell. Sie sollten vor allem an einem Punkt vorsichtig sein: Vielleicht waren Sie mit dem toten Vater viele Jahre befreundet und haben viel mehr mit ihm erlebt als das Kind. Manche Kinder wie manche Erwachsene wollen irgendwann einmal Ihre Erinnerungen hören; andere wollen das nicht oder noch nicht. Bevor Sie anfangen zu erzählen, wie Sie den verstorbenen Vater im Gedächtnis haben, fragen Sie das Kind, ob es das hören will. Sagen Sie etwa: »Ich weiß, daß du ein paar ganz besondere Erinnerungen an deinen Vater hast. Ich kann mich auch an ein paar lustige Sachen mit ihm erinnern, obwohl ich glaube, daß du die schöneren Erinnerungen hast. Aber wenn du möchtest, daß ich dir mal meine erzähle, sag's mir.« Sehr wahrscheinlich wird das Kind das nicht sofort tun. Aber Sie haben das Angebot gemacht, und es kann dies zu einem späteren Zeitpunkt annehmen. Seien Sie besonders zurückhaltend mit Ihren eigenen Erinnerungen bei einem kleinen Kind. So sehr es zu Lebzeiten an dem Elternteil gehangen hat, so sehr hängt es jetzt an den Erinnerungen an den Toten. Es mag anderer Leute Erinnerungen nicht hören, mag nicht einmal daran denken, daß auch andere überhaupt Erinnerungen haben.

Auch wenn das Kind Ihre Erinnerungen nicht hören will, so kann es sich durchaus freuen, am Samstag nachmittag mit Ihnen in den Zoo zu gehen, wie es das früher mit dem Vater getan hat. Für einen Erwachsenen ist es schwer, Dinge zu tun oder Orte wiederzusehen, die ihn an den Verstorbenen erinnern. Für Kinder nicht. Es hält die glücklichen Erinnerungen wach, und Sie sind der Mittler – vor allem, wenn Sie ein Mann sind. Sogar manchen Heranwachsenden geht das so. Aber setzen Sie es nie als selbstverständlich voraus, fragen Sie zuerst.

Einem Kind, das schon schreiben kann, mag auch ein Tagebuch helfen. Schenken Sie ihm eins. Manche schreiben regelmäßig hinein, andere nie. Legen Sie eine Karte dazu mit ein paar Zeilen wie diesen: »Ich glaube, daß dir gerade viele Gedanken durch den Kopf gehen. Manchmal hilft es, sie aufzuschreiben und in die Schublade zu legen.«

Es ist für ein Kind genauso wichtig, den Körper des verstorbenen Elternteils noch einmal zu sehen, wie für Erwachsene, die ihren Partner verloren haben. Sogar Kindern im Alter von vier oder fünf sollte man die Möglichkeit dazu geben. Aber man muß sie sorgfältig darauf vorbereiten, was sie erwartet, und man muß ihnen die Freiheit lassen, doch nicht mitgehen zu wollen oder sofort wieder zu gehen, wenn sie das möchten. Der hinterbliebene Elternteil oder ein sehr naher Verwandter muß unter allen Umständen dabeisein und die möglichen Reaktionen auffangen.

Am Sarg Abschied zu nehmen muß für ein Kind von allen anderen Totenwachen oder Defilees unabhängig arrangiert werden. Ein Kind hat Anspruch auf einen privaten Abschied.

Wenn es einen kleinen Brief oder ein Geschenk in den Sarg legen will, sollte man es nicht davon abbringen. Und Kinder oder Jugendliche sollten auf keinen Fall gezwungen werden,

den Verstorbenen noch einmal zu sehen. Aber vor allem für Kinder über sechs kann es sehr hilfreich sein, mit der Tatsache des Todes umzugehen.

Manche Kinder reagieren überhaupt nicht negativ auf eine Beerdigung. Kleinere haben vielleicht sogar das Gefühl eigener Wichtigkeit. Das ist normal. Das Gefühl wird noch verstärkt von dem Bewußtsein, mit dem Anlaß dieses Ereignisses verwandt zu sein, zu dem so viele Leute kommen, viel Aufmerksamkeit geschenkt zu bekommen, in einem großen, schwarzen Auto zu fahren und überall die Tür aufgehalten zu bekommen.

Ein kleines Kind ist von der neuen Erfahrung einer Beerdigung so hingerissen, daß es eine Zeitlang den Anlaß dieses Ereignisses vergißt.

Andere Kinder wieder finden Beerdigungen gräßlich: ein Haufen fremder Erwachsener, viele von ihnen weinen (obwohl es ja nicht ihr Vater oder ihre Mutter war, der/die gestorben ist); ein Pfarrer, den sie nie gesehen haben und der nun den Toten auf eine Weise beschreibt, wie sie ihn sich nicht vorstellen können; geflüsterte Gespräche, von denen sie ausgeschlossen sind. Diese Kinder wollen, daß das alles sofort aufhört, sie wollen heim und niemanden außer der Familie sehen. Wenn es nur mehr Pfarrer gäbe, die Kinder bei Beerdigungen auch mal direkt ansprechen. Es würde helfen, wenn auch nur ein kleines bißchen.

Dann ist das Abschiednehmen vorbei und die Beerdigung auch, und das Kind denkt, nun könne es endlich nach Hause gehen und so normal wie möglich mit seiner Familie zusammensein – und was geschieht? Der Pfarrer und alle Leute, manche immer noch weinend, kommen auch ins Haus.

Sie nehmen es in den Arm und drücken es an sich und küssen es, sie erzählen ihm, wie leid es ihnen tut und wie tapfer es doch sei und daß es jetzt ganz besonders auf seine Mami oder seine Schwester oder auf sonstwen aufpassen müsse, und all den anderen Quatsch, den wir Kindern zu sagen pflegen, wenn uns sonst nichts einfällt.

Mit anderen nach der Beerdigung noch zusammenzusitzen, das kann für Erwachsene ein großer Trost sein. Es kann eine

Gelegenheit sein, Tränen zu vergießen und jede Menge Arme und Schultern zur Unterstützung zu haben. Es kann eine Zeit sein, um von schmerzlichen Gefühlen zu reden oder sich endlos zu wiederholen. Es kann Gelegenheit sein, allein durch die Anzahl der mittrauernden Menschen daran erinnert zu werden, wie angesehen und beliebt der Verstorbene war.

Für ein Kind hingegen ist das Kaffeetrinken nach der Beerdigung das Schlimmste, was ihm passieren konnte. Und je mehr Leute da sind, desto schlimmer ist es.

Es gibt einiges, was man als Freund der Familie für so ein Kind tun kann, aber manches bedarf auch der Vorbereitung. Wenn es irgendeine Chance gibt, daß der hinterbliebene Elternteil und die Kinder den Friedhof als erste verlassen und eine ruhige Stunde miteinander verbringen können, sollte das arrangiert werden. Wenn während dieser Zeit schon Gäste ins Haus kommen, kann man ihnen sagen, daß die Familie noch ein bißchen allein sein will und daß sich die Gäste möglichst nur in einem bestimmten Teil des Hauses aufhalten. Sie können in der Zwischenzeit etwas zu essen oder zu trinken anbieten. Hilfreich ist auch, wenn man dem Kind vorher sagt, daß nach der Beerdigung Leute kommen werden, die mit ihrem Besuch dem Verstorbenen und der Familie Ehre erweisen wollen. Man sollte erklären, daß das hierzulande Brauch ist und daß es dem hinterbliebenen Erwachsenen guttut. Aber man sollte dem Kind auch erlauben, an dieser Versammlung gar nicht oder nur zeitweise teilzunehmen und sich in sein Zimmer zurückzuziehen.

Wenn ein Kind beschließt, nicht dabeizusein, muß es sich nicht schuldig fühlen. Aber man sollte ihm sagen, daß der Erwachsene daran teilnehmen müsse und danach wieder zu ihm komme, um mit ihm allein zu sein.

Auch wenn sie trauern, haben Kinder Hunger. Wenn sie nicht an der Kaffeetafel sitzen wollen, muß man ihnen etwas zu essen bringen. Sie fühlen sich angenommen und nicht ausgeschlossen. Und es gibt ihnen etwas von der Kraft wieder, die Trauern sie gekostet hat.

Man kann auch einen gleichaltrigen Freund des Kindes für die Dauer der Zusammenkunft einladen. Genausogut kann man es zu dem Freund nach Hause schicken. Manchmal ist das sogar besser. Aber normalerweise wollen Kinder sicher sein, daß die Familie sich nicht noch mehr verkleinert. Sie möchten in ihrer eigenen Umgebung sein.

Wenn alles schiefgeht, wenn Sie sehen, daß das Kind von allen möglichen wohlmeinenden Leuten geknuddelt und belabert wird oder sich in einer Ecke verkrochen hat, fragen Sie, ob es mit Ihnen frische Luft schnappen oder Ihnen sein Zimmer zeigen möchte oder sonstwas, woran es Interesse haben könnte. Das ist eine Chance, wegzukommen, zu reden oder es sein zu lassen. Wenn Sie mit dem Kind weggehen, vergewissern Sie sich, daß die Familie Bescheid weiß.

Erzählen Sie nur ja nie Sachen wie »Mami kann dich jetzt vom Himmel aus sehen« oder »Papi wird alles wissen, was du tust«. Und sagen Sie einem kleinen Jungen auch nicht, er müsse nun ein »kleiner Vati« werden und auf seine Mami oder seine Geschwister besonders gut aufpassen. Das sind zwar übliche und vielleicht gut gemeinte Sprüche, aber sie können dem Kind eine zu große Last aufbürden. Im Zweifel nimmt es sie nämlich wörtlich.

Im Idealfall wird ein Kind mit dem verbliebenen Elternteil trauern, mit ihm manchmal weinen, manchmal auch allein. Es wird wissen, daß das erlaubt und richtig ist. Manchmal trauern Kinder auch zusammen mit den Geschwistern, aber nicht immer. Geschwister trauern manchmal ganz verschieden, je nachdem, wie alt sie sind. Ein kleines Kind kann dem Vater oder der Mutter auf den Schoß krabbeln, wird in den Arm genommen und liebkost. Ein älteres Kind mag das gleiche geradezu verzweifelt wollen, fühlt sich aber zu groß dazu. Es wird häufiger weinen, um auch in den Arm genommen und getröstet zu werden. Kinder verstecken ihre Trauer manchmal hinter schlechter Laune, reagieren mit Tobsuchtsanfällen oder ziehen sich völlig zurück. Sie mögen erstaunt sein über solche unangemessenen Reaktionen, aber Sie sollten dabei nicht vergessen, daß Kinder wie Erwachsene ein Anrecht auf ihre Art von Verrücktheiten haben. Auf jeden Fall sollten Erwachsene dem Kind helfen, seine Traurigkeit in den Griff zu bekommen. Wenn sie verdrängt wird, bringt das später große

Probleme mit sich. Dennoch: Wenn Kinder sehr lange zornig, tobsüchtig oder verschlossen sind, sollte man therapeutischen Rat einholen.

Manche Kinder teilen ihre Trauer mit Altersgenossen, normalerweise mit nicht mehr als einem oder zweien. Andere wieder wenden sich an ein älteres Kind oder einen jungen Erwachsenen, zwischen zwei und fünf Jahren älter, an jemanden, den sie als klügeres Mitglied ihrer eigenen Generation ansehen. Wenn ein solcher Freund gefunden wird, fühlt sich ein Kind wichtig, weil jemand so Weltgewandtes sich um es kümmert. Das kann ein Kind so ermutigen, daß es über Dinge spricht, die es keinem anderen Menschen anvertrauen würde.

Fassen wir zusammen: Kinder trauern. Sie erleben Schock, Schmerz und Heilung. Aber sie tun es nur zu bestimmten Zeiten und mit bestimmten Menschen und fast nur dann, wenn man ihnen erlaubt zu trauern. Dennoch haben Kinder nicht die inneren Hilfsmittel der Erwachsenen, um mit der Tragödie fertig zu werden. Deshalb trauern Kinder eher sporadisch, trauern langsamer aus Angst, von den Gefühlen völlig überwältigt zu werden, und brauchen folgerichtig länger als Erwachsene, um den Trauerprozeß abzuschließen. Wir sollten nie davon ausgehen, daß ein Kind wiederhergestellt ist, nur weil es nicht mehr von dem Verstorbenen spricht. Das ist besonders wichtig, wenn sich gleichzeitig seine Persönlichkeit oder sein Verhalten verändert. Anzeichen sind schlechtere Schulleistungen oder rüpelhaftes Benehmen. Selbst wenn solche Veränderungen anscheinend nichts mit dem Tod in der Familie zu tun haben, sind sie doch Anzeichen dafür, daß das Kind mit seinem Kummer nicht fertig wird.

In seiner Clique versucht ein Kind verzweifelt, genauso dazuzugehören wie vorher. Vielleicht hat außer ihm noch niemand ein Elternteil verloren. Klassenkameraden kommen vielleicht nicht mehr zu ihm, weil sie Angst haben, das könne ansteckend sein. Wenn ihm widerfahren konnte, daß die Mutter stirbt, könnte es ihnen auch so gehen.

Das Schlimmste, was dem Kind jetzt passieren kann, ist, auch noch von seiner Gruppe ausgeschlossen zu werden. Kinder geben sich große Mühe, unter Gleichaltrigen aufgenommen zu werden. Wenn ein Mitglied der Familie stirbt, ist sein Platz bedroht. Wenn es von den Kameraden ignoriert wird, sind bleibende seelische Schäden nicht selten die Folge.

Wenn Sie nicht gerade seine Lehrerin sind, können Sie nicht viel tun, um dem Kind zu helfen. Sie können nur Verständnis haben und es so normal wie möglich behandeln.

Wenn Sie sein Lehrer oder seine Lehrerin sind, können Sie es fragen, wie es in seiner derzeitigen Lage behandelt werden möchte. Sie könnten vorschlagen, mit den Kameraden zu reden, die von dem Todesfall wissen. Wenn ihm das gefällt, könnten Sie vorschlagen, ein Gespräch mit ihm und ihnen zu organisieren, bei dem die Kinder alle Ängste und möglichen Mißverständnisse aussprechen können. Sie könnten dazu beitragen, zu verstehen, daß Billy nach wie vor Billy ist und daß er ganz normal behandelt werden möchte. Billy kann entscheiden, ob er bei einem solchen Gespräch dabeisein will oder nicht.

Kinder sind groß im Nachahmen. Wenn es Ihnen gelingt, zwei oder drei Schlüsselpersonen aus der Klasse einige Fakten über den Tod zu vermitteln und sie zu ermutigen, sich Billy gegenüber ganz normal zu verhalten, können Sie ziemlich sicher sein, daß der Rest der Klasse ihrem Beispiel folgt.

Das Bedürfnis, normal behandelt zu werden, hat das Kind auch zu Hause. Der Einschnitt in sein Leben ist groß genug; er verstärkt sein Bedürfnis danach, möglichst alles so vorzufinden, wie es immer war. Seine Welt ist ohnehin aus den Fugen. Es wird alles noch viel schlimmer, wenn die Familie nun umzieht oder die Ferien anders verbringt als früher oder bisherige Familientraditionen abrupt aufgibt, zum Beispiel die eine Woche an der See im Sommer oder einen Skiurlaub im Winter. Für den übriggebliebenen Elternteil ist das ein Alptraum. Er mag nicht einmal daran denken, Dinge zu tun, die er mit dem Partner unternommen hat. Am besten überlebt man mit einem Kompromiß und einem klaren Kopf bei der Planung.

Die Faustregel ist, wie gesagt: Keine größeren Veränderungen wie Umzug oder Umräumen des ganzen Hauses innerhalb des ersten Jahres. Wenn Vater oder Mutter es schaffen, solchem verständlichen Bedürfnis zu widerstehen, geben sie den Kindern Sicherheit, daß nicht die ganze Welt in Scherben fällt, daß einige Wurzeln noch halten. Wenn der Erwachsene aber nicht anders kann als einschneidende Veränderungen vorzunehmen, dann sollten ein paar frühere Gepflogenheiten beibehalten werden.

Ein Beispiel: Die Familie ist über Weihnachten immer in die Berge gefahren. Für die Kinder verbinden sich diese Ferien mit heißer Schokolade und Liedersingen. Wenn schon die Reise nicht mehr möglich ist, sollten wenigstens heiße Schokolade und Weihnachtslieder Bestand haben.

Oder: Wenn das Eigentum des Verstorbenen aufgelöst werden muß, sollte man den Kindern Gelegenheit geben, sich ein paar Dinge aus der persönlichen Habe des Toten auszusuchen, die sie als Erinnerung haben möchten. Sollten die Kinder noch klein sein, könnte der Erwachsene ihnen einiges zurücklegen für später, die Angel vielleicht oder den Lieblingspullover zum Hineinwachsen. Als Freund wäre hier eine Aufgabe für Sie. Sie könnten im richtigen Moment so etwas vorschlagen, wenn Sie den Eindruck haben, von selbst komme der Erwachsene nicht darauf.

Sollten Sie dieses Buch im Teenageralter lesen, können Sie einem trauernden Freund sehr helfen, wenn sie ihn in Ihrer Clique oder Klasse normal behandeln. Sie können ihm auch ein bißchen Erleichterung verschaffen, wenn Sie mit ihm allein sind. Fragen Sie ihn, wie er sich fühlt und wie es war, als sein Vater starb. Aber tun Sie nicht so, als wäre er wegen seiner vielleicht verworrenen Gefühle ein Wesen von einem anderen Stern.

Wenn Sie, Leserin oder Leser, Kinder haben, reden Sie mit ihnen über den Tod in einer Weise, die sie nicht ängstigt. Bringen Sie Ihren Kindern bei, daß man einen trauernden Kameraden nicht hänseln, nicht links liegenlassen oder ihm das Gefühl geben darf, man wolle ihn nicht mehr dabeihaben.

Noch zwei Anmerkungen:

Nicht jedes Kind hat Lust, auf den Friedhof zu gehen. Für einige ist das ein kalter, häßlicher Ort, der überhaupt nichts mit dem Verstorbenen zu tun hat, dessen Andenken es pflegt. Andere besuchen das Grab gern. Sie reden mit dem Verstorbenen, ordnen Blumen und haben das Gefühl, er sei ihnen nahe.

Man muß einem Kind Gelegenheit geben, das Grab der Mutter oder auch der geliebten Großmutter oder des Onkels zu besuchen. Aber wenn es nicht will, sollte man es nicht zwingen oder ihm Vorwürfe machen. Andererseits versäumen auch manche Erwachsene, die nicht gern auf den Friedhof gehen, ihre Kinder zu fragen, ob sie möchten. In diesem Fall könnten Sie anbieten, das Kind dorthin zu begleiten.

Und lassen Sie uns schließlich über Wut reden.

Wut auf den Verstorbenen spielt bei der Trauer von Kindern eine bedeutende Rolle. Man muß daran denken, daß das normal ist, und ihnen erlauben, diese Wut auch auszudrücken. Das sollte vom verbliebenen Elternteil getan werden. Aber dem fällt das manchmal schwer; vor allem in der Phase, in dem er den toten Partner zum Heiligen hochstilisiert.

Wut auf den Toten geht durch alle Altersklassen, ist aber für die am schwierigsten, die unter sechs sind. Sie brauchen am ehesten die Erlaubnis des verwitweten Elternteils, trauern zu dürfen. Die gleiche Person müßte auch erlauben, daß die Wut auf den Toten ausgedrückt werden darf.

Ein kleines Kind fühlt sich von dem toten Vater verlassen. Sein Gefühl von Einsamkeit macht es wütend und führt nicht nur dazu, den Vater anzuklagen, weil er einfach gestorben ist und es zurückgelassen hat, sondern auch zu einer langen Liste von Versäumnissen: Er hat nicht oft genug mit ihm gespielt, er hat es nicht – wie versprochen – ins Kino mitgenommen, er hat überhaupt nie genug Zeit gehabt. Das Kind wird auch wütend über die Mutter, die sich während ihrer eigenen Trauer vielleicht verändert hat.

Solche Wut ist zwar normal, aber der Mutter tut sie weh. Vor allem wenn sie einwilligen soll, sich diese Tiraden anzuhören. Sie wird ihrem Kind sagen wollen, daß der Vater nicht freiwillig gestorben ist, daß er die Familie nicht verlassen wollte. Aber sie muß auch zugeben, daß es wirklich traurig ist, daß Vater und Kind nicht mehr Zeit miteinander verbracht haben.

In Fällen, wo der Vater Selbstmord verübt hat, ist es noch viel schlimmer: Da kommt zum Zorn noch die Angst, die Mutter könne das gleiche tun und das Kind ganz allein zurücklassen. Da muß die Mutter immer wieder versprechen, daß sie es nicht im Stich lassen wird. Die Mutter sollte allerdings nicht versprechen, daß sie sich über Nacht ändern und ganz viel Zeit mit dem Kind verbringen wird. Kinder nehmen solche Versprechen ernst, und die Mutter kann sie vielleicht nicht halten. Kinder erinnern sich an positive Versprechen länger, als Methusalem gelebt hat.

Wenn man einem Kind erlaubt, seine Wut loszuwerden, hilft man ihm ein gutes Stück weiter durch den Trauerprozeß. Es wird diese Phase viel schneller hinter sich bringen, wenn es darüber reden darf.

Ältere Kinder werden ihre Wut meist nicht so offen zur Schau stellen. Bei manchen hilft nur eine Therapie, in der sie ihre Wut und andere Gefühle loswerden können. Aber jeder, der eine enge, vertrauensvolle Beziehung zu einem älteren Kind hat, kann ihm die Möglichkeit geben, seine Wut abzulassen; die Wut auf den Verstorbenen, vielleicht auch die Wut auf den Hinterbliebenen, der in seiner eigenen Trauer gefangen und gar nicht mehr wie früher ist. Einem solchen Kind sollte man versichern, daß dieses Gefühl normal ist und daß es sich nicht schuldig fühlen muß oder denken, es sei ein schlechter Mensch.

Im Falle von Selbstmord ist ein älteres Kind noch wütender – und fühlt sich noch schuldiger. Es wird dem Vater oder der Mutter im nachhinein vorwerfen, ihm nichts von den Sorgen oder den Ängsten oder der Verzweiflung gesagt und es deshalb der Chance beraubt zu haben, zu helfen. Es mag auch auf die Idee kommen, Selbstmord sei erblich. Diese Angst läßt es vielleicht nie mehr los. Wenn damit nicht therapeutisch umgegangen wird, besteht im Erwachsenenalter reale Gefahr. Generell sollte ärztlicher Rat immer eingeholt werden, wenn sich ein Mitglied der Familie umgebracht hat: Sowohl der hinterbliebene Partner als auch die Kinder leiden darunter besonders.

Vor ein paar Jahren, als meine Stieftochter Nicole noch keine sechzehn war, sollte ich vor zweihundert jungen Leuten ihres Alters einen Vortrag halten. Ich gehörte zu den Rednern bei einem ökumenischen Gottesdienst, zu dem auch solche Jugendliche, die nicht zur Messe gingen, hinkommen *mußten*. Ich habe in meinem Leben schon viele Vorträge gehalten, aber das war der absolute Alptraum. Ich zerbrach mir wochenlang den Kopf, worüber ich sprechen sollte, um die jungen Leute zumindest wach und ruhig zu halten. Dann fiel mir plötzlich ein, daß ich einen Experten dieser Generation vor meiner Nase hatte.

Ich fragte Nicole, worüber sich Jugendliche ihrer Ansicht nach die meisten Sorgen machen. Ihre Antwort kam prompt, und ich staunte nicht schlecht: »Daß ihre Eltern sterben könnten.« Aber ich nahm Nicole beim Wort, sprach darüber – und bekam stehende Ovationen. Unterschätzen Sie die Tiefe kindlicher Trauer nicht. Helfen Sie Kindern statt dessen, sie auf ihre Weise durchzustehen, die anders ist als die der Erwachsenen.

FÜNFTES KAPITEL

Wenn Mann und Frau zugleich trauern

Manche Männer können aktiv trauern, wie ich es im ersten Teil dieses Buches beschrieben habe. Sie erleiden einen Schock, leugnen den Tod, sind wie betäubt. Sie reagieren mit körperlichen Schmerzen, erleiden Angst, Wut, Schuldgefühle, weinen. Sie spüren den dumpfen Schmerz lange Zeit und glauben zuweilen, nichts könne ihnen helfen, nichts sei von bleibendem Wert.

Auch Männer versuchen, den geliebten Verstorbenen auf irgendeine Weise ein Denkmal zu setzen, um ihre Bedeutung in Erinnerung zu behalten. Auch sie werden ihr seelisches Gleichgewicht einmal wiedererlangen, werden in der Lage sein, die Tragödie in ihr Leben einzugliedern und weiterzumachen.

Andere haben Schwierigkeiten zu trauern. Bei ihnen mag sich eine ungewöhnlich tiefe Schlucht auftun zwischen dem Zeitpunkt, an dem sie glauben, daß der Tod eingetreten ist – wenn der erste Schock aufhört –, und dem Zeitpunkt, an dem sie aufgrund dieses Bewußtseins anfangen zu arbeiten, indem sie Gefühle zulassen und Schmerz zeigen und damit aktives Trauern beginnen.

Wieder andere haben solche gewaltigen Probleme, mit dem Trauern auch nur anzufangen, geschweige denn, es bis zum Ende durchzustehen, daß ihnen nur Therapeuten helfen können.

Zwei Hauptgründe spielen dabei eine Rolle. Viele Männer sind aufgrund ihrer Natur, ihrer Erziehung und gesellschaftlicher Erwartung unfähig, Gefühle auszuleben oder darüber zu sprechen. Manche Männer sind sogar unfähig, Gefühle zu *haben*, weil sie sie über Jahre unterdrücken mußten.

Und oft haben Männer das Gefühl, hauptverantwortlich zu sein für die Führung und Versorgung der Familie. Häufig sind sie es auch. Sie meinen, alle Last allein tragen zu müssen.

Die moderne Gesellschaft geht in eine Richtung, die Männern eher erlaubt, über Gefühle zu reden und sie zu zeigen, ohne schwach und unmännlich zu erscheinen. In der Praxis aber werden Männer immer noch in die Rolle dessen gedrängt, der Familienoberhaupt zu sein, die Entscheidungen zu fällen und für den Lebensunterhalt zu sorgen hat; jemand, der sich immer unter Kontrolle haben muß.

Wenn jemand stirbt, den Mann und Frau gleichermaßen geliebt haben – logischstes Beispiel ist ein Kind –, stehen beide unter Schock; wollen den Tod leugnen, sind wie betäubt. Beide kommen irgendwann zu der Einsicht, daß das Kind tot ist. Für beide kommt der Schmerz, beide müßten jetzt aktiv trauern dürfen. Aber oft ist es der Mann, der die Behördenwege macht, der alles übernimmt, was mit der Beerdigung zu tun hat, der darauf sieht, daß Alltagsangelegenheiten erledigt werden. Und er ist auch derjenige, der seiner Frau die Schulter zum Anlehnen bietet, den Arm, um sich darauf zu stützen, die Hand, die sie halten kann.

Wenn Verwandte benachrichtigt werden müssen, übernimmt der Mann die Telefonate. Wenn niemand aus dem Freundeskreis angeboten hat, sie am Flughafen, am Bahnhof abzuholen, wird er es tun.

Der Mann wird gefragt, wie seine Frau es durchsteht, wie es ihr geht, wie sie es schafft, nicht zusammenzubrechen. Innerlich mag der Mann schreien: »Ich kann damit nicht umgehen, mir geht es nicht gut, ich halte es nicht aus. Wann ist meine Zeit der Trauer?« Aber nach ihm fragt kaum einer.

Der Mann gerät in eine Phase, die ich mit »funktionierender Roboter« umschreiben will. Er packt unbefreites Gefühl auf unbefreites Gefühl in sich. Er schaltet seinen Computer ein, fragt ab, wie es vorher jeden Morgen war, und funktioniert vom Aufstehen an den ganzen Tag über wie programmiert. Er ist zu beschäftigt zum Trauern – oder er redet es sich ein.

Gelegentlich nehmen Männer eine Woche Urlaub, bereit, sich der Trauer zu stellen. Gewöhnlich muß der Mann im Vergleich zu seiner Frau viel aufholen. Und lange bevor er den Prozeß auch nur annähernd abgeschlossen hat, muß er wieder seinem Broterwerb nachgehen. Aber er hat zumindest mit dem aktiven Trauern angefangen; und das ist später allemal besser als nie.

Schwerere Probleme tauchen auf, wenn der Mann weitermacht wie ein Roboter, ohne sich die kleinste Pause zu gönnen. Wenn er versucht, auf Raten zu trauern oder ganz darüber hinwegzugehen, nach dem Motto: »Ich werde mich jeden Abend eine halbe Stunde damit beschäftigen, bevor ich schlafen gehe.« Wenn er schnurstracks sein Gleichgewicht wieder erlangen will. Es klappt *nie*, und es kann Langzeit- oder Dauerschäden auslösen.

Auf Raten trauern bedeutet, nur in bestimmtem Umfang und mit bestimmten Leuten zu trauern. Man könnte es vergleichen mit einem Briefkasten und dessen Schlitz, durch den man nur eine gewisse Menge zur gleichen Zeit hineinbekommt.

Diese besonderen Trauernden verschließen alle emotionalen Türen auf einmal und tun so, als wäre alles in Ordnung. Kinder und traditionell erzogene Männer tendieren zu diesem Raten-Trauern. Das sind Menschen, die ihrer Trauer nicht nachgeben, die sich nicht gehenlassen, koste es, was es wolle. Sie absolvieren ihre Trauerarbeit im Zeitraffer.

Die Zahlen von ernsthaft gefährdeten oder kaputten Ehen nach dem Tod eines Kindes sind sehr hoch. Das liegt daran, daß Mann und Frau oft in unterschiedlichem Tempo trauern. Oder daran, daß der Frau erlaubt wird, aktiv zu trauern, während der Mann, der von sich glaubt, stark und tüchtig und tapfer sein zu müssen, nur stückweise trauert oder sich darüber hinwegsetzt oder es völlig ignoriert.

Das Wichtigste, was trauernde Paare wissen müssen, ist, daß in Wirklichkeit in keiner Ehe, sei sie gut oder weniger gut, Mann und Frau auf Dauer der einzige, nicht einmal der wichtigste Trostspender des anderen sein können. Wenn Frauen von ihrem Mann erwarten, daß er wie ein Fels in der Brandung steht nach dem Tod ihres Kindes oder nach einem anderen Schicksalsschlag, über den beide trauern, dann erwarten sie zuviel von ihm. Sie betrügen ihn, ohne es zu wollen, um die Chance seiner Trauerarbeit.

Wenn Männer von ihrer Frau erwarten, daß sie ihr Bedürfnis zu trauern bemerken und es ihnen erlauben, erwarten sie zuviel von ihr. Sie müssen sich darum selbst kümmern. Sie müssen Zeit und Raum dafür erübrigen.

Das kann eine Lage heraufbeschwören, die keinem mehr hilft. Der Mann funktioniert wie ein Roboter und wartet darauf, daß man ihm gestattet, aktiv zu trauern, wartet darauf, daß er damit dran ist. Und die Frau erteilt ihm diese Erlaubnis nicht, weil sie ihren Mann braucht, um ihr die Bürde tragen zu helfen und sie zu trösten – oder weil sie es einfach nicht bemerkt. Er wiederum kann ihr nicht alles an Trost geben, was sie braucht, weil er von der Roboterrolle nicht wegkommt. Ein Teufelskreis. Manche Männer denken, wenn sie nur lange genug wie ein Roboter weitermachen, um durch extremen Schmerz oder andere Gefühle hindurchzukommen, könnten sie ihr altes Leben mit Schwung zurückerobern. Es ist der krampfhafte Versuch der Männer, die Kontrolle nicht zu verlieren, ihren Widersacher, aktives Trauern nämlich, zu schlagen und die Gelegenheit abzuwarten, um wieder menschliche Gefühle erleben zu können. In Wirklichkeit versuchen solche Männer, »das Richtige« zu tun, um ein sorgender, guter, starker Ehemann zu sein.

Irgendwann ist der Mann der Ansicht, er hätte seine Rolle lange genug gespielt. Die Totenwache ist vorbei, die Beerdigung ist vorbei, was danach zu erledigen war, hat er erledigt, die Verwandten sind abgereist. Niemand außer seiner Frau und ihm scheint noch an den Todesfall zu denken.

Dann denkt er, er könne ja nun schlecht mit aktivem, weiterführendem Trauern beginnen. Irgendwie ist es vorbei. Irgendwie hat er den richtigen Zeitpunkt verpaßt. Also macht er lieber weiter wie bisher. Wenn es wirklich nötig ist, kann er ja mal hier und da für sich allein ein bißchen trauern.

Und jeder, aber auch jeder läßt ihn gewähren. Niemand hält ihn auf, zwingt ihn auf einen Stuhl, gibt ihm einen Sandsack und ein Taschentuch und sagt: »So, mein Junge, jetzt bist du an der Reihe!« Ich wünschte mir, Boxhandschuhe, Sandsäcke und Sweatshirts würden ebenso selbstverständlich werden im Zusammenhang mit einem Todesfall wie Beileidskarten und Spenden auf irgendwelche Konten – statt Blumen.

Es wird nicht lange dauern, und die Frau glaubt, ihr Mann gebe ihr überhaupt keinen Trost mehr. Und der Mann, der versucht, stückweise zu trauern oder nicht daran zu denken oder es ganz außen vor zu lassen, weil er glaubt, es sei ohnehin zu spät, wird krampfhaft irgend etwas zurückkehren lassen wollen, was an die Zeit vor der Tragödie erinnert.

Häufig will der Mann mit seiner Frau schlafen. Er sieht das als eine Möglichkeit, in die Normalität zurückzukehren. Er meint, er würde sein Gleichgewicht wiederfinden, wenn er Sex haben kann. Er sieht Sexualität als etwas, das vor dem Hintergrund des Todes für Leben steht.

Mag sein, daß er Sexualität als das einzige Ventil für alle unterdrückten Gefühle betrachtet. Mit seiner Frau schlafen zu wollen kann nachgerade zur fixen Idee werden.

Die Mutter eines kürzlich gestorbenen Kindes aber hat schon vor dem Gedanken an Beischlaf Horror. Sie ist noch nicht wieder bereit zu einem normalen Sexualleben. Ihr fällt ein, daß Sexualität die Voraussetzung für ihr Baby war, und das ist jetzt tot. Sie hat Angst, daran erinnert zu werden. Sie hat Angst vor einer neuen Schwangerschaft und einem weiteren Tod. Das Bedürfnis, mit ihrem Mann nicht ins Bett gehen zu müssen, kann genauso eine fixe Idee werden wie beim Mann, der genau das Gegenteil will. Dies allerdings trifft nicht auf alle Frauen zu. Manchmal hat eine Neuauflage sexueller Beziehung, wenn sie sanft und in gegenseitigem Verstehen aufgebaut wird, bei Mann wie Frau eine geradezu verjüngende Wirkung.

Auch gibt es Fälle verwitweter Frauen, bei denen der Wunsch nach Sex eher zu- als abnimmt. Das kann zu einer Beziehung unter ihrem Niveau führen oder zu gelegentlichen Abenteuern mit verschiedenen Männern. Aber wenn Mann und Frau mit der Sexualität überhaupt nicht mehr klarkommen, hilft ihnen am Ende nur der Rat von Therapeuten.

Professionelle therapeutische Hilfe zu erbitten, das ist für Männer und Frauen, die ein Kind betrauern und nicht weiterwissen, schwer, gleichgültig, ob sich ihre Schwierigkeiten in unterschiedlicher Anschauung über Sexualität ausdrücken. Die Hilfe von Freunden kann ein Segen sein. Und manchmal haben es Freunde sogar in der Hand, ob ein Paar heil durch seinen Trauerprozeß kommt. Aber solche Fälle sind selten. Gewöhnlich wird sich ein trauerndes Elternpaar besser fühlen, wenn es von Anfang an therapeutisch betreut wird.

In Kinderkliniken haben Sozialarbeiter, Psychologen, Schwestern, Pfarrer und Ärzte oft eine Liste von Therapeuten, die mit solchen Dingen umgehen. Manchmal sind sie es auch, die das Paar auf diese Möglichkeit hinweisen. Sie als Freund oder Freundin könnten die Eltern eines sterbenden oder toten Kindes ermutigen, sich solcher Hilfsangebote zu bedienen.

Viele Paare scheuen sich davor, eine Beratungsstelle aufzusuchen, weil ihre Freunde dann denken könnten, die Ehe sei nicht mehr intakt. Als ihr Freund oder ihre Freundin können Sie ihnen klarmachen, daß der Tod eines Kindes ein Alptraum für jede Ehe ist, wie phantastisch sie auch sein mag, und daß das Annehmen von Ratschlägen der Experten nichts weiter heißt, als daß sie beide ihre Ehe für viel zu wertvoll halten, um sie in Gefahr zu bringen. Machen Sie ihnen deutlich, daß Hilfe anzunehmen eine Art ist, dem anderen zu zeigen: Ich liebe dich und ich weiß, daß du unser Kind so sehr liebgehabt hast, und ich kann nicht erwarten, daß du während dieses Alptraums stehen bleibst wie ein Baum. Reden Sie Ihren trauernden Freunden zu, therapeutischen Rat zu suchen, helfen Sie ihnen, welchen zu finden, und unterstützen Sie sie mit Ihrem Verständnis und Ihrer Ermutigung während der Dauer der Behandlung. Das gleiche gilt für jeden Trauernden, der allein nicht zurechtkommt. In vielen Fällen übernehmen inzwischen die Krankenkassen die Kosten. Aus finanziellen Gründen muß man auf die Hilfe von Fachleuten also nicht verzichten.

Trauernden kann auch eine Gruppe von Leidensgenossen helfen. Selbsthilfegruppen, die sich auf das Thema Trauer spezialisiert haben, gibt es viele. (Eine Auswahl im Anhang.) Über lokale Gruppen wissen möglicherweise auch hier wieder Sozialarbeiter, Ärzte, Schwestern oder Pfarrer in Krankenhäusern Bescheid. Wenn Ihre Freunde davon noch nie gehört haben, könnten Sie Informationsmaterial beschaffen und sie ermutigen, hinzugehen. In solchen Gruppen ist das Verständnis dafür groß, daß man nur widerwillig beitritt. Den Mitgliedern ist es seinerzeit genauso ergangen.

Noch etwas sollte man von trauernden Männern wissen. In Fällen, in denen dem Tod des Kindes einige Monate zuvor die Diagnose »unheilbar« vorausgeht, steht der Vater vom Augenblick dieser Auskunft bis zum letzten Stadium des Sterbens unter Schock. Das ist vor allem so, wenn das Kind zu Hause und einigermaßen aktiv sein kann und der Vater beruflich engagiert und leistungsorientiert ist.

So ein Mann verlangt von sich, daß er für seine Familie sorgen, ihr Sicherheit geben, Leid von ihr wenden kann: indem er beruflich erfolgreich ist und sich für seine Familie ein möglichst schönes Heim in einer möglichst guten Wohngegend leisten kann. Wenn man ihm sagt, sein Kind müsse sterben, kann er damit nicht umgehen.

Immer war er Ernährer und Beschützer seiner Familie. So macht er weiter. Er arbeitet noch härter, denn sein Job ermöglicht ihm die Mittel für Sicherheit und Schutz seiner Familie. Er hat seinen Job im Griff, also hat er auch Sicherheit und Schutz im Griff. Er schuftet buchstäblich, um sein Kind am Leben zu halten. Wenn das Kind zu Hause ist und noch einigermaßen aktiv, sieht der Vater das als Zeichen dafür, daß er den Kampf gewinnen wird. Er versucht, das Kind zu noch größerer Aktivität anzuhalten. Er will beweisen, daß es stark ist. Er schlägt Spiele und Ausflüge vor, und das Kind gibt sich die größte Mühe, daran teilzunehmen, weil es dem Vater einen Gefallen tun will. Solche Familienausflüge können Früchte tragen. Angenommen, das Kind hält den ganzen Tag durch, dann wird es gelobt und bewundert, und der Familie bleibt eine wenngleich bittersüße Erinnerung an ein schönes gemeinsames Erlebnis.

Wenn das Kind wieder ins Krankenhaus muß, stürzt sich der Vater erst recht in die Arbeit. Er kommt regelmäßig zu Besuch, bleibt aber nicht lange. Er hört nur die guten Neuigkeiten. Wenn es wenig oder gar keine guten Nachrichten gibt, fragt er nur, wann sein Kind entlassen wird.

So geht es immer im Kreis: Nicht im Schock erstarrt, nicht geklammert an Hoffnung, *sondern aktives Leugnen.* Man mag es mit »nicht aufhören zu hoffen«, umschreiben, die Schufterei mag ein Feilschen um das Kind bedeuten, aber Tatsache ist das Leugnen. Die Mutter hingegen hat schon begonnen, im voraus zu trauern. Sie hat das Leugnen und die dumpfe Betäubung hinter sich. Sie fängt an, ihre Verzweiflung loszuwerden. Sie weint, sie hat Angst, sie fühlt sich schuldig, sie hadert mit dem Schicksal, sie hat Schmerzen, sie versinkt in Depression und hofft wider besseres Wissen.

Weder die Frau, die einen Teil ihrer Trauer schon vorwegnimmt, noch der Mann, der die Tatsachen beharrlich leugnet, sind in der Lage, sich in das Unvermeidliche zu schicken.

Die unterschiedliche Art, mit dem Sterben des Kindes umzugehen, kann die Ehe der beiden schwer belasten. Der Mann will, daß das Leben in seiner Familie weitergeht wie bisher. Die Frau ist bereit, sich ihrer Trauer manchmal zu stellen, ein andermal wieder nicht. Sie verlangt Trost und Stärke, die ihr Mann ihr eben jetzt nicht geben kann. Er verbraucht alle vorhandene Energie, um den Tod zu leugnen.

Bis zum Tod des Kindes lassen die Eltern nicht zu, daß ihre Probleme an die Oberfläche kommen, es sei denn, für einen kurzen Augenblick. Wie auch immer sie damit umgehen, sie setzen ihre Kräfte vor allem für das kranke Kind ein.

»Wieso sollen wir uns über Nichtigkeiten streiten, während mein Kind im Sterben liegt?« denkt die Mutter.

»Ich werde mich darüber jetzt nicht mit ihr streiten. Das kann warten, bis dies alles vorbei ist«, denkt der Vater, der immer noch davon ausgeht, »vorbei sein« bedeute, das Kind wird wieder gesund.

Wenn das Kind dem Tod schon sehr nahe ist, kann der Vater davor nicht mehr die Augen verschließen. Zu diesem Zeitpunkt setzt vielleicht ein Voraustrauern im Schnellverfahren ein: Wut, Schuld, Hader, Schmerz, Angst, Depression und sogar Tränen. Und das alles in wenigen Stunden oder Tagen. Seine Frau merkt möglicherweise nicht einmal, was er durchmacht. Viele Männer trauern im Geschäft, hinter verschlossenen Türen, für sich beim Joggen, in der Sauna oder an der Bar.

Normalerweise trauern Männer allein oder mit einem engen Freund (und auch bei dem werden sie um ihre Gefühle herumreden).

Ob der Vater nun diese vorläufige Trauerarbeit absolviert oder nicht, es kommt zu einem Schock, wenn der Tod eintritt. Er kann nicht länger leugnen, daß das Kind krank ist. Nun versucht er, die Tatsache des Sterbens zu akzeptieren. Er leugnet nicht mehr, aber begreifen kann er auch nicht.

Auch die Frau steht unter Schock. Es spielt keine Rolle, wie lange sie vorher getrauert hat. Mann und Frau befinden sich in ähnlicher Lage.

Dadurch haben sie die Chance, die Endphase des Sterbens gemeinsam zu erleben und einander Halt und Nähe zu geben. In diesem Schockstadium können sie über normale Dinge miteinander reden, Vorkehrungen treffen und Erinnerungen wiederbeleben. Es ist vielleicht die einzige Zeitspanne in diesem Prozeß, in der sie einander so nahe sind.

Das Kind stirbt. Die Tatsache wird angenommen. Die Eltern sehen den toten Körper ihres Kindes. Irgendwann setzt das Begreifen ein. Aber es ist anzunehmen, daß die beiden mit ihrer Trauer von nun an wieder verschiedene Wege gehen.

Was kann man für solche Eltern zwischen Diagnose und Tod tun? Zumeist nicht viel mehr als zuhören, und auch das wird nur wenig nützen. Der Mann spricht selten oder nie realistisch über den Fall. Die Frau in ihrer vorweggenommenen Trauerarbeit spricht dauernd. Wenn Sie können, hören Sie ihr zu und geben Sie ihr ebensoviel Trost wie Sie ihn einem trauernden Menschen nach dem Tod des Angehörigen geben würden.

Erwarten Sie aber nicht, daß Ihr Zuhören zu diesem Zeitpunkt soviel hilft wie später, wenn der Tod eingetreten ist. Natürlich nützt es etwas. Aber eigentlich möchte die Frau solche Dinge vor allem mit ihrem Mann besprechen, möchte, daß er zuhört, sie versteht, in den Arm nimmt, beruhigt, tröstet. Doch genau das kann er nicht, denn er ist unterwegs, den Drachen zu besiegen. Wenn das Untier die Stadt bedroht, muß der Ritter es erst erschlagen und danach die holde Maid trösten. Wir sind viel mehr ein Produkt unserer Kindheitsphantasien und der Märchen, als wir glauben.

Wenn Sie unter dem Krankenhauspersonal einen Experten finden, der die Familie kennt, können Sie mit ihm über Ihr Anliegen reden. Der könnte wiederum die Eltern einzeln oder zusammen zu einem Gespräch einladen, ansprechen, was sie gerade durchmachen, warum sie zur Zeit nebeneinander herleben und warum das häufig der Fall ist zwischen Mann und Frau unter solchen Umständen.

Wenn sich das Paar auf solch professionelle Hilfe einläßt, wird vermutlich nur die Frau in der Lage sein zu hören, was gesagt wird. Die Chancen stehen ohnehin schlecht, daß einer von beiden die Kraft hat, derzeit irgend etwas zu ändern. Aber vielleicht erinnern sie sich an dieses Gespräch eines Tages, wenn das Kind gestorben ist. Und verstehen einander dann besser in ihrer Trauer oder fühlen sich nicht mehr so gehemmt, therapeutischen Rat zu suchen. Sie können Ihren Freunden in dieser Zeit auch eine Menge dadurch helfen, daß Sie sich um die Geschwister des sterbenden oder toten Kindes kümmern. Zwar unterlassen Eltern das nicht mit Absicht, aber in den meisten Fällen werden Geschwister eines unheilbar kranken Kindes vernachlässigt. Es scheint, als brauchten die anderen nicht so viel Aufmerksamkeit – sie sind schließlich gesund.

Es kann sogar sein, daß die Eltern ein Kind meiden, weil es sie im Unterbewußtsein an das erinnert, was ihr krankes Kind nie mehr sein wird: gesund und lebendig.

Die Bedürfnisse des Geschwisters werden im Vergleich zu denen des sterbenden Kindes gering geachtet oder beiseite geschoben. Die Eltern denken vielleicht, sie hätten genug Zeit, sich darum zu kümmern, wenn sich die Lage ändert.

Für einen Bruder oder eine Schwester kann das eine Zeit größten Elends sein. Vielleicht begreifen sie nicht, was es mit dem kranken Kind auf sich hat; vielleicht hat nie jemand versucht, es ihnen zu erklären. Sie fürchten sich vor der Krankheit, sie fühlen sich verlassen, vor allem dann, wenn sie dem kranken Kind im Alter nahestehen und bisher seine Spielkameraden waren.

Das kranke Kind bekommt Post und Spielsachen, vermehrt, wenn es in der Klinik liegt. Und das gesunde Kind fühlt sich zurückgesetzt und ungeliebt. Kann sein, daß es sich auch wünscht, krank zu sein, oder gar Krankheit simuliert, um mehr Aufmerksamkeit zu erlangen. Die Eltern sind oft müde und zerstreut. Das trifft vor allem auf die Mutter zu, die sich sonst immer um die Bedürfnisse des Kindes gekümmert hat. Es hat das Gefühl, daß sich niemand für es interessiert. Solche Gefühle führen zu schlechteren Leistungen in der Schule. Das Kind zieht sich in sein Zimmer zurück oder flieht zu Freunden oder setzt sich in Szene.

Als Freund der Familie können Sie für solche Geschwister einiges tun – und damit den Eltern helfen. Wenn möglich, schenken Sie ihnen Beachtung. Die Eltern werden froh sein, wenn sich jemand um die Kinder kümmert. Und wenn Sie sie um Erlaubnis bitten, mit den Geschwistern etwas unternehmen zu dürfen – vom Spaziergang bis zu einem gemeinsamen Wochenende – erinnern Sie sie vorsichtig daran, daß sie den Kindern gelegentlich auch etwas Zeit schenken sollten.

Wenn Sie selbst Kinder haben, erklären Sie ihnen, was Sie vorhaben, und holen Sie deren Bereitschaft zur Zusammenarbeit ein. Wenn Sie keine haben, ist das kein Grund, mit dem Geschwisterkind nichts zu unternehmen. Kinder werden selten von Erwachsenen auserwählt, mit ihnen auszugehen, und im Idealfall fühlt sich so ein Kind geehrt. Es kann aber genausogut sein, daß ein Kind so verzweifelt nach einem Menschen sucht, dem es nicht gleichgültig ist, daß es auch mit jemandem mitgehen würde, den es nicht besonders gut kennt. Hauptsache, es ist einer, der ihm ein paar Stunden ungeteilter Aufmerksamkeit schenkt. Dennoch fühlt es sich normalerweise nur dann wohl, wenn es das Gefühl haben kann, seine Eltern kennen und mögen Sie.

Das Kind redet vielleicht kaum oder aber wie ein Wasserfall. Seien Sie auf beides vorbereitet. Aber lassen Sie es über sich und seine Sorgen reden, nicht nur über das kranke Geschwisterchen – es sei denn, es hat mit seinen eigenen Gefühlen zu tun. Den Umständen entsprechend, sollten Sie mit den Ausflügen langsam anfangen und sie im Laufe der Zeit steigern. Versprechen Sie nicht, Lisa jeden Samstag nachmittag mit ins Kino zu nehmen, solange das Geschwisterchen im

Sterben liegt, es sei denn, Sie können das tatsächlich auf Monate, auf Jahre hinaus halten. Sterben kann lange dauern. Und deshalb versprechen Sie nie etwas, wovon Sie nicht absolut sicher sind, daß Sie es halten können. Denken Sie daran, wie untrüglich das Gedächtnis eines Kindes ist, wenn es um Versprechungen geht. Wenn Sie tatsächlich eine Verabredung nicht einhalten können, erklären Sie dem Kind, warum nicht. Sagen Sie es ihm selbst, hinterlassen Sie, wenn irgend vermeidbar, nicht nur eine Nachricht.

Wann immer Sie einem solchen Kind Ihre Zuwendung und Ihre Zeit schenken, helfen Sie sowohl ihm als auch den Eltern. Aber kommen Sie nicht auf die Idee, den Eltern Vorwürfe zu machen, weil sie das gesunde Kind vernachlässigen. Machen Sie lieber Reklame für die Eltern und erzählen Sie dem Kind, wie sehr es von ihnen geliebt wird.

Wenn Sie dem Kind keine persönliche Aufmerksamkeit schenken können, so können Sie sich doch an es erinnern. Verbinden Sie mit der Frage nach dem kranken Kind auch immer die nach den Geschwistern. Wenn Sie dem kranken Kind eine Karte schreiben, schreiben Sie gelegentlich auch eine an das gesunde Kind. Wenn Sie dem kranken Kind ein Spielzeug ins Krankenhaus bringen, schicken Sie dem gesunden auch einmal eines.

Wenn Sie anrufen und das gesunde Kind ist am Telefon, unterhalten Sie sich eine Weile mit ihm, fragen Sie, wie es geht und was es so treibt, und bitten Sie erst dann darum, mit den Eltern oder dem kranken Kind sprechen zu können.

Wenn ein Elternabend ansteht, zu dem die Angehörigen des Kindes normalerweise gegangen wären, es jetzt aber nicht tun können, bieten Sie an, sie zu vertreten. Sprechen Sie mit den Lehrern, gehen Sie zu Klassen- oder Schulfesten, feuern Sie das Kind und sein Team bei Sportfesten an. Es wird ihm guttun, einen Erwachsenen dabeizuhaben, der es unterstützt. Es unterscheidet ihn nicht mehr so sehr von seinen Kameraden.

Denn Geschwister fühlen sich anders, wenn ihr Bruder oder ihre Schwester im Sterben liegt. Viele ihrer Freunde haben Angst, daß sie die Krankheit übertragen könnten. Und weil sie auch Angst davor haben, daß ihnen und ihren Geschwistern das gleiche zustoßen könnte, was dem kranken Kind widerfahren ist, meiden sie seine Geschwister. Vielleicht verhält sich das gesunde Kind in dieser Zeit auch anders. Das macht es für die Altersgenossen noch schwieriger, mit ihm umzugehen und mit ihm zu sprechen. Im schlimmsten Fall führt diese Unsicherheit dazu, daß sie es quälen und verhöhnen. Kinder, die nicht von verständnisvollen Eltern oder Lehrern geleitet werden, können entsetzlich grausam sein.

Schließlich könnten Sie eines Tages entdecken, daß das gesunde Kind einfach nicht versteht, was mit dem kranken Geschwisterchen los ist. Sprechen Sie mit den Eltern oder versuchen Sie, für das Kind einen Krankenhausbesuch zu organisieren. Es soll sich selbst ein Bild machen. Erfahrungsgemäß hilft das den Kindern, die mit schwerer Krankheit oder nahendem Tod konfrontiert sind.

Das gleiche gilt für Freunde des kranken Kindes. Auch sie sollten, wenn sie danach fragen, einen Besuch machen dürfen. Nicht jedes kranke Kind mag es, im Rampenlicht des Interesses zu stehen. Deshalb sollte man jeden Besuch davon abhängig machen, ob das Kind ihn auch will.

Sich als Freund einer Familie zu erweisen, in der ein Kind stirbt, ist schwer. Aber langfristig werden Sie eine Menge helfen können, vor allem dann, wenn nach dem Tod des Kindes der Trauerprozeß weitergeht. Während des letzten Stadiums der Krankheit haben Sie vielleicht das Gefühl gehabt, sehr wenig tun zu können, um die Eltern zu entlasten. Damit haben Sie recht. Das einzige, was den Eltern wirklich geholfen hätte, wäre ein Medikament gegen die tödliche Krankheit. Das einzige, was sie trösten konnte, war Verständnis und Unterstützung des Partners. Nach dem Tod des Kindes aber werden sich die Eltern daran erinnern, daß Sie die ganze Zeit über da waren und ihr Leid geteilt haben. Sie werden sich Ihnen viel näher fühlen während des nun folgenden Trauerprozesses, als sie es getan hätten, wenn Sie sich vor dem Tod eines Kindes von ihnen zurückgezogen hätten.

SECHSTES KAPITEL

Sterben

Es ist der Hauptzweck dieses Buches, Hilfestellung für die zu geben, die einen trauernden Menschen begleiten wollen. Aber angenommen, es ist Ihre Freundin, die sterben muß, dann wird sie den Verlust ihres eigenen Ichs betrauern.

Elisabeth Kübler-Ross hat diese Art von Trauer in verschiedene Stufen unterteilt: Schock und Isolation, Wut, Feilschen, Depression und Annehmen des Schicksals. Sie sollten wissen, daß dies die Gefühle sind, mit denen sich Ihre Freundin während ihres Sterbens herumschlägt. Aber Sie müssen nicht unbedingt wissen, welche Phase sie gerade erreicht hat, wenn Sie sie sehen oder mit ihr telefonieren.

Wenn Sie dieser Freundin sehr nahe stehen, kann es sein, daß Sie ähnliches durchmachen wie sie, wenngleich nicht unbedingt zur gleichen Zeit. Dieses vorweggenommene Trauern ist für Sie wie für Ihre Freundin normal. Sie beide sind dabei, etwas zu verlieren, was Ihnen wichtig ist. Jemanden: Ihre Freundin. Und etwas: Ihre besondere Beziehung zueinander.

Früher einmal habe ich gedacht: Wenn ich wüßte, daß ich nur noch ein Jahr zu leben hätte, würde ich eine Weltreise machen wollen und in Paris sterben – mit Blick auf Notre-Dame. Aber vermutlich würde ich nichts dergleichen tun. Außer vielleicht einer Nostalgie-Reise nach Paris. Die Wahrscheinlichkeit ist groß, daß ich bleiben würde, wo ich bin, und in dem Job weiterarbeiten, den ich liebe. Ich würde weiter mit meiner Familie zusammensein wollen und gute Freunde um mich haben. Ich würde so lange wie möglich so normal wie möglich in meinem gewohnten Alltag leben wollen.

Das liegt daran, daß das Wertvollste in meinem Leben meine Familie, meine Freunde und mein Beruf sind. Und all dies ist nun mal nicht an irgendwelchen weit entfernten Orten der Erde, sondern hier.

Normalerweise sind es Liebe, Freundschaft, Stolz auf die Arbeit, an die sich jemand, der sterben muß, klammert, die er wie einen Schatz bewahren will. Es ist schwierig genug, sich vorzustellen, daß Freundschaft und Liebe, die wir in unseren Erdentagen kennengelernt haben, enden werden. Es ist noch unvorstellbarer, daß sie schon vor dem Tod enden könnten. Deshalb wollen viele unheilbar kranke Menschen so normal wie möglich weitermachen. Aber ein Mensch mit der Diagnose »unheilbar« wird sein Leben nicht mehr so gestalten können wie vor der schrecklichen Nachricht. Das seelische Gleichgewicht ist gestört. Das alte Ich ist nicht mehr, und das neue ist untrennbar mit dem Urteil »unheilbar« verbunden. Das erfüllt nicht nur den Todgeweihten mit Angst, sondern auch seine Familie und seine Freunde. Und so beginnt ein Tauziehen zwischen einem möglichst normalen Weiterleben und dem Bewußtsein, daß – o Gott! – jemand sterben muß, den man liebt. »Nie mehr« schleicht sich in die Gedanken.

Die Freundin, die sterben wird, hat vielleicht viele wirklich betroffene Freunde zu Beginn und zum Schluß ihrer Krankheit. Die meisten endgültigen Diagnosen werden am Ende einer Reihe von Untersuchungen im Krankenhaus gestellt. Man besucht Freunde in der Klinik, und wenn die Diagnose gestellt ist, wird darüber gesprochen. Außer in Fällen, in denen Patienten bewußt anders verfügen, werden Familienmitglieder und Freunde das Urteil bald wissen. Das hat eine Welle von Anrufen, Besuchern und Briefen zur Folge und viele Angebote: »Wenn ich irgend etwas für dich tun kann, laß es mich wissen.«

Aber es gibt auch viele wohlmeinende Leute, sowohl unter Freunden wie in der Familie, die glauben, nicht die rechten Worte zu finden, oder die Angst haben, etwas Falsches zu sagen oder zu tun. Und die auf seltsame, aber verständliche Weise Angst davor haben, mit der tödlichen Krankheit zu nah in Berührung zu kommen und sich anzustecken. Und so ziehen sie sich nach dem ersten spontanen Anruf oder Besuch von der Kranken zurück, besuchen sie, wenn überhaupt, am liebsten zu mehreren, weil dann kein einzelner dafür verantwortlich ist, das Gespräch in Gang zu halten. Wenn die unheilbar kranke Freundin dem Tod schon sehr nahe ist, kehren auch solche Freunde zurück. Mit dem schlechten Gewissen, die letzten Wochen oder Monate zuwenig für sie getan zu haben, nehmen sie nun ihren ganzen Mut zusammen und kommen ein letztes Mal, um Abschied zu nehmen.

Sie versuchen, das zu einem Zeitpunkt zu tun, an dem die Kranke noch bei Bewußtsein ist. Sie soll wissen, daß man sich um sie kümmert. Erleichtert und mit weniger Schuldgefühlen gehen sie davon und werden sagen können, sie hätten sie kurz vor ihrem Tod noch einmal gesehen.

Ich will darüber nicht den Stab brechen. Es gehört zu den normalen menschlichen Verhaltensweisen. Es hat Zeiten gegeben, da habe ich mich auch nicht anders verhalten. Ich weiß also, wovon ich rede. Aber es gibt auch Menschen, die wollen mehr tun, mehr sagen, der Kranken mehr sein. Was bietet sich dann an? Hier sind einige Vorschläge, was Zuhören, Reden, Tun und Berühren anbelangt.

Zuhören

Zuhören ist harte Arbeit. Zuhören heißt nicht, daß man so tut als ob und dabei träumt oder sich überlegt, was man als nächstes sagen will, oder wünscht, die Freundin würde sich eilen und ihr Thema beenden, damit man selbst etwas erzählen kann. Wahres Zuhören ist echte Teilnahme an dem, was der andere sagt. Wir nehmen Anteil, indem wir ruhig sind und unsere Sinne auf die Worte der Freundin und deren Bedeutung richten, auf ihren Tonfall und ihre Betonung, darauf, was sie vielleicht nur andeutet, und darauf, was sie nicht ausspricht. Das ist Arbeit. Harte Arbeit sogar, die manch einen alle Kraft kostet.

Aber wenn wir uns wirklich bemühen, einem Menschen zuzuhören, können wir ihm damit zeigen, daß wir ihn lieben. Wir können beweisen, daß wir ihn respektieren, indem wir unsere Zeit opfern, um herauszufinden, wer er ist. Ich wage die These, daß der Hauptgrund für unglückliche Ehen oder Liebesbeziehungen im Unvermögen oder im Unwillen liegt, einander zuzuhören – und in der fehlenden Bereitschaft, daran etwas zu ändern. Das Bedürfnis eines oder gar beider Partner, sich mit sich selbst zu befassen, eigene Gedanken für wichtiger zu halten, ist einfach zu groß.

Wenn Sie nichts anderes für Ihre sterbende Freundin tun können als ihr zuzuhören, haben Sie vermutlich das getan, was für sie am allerwichtigsten war. Oft werden todkranke Menschen von allen möglichen wohlmeinenden Leuten umflattert und belehrt. Aber sie haben solche Angst vor dem eigentlichen Thema, dem Tod, daß sie ununterbrochen an die Kranken hinreden. Deshalb haben sterbende Menschen nur selten einige wenige Freunde, die ihnen zuhören. Anders zuhören als die Fachleute, mit denen sie ihrer Krankheit wegen zu tun haben – Sozialarbeiter der Krankenhäuser, Psychologen, Schwestern und/oder Pfarrer. Im Idealfall sind wir Professionellen gute Zuhörer. Aber wir haben Ihre Freundin nicht so gut gekannt wie Sie. Und zwar bevor sie krank wurde. Sie sind es, die versteht, was sie verlieren wird, ihre ganz eigene Geschichte, denn Sie haben einen Teil davon mit ihr verlebt. Wenn sie von etwas Schönem aus der Vergangenheit erzählt, können wir ihre Trauer teilen, nicht aber ihre Erinnerungen. Sie können es.

Um Sie zuhören zu lassen, muß Ihre Freundin reden. Das geschieht vielleicht nicht über Nacht. Wie ein Kind sich ängstigt vor der unbekannten Macht seiner Trauergefühle, so ängstigt sich Ihre Freundin möglicherweise vor der unbekannten Macht ihres Sterbens. Sie fürchtet sich nicht nur vor dem Gedanken, sterben zu müssen, eines nicht allzu fernen Tages nicht mehr auf dieser Erde zu sein – sie fürchtet sich auch davor, wie Sterben wohl sein mag. Wird sie entstellt sein? Furchtbare Schmerzen haben? Wird sie stinken? Die Kontrolle über ihre Körperfunktionen verlieren und in schlimme Verlegenheit geraten? Wird sie bis zum Schluß bei Verstand sein? Haar oder Augenlicht verlieren? Alle Würde? Wird sie tapfer sein können bis zum Ende? Noch Hoffnung haben? Wird sie ganz allein sein?

All diese beängstigenden Fragen auf einmal zu stellen, das ist zu bedrohlich. Wie sich ein Kind durch die unbekannte Sphäre des Trauerns tastet, so tastet sich Ihre Freundin durch die ihr unbekannte Sphäre des Sterbens. Sie versucht, ihre Gefühle aufzuteilen, vor allem zu Beginn. Während dieser Zeit testet sie, inwieweit es ihr gelingt, die tödliche Diagnose in ihr Leben aufzunehmen, und ein Stück weit testet sie dabei auch die Belastbarkeit und Ausdauer ihrer Familie und ihrer Freunde.

Es gibt viele Angehörige und Freunde, die vor lauter Bemühen, selbst mit dem drohenden Verlust fertig zu werden, den Freund oder die Freundin schon mit der Diagnose begraben. Bei Langzeitkrankheiten ist das für den Angehörigen, der »immer noch nicht tot ist«, sehr hart.

Er hat nur noch wenig Zeit, das weiß er. Mit Ermutigung und Unterstützung durch die Familie und durch Sie aber will er diese verbleibende Frist noch wirklich leben. Wenn er sich wirklich geliebt und angenommen fühlt, kann er mit dieser Zeit noch einiges anfangen. Wenn er das Gefühl hat, alle um ihn her würden ihn schon als gestorben ansehen, dann wird er sich auch so sehen. Andersherum aber stimmt es auch: Wenn er den Eindruck hat, daß man ihn für lebendig ansieht, daß man ihn liebhat und braucht, dann wird er sich wiederum so sehen.

Wenn Sie einem todkranken Freund zuhören, brauchen Sie sich keine Gedanken darüber zu machen, was er Ihnen wohl als erstes erzählen wird. Er steht unter Schock. Er wird jedem, der des Weges kommt, Einzelheiten der Diagnose berichten. Er wird versuchen, diese Einzelheiten als Tatsache zu akzeptieren. Er hat jetzt noch nicht begriffen, daß er bald sterben wird. Das wird sich vorläufig auch nicht ändern. Vielleicht glaubt er auch die Diagnose nicht. Das ändert sich erst, wenn aggressive Behandlungen und Therapien zu wirken beginnen und ihn selbst verändern. Und selbst dieses erste Begreifen verschwindet wieder, wenn es ihm vorübergehend bessergeht. Aber schließlich wird er genug darüber sprechen, um die neue Situation in sein Leben zu integrieren.

Als Zuhörer eines sterbenden Freundes müssen Sie aufs Tempo achten, müssen als Schrittmacher fungieren. Die Dauer und die Intensität einer tödlichen Krankheit kann niemand voraussagen. Wenn Sie Ihren Freund zu Anfang seiner Krankheit mit Aufmerksamkeit überschütten, sind Sie vielleicht beide erschöpft, bevor die Reise zu Ende ist. Oder Sie wecken falsche Erwartungen, denen Sie auf Dauer nicht gerecht werden können.

Wenn Sie der Meinung sind, aktives ernsthaftes Zuhören könnten Sie Ihrem Freund anbieten, dann fangen Sie langsam an und seien Sie da, wo Ihr Freund ist. Achten Sie darauf, ob er über etwas Ernstes reden will, über etwas Alltägliches, ob er nur Frust loswerden oder überhaupt nichts sagen will.

Zuhören, wenn man es ernst nimmt und wenn das Unerwartete langsam Tatsache wird, kann körperlich und seelisch erschöpfen. Ich komme manchmal nach Hause, und jeder Knochen tut mir einzeln weh. Dabei habe ich den ganzen Tag physisch nichts anderes getan, als ein- oder zweimal pro Stunde von einem Krankenzimmer ins andere gegangen zu sein. Wenn Sie es ernst damit meinen, einem sterbenden Freund zuzuhören, seien Sie gewärtig, daß es Sie an die Grenze Ihrer Kraft bringen kann.

Machen Sie sich auch klar, daß sich Ihre Zuhör-Fähigkeiten erst entwickeln müssen und daß manchmal sogar Fachleute dabei keinen Erfolg haben. Lassen Sie es deshalb langsam angehen. Wie bei einem Freund, der den Tod eines geliebten Menschen betrauert – halten Sie sich zur Verfügung. Lassen Sie den Kontakt nicht abbrechen.

Ein paar Zeilen halten diese Tür zuweilen offen, ein Anruf, ein Besuch. Wenn Sie telefonieren, fragen Sie, ob Sie ungelegen sind oder ob Sie einen schlechten Zeitpunkt erwischt haben. Und wenn Sie einen Besuch machen wollen, rufen Sie vorher an und schlagen Sie verschiedene Tage oder Uhrzeiten vor.

Wenn Sie langsam und sicher diese Verbindung aufbauen und erweitern, weiß Ihr Freund, daß Sie die Absicht haben, für ihn da zu sein, solange es dauert. Nach und nach wächst neues Vertrauen in Ihre Fähigkeit, die Krankheit mit ihm zu durchleiden. Das gibt Ihrer Beziehung eine neue Dimension. Ihr Freund weiß nun, daß er auf Sie zählen kann, wenn er jemanden braucht, der ihm wirklich zuhört.

Worüber wird er mit Ihnen sprechen wollen? Über seine Hoffnung. Während der Dauer seiner Krankheit wird Ihr

Freund die Hoffnung nicht aufgeben. Und er will, daß Sie und andere, die ihn liebhaben, das auch nicht tun. Als erstes wird er hoffen, daß die Diagnose falsch ist. Dann hofft er auf vollständige Heilung, dann auf ein Wundermittel. Danach auf möglichst wenige Nebenwirkungen der Medikamente. Darauf, daß ihm die Haare nicht ausfallen. Er hofft auf ein medizinisches Wunder, auf spätere Heilung, auf Heilung überhaupt, auf Schmerzlosigkeit, auf weniger Schmerzen. Schließlich hofft er auf ein akzeptables Aussehen, auf einen friedlichen Tod im Kreis seiner Familie, auf ein glückliches Leben derer, die er zurücklassen muß.

Wenn Ihr Freund religiös ist oder während seiner Krankheit zu einer Art Glauben gefunden hat (was oft geschieht und worüber sich niemand ein Urteil anmaßen sollte), dann möchte er mit Ihnen vielleicht über die Hoffnung auf ein Leben nach dem Tod sprechen. Es gibt inzwischen so viele Studien über Erfahrungen aus dem Grenzbereich des Todes, in denen von Licht und Frieden und Schönheit und Wärme und der Begegnung mit einem früher Verstorbenen die Rede ist, daß auch die Zyniker verstummt sind. Für jemanden, der glaubt, kann Frieden in sein Sterben kommen in dem Bewußtsein, daß wir in dieser Welt, aber nicht für die Ewigkeit sterben.

Ich selbst glaube, daß das so ist, und ich versuche, Patienten zu helfen, indem ich, wenn sie offen dafür sind, darüber mit ihnen spreche. Auch dann, wenn sie nach eigenem Bekunden vorher wenig oder nichts geglaubt haben.

Wenn Ihr Freund bisher wenig geglaubt hat, jetzt aber gern über solche Dinge nachdenken will, helfen Sie ihm vor allem dadurch, daß Sie ihm versichern, er sei gewiß kein Heuchler. Die Sorge, als solcher zu gelten, höre ich am häufigsten von Menschen, die vorher nicht geglaubt haben. Wenn Sie mögen, helfen Sie ihm zu sehen, daß Gottes Liebe immer da ist. Und fragen Sie ihn, ob es wirklich der rechte Zeitpunkt sei, sich darüber zu sorgen, was andere über ihn denken – vor allem dann, wenn Gott sich darum nicht schert.

Und nun ziehen Sie sich zurück. Lassen Sie ihm Zeit zum Nachdenken. Drängen Sie ihn nicht! Überschütten Sie ihn nicht mit Bibeltexten oder anderen Traktaten, wenn er es nicht ausdrücklich wünscht. Halten Sie Verbindung. Seien Sie da, wenn er über Glauben reden will. Den Rest übernimmt Gott.

Falls Ihr Freund bereits ans Jenseits glaubt, lassen Sie ihn davon sprechen, und seien Sie mit ihm fröhlich und erwartungsvoll, wenn das seine Grundstimmung ist. Wenn man stirbt, hat der Gedanke an ein Leben nach dem Tod nichts Morbides. Er macht Freude.

Aber ganz egal, über welche Hoffnung Ihr Freund mit Ihnen spricht, Hoffnung ist es immer. Und Sie können sie teilen – ob es um möglichst wenig Schmerzen geht oder um ein Wunder. Sollte es um Wunder gehen: Mithoffen ist etwas anderes, als falsche Hoffnungen zu wecken oder Versprechungen zu machen. Es ist schlicht die Zustimmung zu den Gedanken des Freundes, den Sie liebhaben, daß es wunderbar wäre, würde er wieder gesund. Eine Menge Heilung erwächst aus Liebe. Er wird wissen, daß Sie ihn gern genug haben, um mit ihm zu hoffen, was er sich wünscht, ohne Statistiken und die Durchschnittszahlen ins Gespräch zu bringen. Wahrscheinlichkeitstheorien und die statistischen Zahlen kennt er vermutlich genausogut wie Sie. Wenn er darüber nicht sprechen will, gibt es keinen Grund für Sie, damit anzufangen.

Wenn Ihr Freund allerdings auf ein Wunder hofft und dabei andere Mittel, die ihm helfen oder den Krankheitsverlauf abschwächen könnten, ablehnt oder vernachlässigt, liegen die Dinge anders. Lassen Sie ihn wissen, daß auch Sie auf ein Wunder hoffen. Ermutigen Sie ihn aber, in der Zwischenzeit medizinische Hilfe in Anspruch zu nehmen – es sei denn, Ihr Freund gehört einer Sekte an, die jedwede Medizin ablehnt. Es gibt manche Segnungen medizinischer und pharmazeutischer Forschung, die ihm sein Los erleichtern können – bis das Wunder geschieht. Selten wird es dazu kommen. Die meisten Menschen bedienen sich der Ergebnisse medizinischer Wissenschaft, wo sie angemessen und hilfreich sind, und hoffen gleichzeitig weiter auf ein wundersames Heilmittel. Manche Patienten sind so frei, eine besondere Behandlung abzulehnen, Chemotherapie zum Beispiel. Das ist ihr gutes Recht. Aber auch sie tun das zumeist nicht, weil sie statt dessen auf ein Wunder hoffen. Es gibt eine traurige Anekdote zu einer solchen Situation, aber sie bringt die Sache auf den Punkt.

Ein Mann sitzt in seinem Haus, und die Flut kommt. Ein Laster kommt vorbei, der ihn evakuieren will. »Nein«, sagt der Mann, »ich bleibe hier. Gott wird nicht zulassen, daß mir etwas passiert.« Das Wasser steigt, und der Mann zieht um in den zweiten Stock seines Hauses. Draußen legt ein Boot an. »Nein«, sagt der Mann. »Ich bleibe hier. Gott wird mich beschützen.« Das Wasser steigt weiter. Der Mann steigt auf das Dach seines Hauses. Ein Helikopter fliegt heran und will ihn aufnehmen. »Nein«, sagt der Mann wieder. »Ich bleibe. Gott wird nicht zulassen, daß mir etwas zustößt.« Bald darauf überschwemmen die Fluten das Haus, und der Mann ertrinkt. Als er im Himmel ankommt, ist er klatschnaß und wütend. »Ich habe dir vollständig vertraut, Gott!« schnauzt er. »Warum hast du mich nicht gerettet?« Gott erwidert: »Ich habe dir einen Lastwagen, ein Boot und einen Hubschrauber geschickt. Was willst du mehr?«

Zorn ist auch so ein Thema, worüber Ihr Freund vielleicht reden will. Zorn auf Gott, von dem er glaubt, daß er die Krankheit geschickt oder zumindest zugelassen hat, also Schuld hat an seinem Leiden und seinem Tod. Es kann auch Zorn auf Familienangehörige oder Freunde sein, die sich nicht so um ihn kümmern, wie er sich das wünscht, die hinter seinem Rücken über ihn und seine Krankheit klatschen, die ihn vernachlässigen und allein lassen. Es kann Zorn sein auf das Krankenhauspersonal, wenngleich so gut wie nie auf den behandelnden Arzt, solange der ihm irgendeine Behandlung anbietet. Es kann auch Zorn sein auf die verwickelte Lage allgemein, auf sein schwindendes Leben.

Manchmal kann es auch Zorn um des Zornes willen sein – ein Ventil, sich Luft zu machen, weil der Kranke das, was ihm widerfährt, nicht in den Griff bekommt.

Aber Zorn, wie bereits beschrieben, kostet so viel Kraft, daß er sich selbst erschöpft. Wenn die Gefühle ausgelebt sind, Dampf abgelassen ist, läßt er nach. Solange er andauert, hören Sie zu und enthalten Sie sich einer Wertung.

Zeitweise vermuten wir, daß der Zorn eines unheilbar kranken Menschen daher kommt, daß er sterben muß. Aber Ihr Freund kann sich über ganz alltägliche Dinge ärgern, die mit seiner Krankheit gar nichts zu tun haben, oder über solche, die sehr wohl damit zu tun haben, aber dennoch nichts anderes sind als eine Reaktion auf eine außergewöhnliche Lage.

Ein Beispiel: Ihr Freund hat eine endlose Prozedur an medizinischen Untersuchungen hinter sich. Bluttests, Röntgenuntersuchungen, was es alles nur gibt. Dann macht ein Laborangestellter einen Fehler, und eine der Untersuchungen muß wiederholt werden. So etwas passiert, und es kann der Grund für jede Menge Wut sein bei einem, der sich seit Wochen wie ein medizinisches Nadelkissen vorkommt. Es ist wichtig, auf Zwischentöne zu achten, den Hauptgrund für den Ärger herauszufinden. Es nützt dem Kranken überhaupt nichts, wenn er in Phrasen darüber untergeht, wie sehr Sie seinen Unmut verstehen. Geben Sie Ihrem Freund Platz und Unterstützung, um seinen Ärger über ganz normale Pannen loszuwerden. Solches Unbehagen über Alltagskram können Sie viel eher mit ihm teilen als den Zorn über sein Schicksal.

Ein weiteres Thema in Ihren Gesprächen mag Schuld sein. Vielleicht fühlt der Freund sich schuldig wegen seines Zorns auf Angehörige, Freunde, Gott. Sagen Sie ihm, daß solcher Zorn normal ist.

Nach christlicher Überzeugung war auch Jesus ärgerlich und traurig, als seine Jünger eingeschlafen waren, obwohl er sie gebeten hatte, mit ihm zu wachen, während er im Garten Gethsemane betete, wenige Stunden vor seinem Tod. Aber Jesus wußte auch, daß die Jünger dennoch seine Freunde blieben, daß ihr Verhalten nur menschlich war. Er hat sie weiterhin gemocht und gebraucht. Er hat nicht beschlossen, seinem Tod allein entgegenzugehen.

Sogar am Kreuz war Jesus noch zornig und verzweifelt: »Mein Gott, mein Gott, warum hast du mich verlassen?« Selbst Jesus haderte mit Gott, als er sich allein und verlassen fühlte. Wenn Ihr Freund Christ ist, können Sie ihn an diese Szenen erinnern. Er wird seine Gefühle leichter als normal ansehen; wird sie sogar gerechtfertigt finden von Gott selbst – durch einen leidenden, sterbenden und zutiefst menschlichen Jesus Christus.

Ihr Freund wird Ihnen vielleicht auch sagen, daß er sich schuldig fühlt, durch seinen Tod seine Familie zu verlassen. Auch das ist völlig normal. Vor allem dann, wenn Ihr Freund um die finanzielle Sicherheit seiner Angehörigen Angst hat, davor, daß ihr Lebensunterhalt nicht bestritten werden kann. Auch das ist normal. Wenn Sie wollen und dazu in der Lage sind, auf diesem heiklen Gebiet des Geldes etwas zu tun, sagen Sie es ihm jetzt.

Fester Glaube kann auch zu einem Hauptthema werden. Vielleicht hält Ihren Freund sein starker Glaube aufrecht. Er wird darüber sprechen wollen. Er wird sogar Sie ermutigen wollen, stärker, inniger zu glauben. Fühlen Sie sich nicht gedrängt, etwas zu glauben oder zu sagen, wovon Sie nicht überzeugt sind. Hören Sie zu und respektieren Sie sein Bedürfnis, solche Themen anzuschneiden, als das, was es ist: seine Sorge um Sie.

Mag sein, daß Ihr Freund seinen althergebrachten Glauben prüfen will. Er fühlt sich verletzt und von Gott im Stich gelassen. Er hat sich bemüht, ein gutes Leben zu führen, und bekommt als »Lohn« eine unheilbare Krankheit. Manchmal gibt es wirklich nichts, was Sie tun können, außer zuhören, und auch das wird nicht viel helfen.

Ich hatte einen Patienten, den ich sehr gemocht habe. An seinem ersten Tag im Ruhestand diagnostizierte man bei ihm Krebs. Als er in die Rehabilitationsklinik kam, hatte man den größten Teil seines Rückenmarkstumors herausoperiert, aber nicht alles. Er überlebte die Operation, gelähmt von der Hüfte abwärts.

Sein behandelnder Arzt bat mich, den Mann zu besuchen. Er schien zunehmend abgekapselt und depressiv, sprach aber nie darüber oder über irgend etwas anderes im Zusammenhang mit seiner Krankheit.

Herr Janeau war ein schwerer, großgewachsener, grauhaariger Mann, der die meiste Zeit las, vor allem Zeitungen. Bei meinen ersten Besuchen bestand er darauf, daß es ihm gutgehe. Er bot mir einen Stuhl an, ließ die Zeitung aber halboffen liegen. Er signalisierte damit, daß er meine Anwesenheit für kurz ansah. Ich ging darauf ein und drängte ihn nicht, und nach einer gewissen Zeit faltete er die Zeitung zusammen und legte sie weg, wenn ich kam.

Nach und nach erzählte er mir sein Leben. Kurz bevor sein Krebs diagnostiziert wurde, hatte er die kleine Bar verkauft, die ihm gehörte und in der er sein Leben lang als Barkeeper gearbeitet hatte. Er und seine Frau hatten eine Reise nach Italien geplant, um die Heimat ihrer Vorfahren kennenzulernen. Sie waren seit über vierzig Jahren verheiratet. Sie hatten drei Kinder großgezogen, die alle verheiratet waren und Familie hatten. Sie lebten über das Land verstreut. Die Beziehungen zueinander waren eng, unabhängig von den großen Entfernungen. Herr Janeau erzählte, sein Großvater habe die Großmutter verlassen, sein Vater die Mutter. Er erzählte, wie hart Großmutter und Mutter arbeiten mußten, um die Kinder großzuziehen. Er sagte, er habe sich in jungen Jahren geschworen, seine Frau niemals zu verlassen und alles zu tun, um ein ehrbares Leben zu führen. Er ging regelmäßig zur katholischen Messe. Er wollte das Andenken der Großmutter und der Mutter damit ehren und das Verhaltensmuster von Großvater und Vater durchbrechen.

Ohne Selbstgerechtigkeit, aber mit einem stillen Stolz in der Stimme sagte Herr Janeau, er habe, so gut er es vermochte, dieses Gelübde vor sich selbst und vor Gott erfüllt. Aber an diesem Punkt des Gesprächs wandte sich Herr Janeau, wann immer das Thema zur Sprache kam, von mir ab, und seine Augen wurden trübe.

Es dauerte eine lange Zeit geduldigen Wartens und tiefen, wahrhaftigen Vertrauens, bis dieser ruhige, gradlinige Mann, voll tiefen Glaubens, zugeben konnte – die Tränen liefen ihm über das Gesicht –, daß er sich von Gott schwer verletzt fühlte und daß er das alles wirklich nicht begreifen könne. Wieso ließ Gott es zu, daß Vater und Großvater, die ein solch verantwortungsloses, gottloses Leben geführt hatten, gesund blieben und sehr alt wurden? Wieso ließ Gott es zu, daß er, der sich gemüht hatte, ein gutes, anständiges, religiöses Leben zu führen, nun mit diesem »Problem« zu tun hatte, das ihn lähmte und das ihn daran hinderte, mit seiner Frau den Lebensabend reisend zu genießen? Es schien ihm nicht fair. Herr Janeau fühlte sich verletzt. Und er war in seiner menschlichen Hilflosigkeit zutiefst zornig auf Gott.

Zwei Jahre nach seinem Aufenthalt in der Rehabilitationsklinik starb Herr Janeau einen sehr schmerzhaften Tod. Er konnte nie wieder einen Schritt laufen, er sah Italien nie. Und obwohl er mir die Bibel schenkte, die ich dann bei meiner Hochzeit trug, kam er doch nie mehr über seinen Schmerz und seinen Zorn auf Gott hinweg.

Manchmal wird Glaube, der ins Wanken geraten ist, doch wiederbelebt und erneuert. Oft prüfen Kranke ihren traditionellen Glauben, stellen fest, daß er Löcher hat, stopfen die Löcher und finden schließlich einen stärkeren Glauben als zuvor. Wenn Ihr Freund seinen Glauben einem solchen Test unterzieht, hören Sie ihm zu, aber maßen Sie sich kein Urteil an. Wenn Ihr Freund Ihnen erzählt, daß ihm Beten und Gottesdienstbesuche zunehmend schwerfallen, kann das ein Indiz für Zorn auf Gott sein, auf das Gefühl von Verletztheit. Wenn ein Kind ein Schicksal tragen muß, das es nicht versteht, denkt es meistens, die Eltern wären daran schuld. Es stampft auf und droht: »Mit dir red' ich nie mehr!« Es ist Kinderart, den Erwachsenen etwas heimzuzahlen, die einzige Rache, von der das Kind annimmt, daß es sie ausüben kann. Auf einer zumindest unterbewußten Stufe geschieht mit Ihrem Freund das gleiche: Nicht mehr beten, die Kirche nicht mehr besuchen, das ist seine Art, es Gott heimzuzahlen. Das ist eine Sache zwischen Ihrem Freund und Gott. Zuhören, ohne ein Urteil abzugeben, das ist alles, was Sie tun können.

Auch wenn Sie nicht der gleichen Glaubensgemeinschaft angehören wie Ihr Freund, wird es ihm guttun, wenn Sie ihm sagen, es interessiere Sie, was er von seinem Glauben hält. Oft sind unheilbar Kranke ängstlich und zögernd, über solche Themen zu sprechen, weil sie Angst haben, die Freunde damit gegen sich aufzubringen. Wenn Sie Ihren Freund dazu ermutigen, wird er diese Gelegenheit sicher gerne wahrnehmen; wird über etwas sprechen dürfen, wovon er bisher geglaubt hat, daß es niemanden außer ihn interessiere.

Sprechen

Sie werden feststellen, daß Sie angefangen haben, selbst etwas zu sagen. Aktives Zuhören verlangt zu Zeiten Schweigen, zu anderen verlangt es Antwort. Aber wenn Sie lange Zeit zugehört haben, wird Antworten nicht schwierig sein. Sie werden im Zweifel wissen, was Sie an hilfreichen Worten wann einzuwerfen haben. Und es wird meistens viel richtiger sein, als Sie vermutet haben.

Sollten Sie aber unsicher sein, will ich Ihnen gern ein paar einfache Vorschläge machen. Wenn etwa aus heiterem Himmel die Frage kommt »Wie denkst du über Selbstmord?« – um mal eine Bombe zu nennen, die auch den engsten, fürsorglichsten Freund schocken kann –, dann steht dahinter: »Ich überlege, was *ich* unter diesen Umständen von Selbstmord halte.« Also fragen Sie. Sie können etwas sagen wie: »Warum fragst du mich das?« Oder »Was bringt dich darauf?« Damit haben Sie nicht gesagt, daß Sie dieser Frage ausweichen wollen. Sie stellen eine Zusatzfrage, weil Sie mehr wissen möchten, bevor Sie antworten. Wahrscheinlich brauchen Sie im Moment gar nicht mehr zu tun. Ihre Freundin hat die Tür geöffnet bekommen, wie sie erhofft hat. Nun wird sie weitersprechen.

Wenn Sie nachdrücklich um Ihre Meinung gefragt werden, können Sie ganz allgemein der Ansicht Ihrer Freundin zustimmen – vorausgesetzt, es widerspricht nicht Ihrer Überzeugung, und vorausgesetzt, von Ihnen wird nicht die Zustimmung oder eine Komplizenschaft bei einem Selbstmord gefordert. Wenn es Ihrer Grundüberzeugung widerspricht, müssen Sie das sagen. Aber deklarieren Sie Ihre Ansicht als *Ihre* Ansicht und verabsolutieren Sie nicht. Tun Sie nicht so, als ob alle Welt Ihrer Meinung sei. Wenn Ihre Freundin Sie zum Komplizen machen will, halten Sie sich vor Augen, daß es um ein Verbrechen geht. Wenn Ihre Freundin Ihre Erlaubnis zum Suizid erbittet, müssen Sie sich entscheiden. Machen Sie sich klar, ob Sie mit Ihrer Antwort werden leben können, wie immer sie ausfallen mag. Es ist normalerweise klüger, sich weder zu Zustimmung noch zu Ablehnung verleiten zu lassen, wenn ein unheilbar kranker Mensch das Thema Selbstmord anschneidet.

Ein Wort über Suizid. Lassen Sie sich nicht zu einem vorschnellen Urteil hinreißen und seien Sie nicht schockiert, solange Sie nicht in der gleichen Lage waren wie Ihre Freundin. Wenn Sie nicht gerade Priester sind und Ihre Antwort dadurch vorgegeben ist, ist Selbstmord grundsätzlich eine Angelegenheit zwischen einem Menschen und Gott. Wir sind nicht unseres Bruders, unserer Schwester Richter in solchen Dingen. Viele Menschen haben sich im Angesicht einer unbekannten und beängstigenden Zukunft auf Erden für Selbstmord entschieden. Jemand, der gute Gründe dafür hat, nur Schmerzen, Abhängigkeit und/oder Leiden vorauszusehen, hat sich das Leben genommen in Hoffnung und nicht in Verzweiflung. In der Hoffnung, daß etwas Besseres nachkommen wird; sogar dann, wenn nach seiner Überzeugung dieses Bessere das schiere Nichts ist.

Wenn Ihre unheilbar kranke Freundin mit Ihnen über Suizid sprechen will, horchen Sie sie aus. Sagen Sie ihr, daß Sie sie liebhaben, daß Sie sich um sie sorgen und daß Sie sie nicht verlieren wollen.

Machen Sie keine Versprechungen, die Sie nicht halten können. Lassen Sie sie wissen, daß Sie Ihr Freund, Ihre Freundin bleiben werden, was immer auch geschieht.

Selbst wenn Ihr Gespräch über Selbstmord rein philosophisch erscheint und kein bißchen aktuell, stellen Sie doch einige Fragen. Zum Beispiel, wie sie ihren Selbstmord verüben würde. Hat sie einen Plan?

Bitten Sie sie zu warten, wenn Sie das Gefühl haben, sie wolle ihre Gedanken bald in die Tat umsetzen. Bitten Sie sie, noch einmal darüber nachzudenken, noch eine Nacht darüber zu schlafen. Fragen Sie sie, ob sie darüber außer mit Ihnen noch mit einem anderen Menschen gesprochen hat. Wenn nicht, sagen Sie ihr, Sie wollten dieses Thema mit mindestens einem weiteren Menschen besprechen, mit jemandem aus der Familie, mit einem Pfarrer, mit dem behandelnden Arzt. Damit wird Ihnen die Last der Mitwisserschaft von den Schultern genommen.

Fragen Sie sie auch, ob sie von Selbstmord spricht, weil sie große Schmerzen hat, weil sie sich davor fürchtet, allein zu sterben, oder weil sie für ihre Familie und ihre Freunde eine zu schwere Last ist. Wenn es daran liegen sollte, können Sie viel helfen, indem Sie mit der Familie nach einer Lösung in einem Hospiz oder Pflegeheim suchen, falls es so etwas in der Nähe gibt.

Hospize sind für unheilbar kranke Menschen geschaffen worden. Sie bieten Hilfen an, die es erlauben, so lange wie möglich zu Hause zu sein. Sie schicken Pflegepersonal ins Haus. Sie nehmen im Endstadium die Patienten stationär auf. Sie verfügen über Personal mit einer Spezialausbildung, das sich um die Kranken liebe- und verständnisvoll kümmert. Hospize bieten medizinische und persönliche Unterstützung für Kranke und ihre Angehörigen an. Der Stab des medizinischen Personals ist fähig, mit Schmerzmitteln bis zur äußersten erlaubten Grenze umzugehen.

Es gibt viele in den Vereinigten Staaten, die dafür plädieren, gegen Schmerzen bei unheilbar Kranken auch solche Drogen zuzulassen, die jetzt noch verboten sind. Sie gehen davon aus, daß manche dieser verbotenen Drogen, verantwortungsbewußt verabreicht, starke Schmerzen besser bekämpfen könnten als solche, die jetzt verwendet werden. Ansprechpartner für diese Meinung ist das National Committee on the Treatment of Intractable Pain, P. O. Box 9553, Friendship Station, Washington D.C. 20016–1553. (Anm. d. Übers.: Von einer vergleichbaren Gruppe in der Bundesrepublik, die Drogen für Schwerkranke legalisieren lassen will, ist derzeit nichts bekannt.)

Wenn Ihre Freundin mit dem Gedanken spielt, sich umzubringen, weil sie Angst vor zunehmenden Schmerzen oder einem einsamen Tod hat oder weil sie glaubt, für ihre Familie nur noch eine Last zu sein, könnte ein Hospiz-Programm alles verändern. Die Angst, nicht in Würde sterben zu dürfen, und gleichzeitig den Angehörigen die Sorge vor einem moralisch problematischen Entscheidungszwang abnehmen, könnte eine »Patientenverfügung«. Sie gibt es inzwischen auch in der Bundesrepublik (über die Humanistische Union, Anm. d. Übers.). Sie legt fest, daß der Unterzeichner dieser Verfügung keine lebensverlängernden Maßnahmen wünscht, wenn der Tod unvermeidbar ist. Das nimmt der Familie die Last der Entscheidung im Ernstfall ab. Und Ärzte bekommen dadurch die Freiheit, von Fall zu Fall zu entscheiden, wie die Behandlung fortzuführen sei, ohne Angst vor den Folgen haben zu müssen.

Vielleicht gibt es noch andere Leitfäden als die, die ich hier angeboten habe. Aber ich glaube, daß mehr an ehrlichen Angeboten nicht drin ist. Selbstmord im Zusammenhang mit unheilbarer Krankheit ist eine sehr individuelle Angelegenheit. Über allem muß die Erkenntnis stehen, daß, wie immer sie ausfällt, es die Entscheidung Ihrer Freundin ist. Es ist niemals Ihre Schuld; und lassen Sie nicht zu, daß Ihnen jemals jemand diesen Vorwurf macht. Selbstmord ist der Beschluß des Menschen, der ihn verübt. Niemand anderes kann dafür zur Verantwortung gezogen werden.

Ein paar andere Beispiele für das Gespräch.

Denken Sie nicht, Sie könnten nicht über die Zukunft sprechen. Ihr Freund kann sich durchaus vorstellen, daß die Nationalelf die Fußballweltmeisterschaft gewinnt oder irgendein anderer Club irgendein anderes Finale, auch wenn es absolut unwahrscheinlich ist. Er will über Politik reden, über Sport, über eine Ferienreise oder andere Pläne, obwohl er ziemlich sicher weiß, daß er dann nicht mehr auf dieser Welt sein wird. Das ist in Ordnung. Haben Sie Freude aneinander. Wir alle sprechen von manchen Dingen in ferner Zukunft, die wir nie tun oder sehen werden. Vielleicht mag Ihr Freund auch über Sachen reden, die er zwar nicht mehr tun kann, die ihn aber immer noch interessieren – sein Beruf etwa oder die Gartenarbeit. Wenn Ihr Freund den Beruf aufgeben mußte und Sie dort noch arbeiten, halten Sie ihn auf dem laufenden mit Tagesereignissen und Büroklatsch, wenn es ihn zu interessieren scheint. Daß er nicht mehr dabeisein kann, heißt noch lange nicht, daß es ihn nicht mehr kümmert.

Solange Ihr Freund, Ihre Freundin noch lebt, lassen Sie sie auch am Leben teilhaben. Unheilbar kranke Menschen haben vor zunehmender Isolation fast genausoviel Angst wie vor zunehmenden Schmerzen.

Vielleicht will Ihre Freundin über ihren letzten Willen, über ihren Tod, über die Beerdigung sprechen. Ich habe schon so lange mit Sterben und Tod zu tun, daß ich nicht nur meine Beerdigung festgelegt habe, sondern auch, was danach mit mir anzufangen sei. Ausgestattet mit ziemlich viel Humor – eine dringende Notwendigkeit in meiner Art Beruf –, habe ich verfügt, daß mein Körper verbrannt und meine Asche auf elf Urnen verteilt werden soll. Zehn Freunde werden je eine Urne bekommen und sie – alle Unkosten werden erstattet – an zehn Orte in der Welt bringen, die ich geliebt habe, nach Paris zum Beispiel oder an den Colemansee. Dort wird die Asche verstreut. Die elfte Urne wird beigesetzt. Meine zehn Freunde und jeweils ein Partner dazu haben zwei Jahre Zeit, meinen Wunsch zu erfüllen. Zeit genug also, um ihre Trauer um mich hinter sich und schlicht Spaß bei ihrer Reise zu haben. Wahrscheinlich haben nur Leute diese merkwürdige Art von Humor, die wie ich schon lange mit Sterben und Tod zu tun haben. Aber auch die Freundin, die jetzt den Tod vor Augen hat, möchte darüber und über ihre Beerdigung reden. Lassen Sie sie. Natürlich können Sie sagen, daß Sie hoffen, der Anlaß dieses Gesprächs liege erst in ferner Zukunft, es sei denn, Ihre Freundin hat wirklich ihre letzten Tage erreicht. Wenn das der Fall ist, beißen Sie die Zähne zusammen und reden Sie mit ihr. Banale Höflichkeiten sind alles andere als willkommen, wenn jemand große Anstrengungen unternimmt, dem Tod ins Auge zu sehen. Sie tun Ihrer Freundin einen großen Gefallen, wenn Sie ihr erlauben, über etwas zu sprechen, was sie im Augenblick am meisten umtreibt.

Wenn im Gespräch konkrete Wünsche für den Verlauf der Beisetzung geäußert werden, schreiben Sie sie auf und lassen Sie Ihre Freundin sehen, daß Sie das tun. Sie soll wissen, daß Sie nichts davon vergessen werden. Wenn es zu den Wünschen gehört, daß Sie in ihrer letzten Stunde bei ihr sind, nehmen Sie das zur Kenntnis, aber versprechen Sie nicht, daß Sie dasein werden. Es sei denn, der Tod steht unmittelbar bevor und Sie können deshalb sicher sein, daß Sie bei ihr sein werden. Wenn Sie ihr das versprechen, aber nicht einhalten können, werden Sie am Boden zerstört sein. Selbst wenn Ihre Freundin nicht mehr mitbekommen haben kann, ob Sie da waren oder nicht – Sie wissen es, und ein Versäumnis auf Ihrer Seite wird Ihnen noch lange zu schaffen machen.

Deshalb sagen Sie ihr, Sie wollten versuchen, bei ihr zu sein, aber versprechen Sie es nicht.

Schließlich kann Ihnen widerfahren, daß Ihre Freundin mit Ihnen über Sie sprechen will. Vielleicht hängt es ihr zum Hals heraus, immer nur von sich zu reden. Sie will hören, was Sie denken und wie Sie fühlen und wie Ihr Leben aussieht. Sie will eine Zeitlang ignorieren, daß sie krank ist oder es je war; will eine entspannte Stunde mit Ihnen verbringen und über Sie reden – wie Sie es in glücklicheren Tagen auch getan haben.

Das kann schwierig werden für jemanden, der lange Zeit nur zuhörend mit dem sterbenden Menschen verbracht hat und jetzt nicht sicher ist, was der will. Ihre Freundin will vielleicht nur eine Phase der Erholung; vielleicht gehen ihre Fragen aber auch tiefer. Sie will auch wissen, was ihr naher Tod in Ihnen auslöst.

Wenn es darum geht, können Sie ruhig sagen, daß nicht das lange Zuhören, sondern ihre Krankheit Sie hart ankommt. Sie wird nicht daran denken mögen, daß das Zuhören Sie anstrengt, dazu braucht sie es viel zu sehr. Aber sie braucht auch das Gefühl, daß Sie mit ihr leiden. Nicht, weil sie Ihnen weh tun möchte, sondern weil sie manchmal jemanden braucht, der sie auf dieser Reise mit Anteilnahme begleitet.

Sie müssen keine langen Reden über Ihre Unterstützung halten. Die ist sichtbar. Sie müssen Ihrer Freundin auch nicht pausenlos sagen, wie lieb Sie sie haben und wie sehr Sie sich um sie sorgen – obwohl Freunde, die so etwas sagen, manchmal ja auch etwas schrecklich Nettes sind – Ihre Liebe und Ihre Sorge sind auch sichtbar. Aber *eine* Rede sollten Sie halten.

Manchmal ist ein Mensch von der Diagnose »unheilbar« so überwältigt, daß er sich selbst damit beerdigt, wenn es nicht die Angehörigen schon getan haben. Wenn das Bewußtsein, sterben zu müssen, über ihn kommt, denkt ein solcher Mensch, er sei nicht mehr nützlich, nicht mehr begehrenswert, nicht mehr tragbar; vor allem dann nicht, wenn es eine Ehefrau, eine Mutter, eine Freundin ist. In den meisten, wenn nicht gar in allen Fällen ist dieses Gefühl bar jeder Grundlage.

Wenn Sie feststellen, daß das bei Ihrer Freundin der Fall ist, wird es Zeit für Ihre Rede. Es wird Zeit, sich mit ihr an einem ruhigen Platz niederzulassen.

Greifen Sie die Eigenschaften heraus, die an Ihrer Freundin außergewöhnlich sind, die sie ausmachen und die niemals verlorengehen können. Sie können Quellen des Mutes für sie werden, wenn die Zeiten schlechter werden.

Damit sollen Sie ihr keine Bürde aufladen in Form unrealistischer Erwartungen einer heldenhaften Vorstellung. Vergewissern Sie sich, daß sie es so auch nicht auffaßt. Ihre Freundin soll in diesem Labyrinth von Todesdaten, die über sie hereinbrechen, erkennen, daß die Eigenschaften, die sie ausmachen, noch am Leben sind und daß sie sich darauf verlassen kann, auf sie bauen kann, wenn sie Schweres zu bestehen hat.

Lassen Sie sich bei dieser Rede Zeit. Geben Sie ihr Muße, darüber nachzudenken. Schauen Sie sie an, und lassen Sie sie Ihren Glauben an sie spüren.

Ich erinnere mich an einen Satz des Senators Jacob Javits, der sechs Jahre lang an einer unheilbaren Muskellähmung litt, bevor er ihr 1986 erlag. »Das Leben hört mit einer unheilbaren Krankheit nicht auf«, sagte er. »Es ist der Patient, der aufgibt, wenn er den Willen nicht hat, sein Leben weiterzuführen, bis der Tod es übernimmt.«

Wir haben über dieses Thema schon im Zusammenhang mit dem Betrauern eines Todesfalls gesprochen. Die gleichen Dinge können auch einem sterbenden Menschen helfen: kochen, saubermachen, ihn irgendwo hinfahren, auf ein Kind aufpassen, gärtnern, Wäsche waschen, das Telefon abnehmen. Entmündigen Sie Ihren Freund aber nicht. Es kann gut sein, daß er einiges davon gern selbst machen möchte, solange er es vermag. Wenn man mir am Montag eine unheilbare Krankheit verkündet, könnte ab Dienstag jemand für mich kochen. Und am Montag abend würde ich auswärts essen. Aber andere Dinge wie Auto fahren, schreiben, Blumen gießen und angeln würde ich mir, solange es geht, nicht abnehmen lassen.

Jeder hat irgendeine Lieblingsbeschäftigung, die er nicht aufgeben will. Was also tun? Ganz einfach. Wenn etwas so aussieht, als müsse es getan werden – bieten Sie an, es zu tun. Zu hoher Rasen, schmutziger Boden, Mengen von Wäsche – nähern Sie sich mit Mop oder Rasenmäher schon in der Hand. Oder anders: Sie müssen überzeugen. Wenn Sie nicht sicher sind, wie nötig irgend etwas ist, fragen Sie. Und fügen Sie hinzu, daß Sie gerade Zeit haben, anfallende Arbeiten zu übernehmen.

Vielleicht haben Sie von sich den Eindruck, Sie seien kein besonders guter Zuhörer, obwohl genau das zur Zeit am wichtigsten wäre. Aber der einfühlsamste Zuhörer kann keinen Blumentopf gewinnen im Vergleich mit Ihnen, wenn die kranke Freundin vor allem an ihren schmutzigen Küchenboden denkt. An so einem Tag ist der Freund am willkommensten, der die unausgesprochene Klage der Fliesen hört: »Ich bin dreckig, und die Person, der ich gehöre, ist zu müde oder zu sehr von Schmerzen geplagt, um mich zu wischen.«

Zum Handeln gehört auch, Dinge fortzusetzen, die zwischen Ihnen und Ihrem Freund bisher üblich waren: Kegeln, Kochkurs, Golf oder Schach. Ziemlich sicher möchte der Kranke all dies weitermachen, solange sein Zustand es ihm erlaubt. Ermutigen Sie ihn dabei, und vergessen Sie nicht, ihn einzubeziehen, wenn Sie solche Aktivitäten planen.

Wenn er nicht mehr in der Lage ist, selbst teilzunehmen, wird er es vielleicht zu deprimierend finden, am Rand zu stehen und zuzuschauen. Aber manche Leute haben auch Spaß, mit Freunden zusammenzusein, die etwas unternehmen oder spielen, auch wenn sie es selbst nicht mehr mitmachen können. Bieten Sie Ihrem Freund an, dabeizusein, ermutigen Sie ihn, Sie zu begleiten, solange das machbar ist.

Nicht mehr mitmachen zu können ist sehr frustrierend. Aber wenn Ihr Freund weiß, daß Sie und Ihre Clique ihn gerne um sich haben, daß Sie ihn dabeihaben wollen, egal, wie aktiv er noch sein kann, dann kann ihm das Auftrieb geben. Und ein paar schöne Stunden bringt's ihm überdies.

Berühren

Wir Amerikaner sind nicht gerade eine Nation der Anfasser und Berührer. Vor allem vermeiden wir besonders, irgend etwas anzufassen, was wir für verseucht, ansteckend, schmutzig oder häßlich halten. Normalerweise ist ein sterbender Mensch nichts dergleichen. Aber manchmal weist ein Kranker im letzten Stadium all diese unerfreulichen Eigenschaften auf – und er weiß es.

Ein todkranker Mensch blutet vielleicht aus dem Mund oder der Nase. Oder er spuckt Blut. Blut ist kein Dreck, aber wir benehmen uns oft, als wäre es welcher. Der Kranke kann Ausschlag haben oder offene Wunden, die eitern. Im Krankenhaus liegt er vielleicht auf einer Station, auf der Besucher Kittel und Handschuhe und Mundschutz tragen müssen. (Die meisten Klinikbesucher denken, diese Maßnahmen wurden ergriffen, um sie vor Ansteckung zu schützen. Manchmal stimmt das auch. Aber viel häufiger ist die sterile Kleidung vorgeschrieben, damit die Patienten vor den Besuchern geschützt sind.) Jemand, der unheilbar krank ist und während der Behandlung alle Haare verloren hat, kann sich in einem Land, das Jugend und Schönheit anbetet, sehr häßlich fühlen. Dies alles kann aus der Sicht des Kranken wie der Freunde Barrieren gegen Berühren und Berührtwerden aufrichten.

Scheuen Sie sich nicht, einen unheilbar kranken Freund zu

berühren. Von ganz wenigen Ausnahmen abgesehen, sind Krankheiten nicht ansteckend. Sollte das der Fall sein, gibt es Anleitungen für notwendige Vorsichtsmaßnahmen. Sie können auch mit einem Handschuh streicheln. Sie können Ihre eigene Hand küssen und sie dem Kranken an die Wange legen. Auch ein durch die Luft gepusteter Kuß ist immer noch besser als nichts.

Berühren heißt natürlich nicht, zur Tür hineinzustürzen und dem kranken Freund den letzten Rest Luft aus der Lunge zu quetschen. Er hat vielleicht Schmerzen, und Sie werden ja wohl nicht wollen, daß die noch schlimmer werden. Berühren kann eine sanfte, schlichte Geste sein: seine Hand nehmen, seine Wange streicheln, seinen Arm oder seine Schulter rubbeln. Manchmal sind Sie überdies auch noch hilfreich, wenn Sie ein schmerzendes Gelenk oder einen verspannten Nacken sanft massieren. Wenn Sie Lust haben, das zu tun, bieten Sie es an. Wahrscheinlich wird es dankbar angenommen. Aber wenn die Schmerzen zu groß sind, um überhaupt irgendwo zu berühren, legen Sie Ihre Hand oder einen Finger nahe bei dem Kranken aufs Bett. Alles ist besser als nichts.

Ich will die Angst vor Berührungen ebensowenig geringschätzen wie ihre Notwendigkeit aus der Sicht des Kranken. Ich erinnere mich gut, wie schwer es für mich am Anfang meiner Arbeit als Krankenhausseelsorgerin war, Zimmer von Kindern zu betreten, die nicht normal aussehen. Und als ich das dann tat, ausgerechnet auf einer Neurochirurgie, wo so gut wie niemand normal aussah, gab ich mir große Mühe, nur ja nichts anzufassen, vor allem kein Kind!

Schließlich griff ich tapfer nach dem Gitter des Kinderbettes, alsbald auch die kleine Hand darin, dann eine Wange. Und bald wickelte ich Babys, wiegte sie auf den Knien, trug sie umher, gab ihnen Fläschchen. Und war beim Verbandwechsel genauso dabei wie bei Operationen.

Absaugmaschinen und große Mengen Schleim sind heute noch eine Anfechtung für mich. Aber ich kneife die Augen zusammen und versuche, es durchzustehen.

Vielleicht bin ich eines Tages auf eine solche Maschine angewiesen, und ich hoffe sehr, daß dann auch jemand um mich herum sein wird. Aber auch dies ist ein Teil der Angst. Ein schwerkranker Mensch erinnert uns immer daran, daß es uns einmal genauso gehen könnte.

Wenn ich jemanden sehe, der Schleim hustet oder blutet oder an alle möglichen Geräte angeschlossen ist, versetze ich mich in seine Lage. Wie würde ich mich fühlen, wenn ich so daliegen müßte und meine Freundin schaute mich an wie eine Aussätzige? Mich in des Kranken Lage zu versetzen hat mir mehr als einmal hindurchgeholfen. Wir können nie ganz genau wissen, wie sich ein anderer Mensch fühlt, aber wir können versuchen, es uns vorzustellen. Und, mal ganz praktisch, Wasser und Seife sind überall in der Nähe – Sie können sich ja gründlich schrubben, wenn das Berühren wirklich problematisch für Sie war.

Ein einfühlsamer Freund kann das Befinden und das Selbstwertgefühl eines Kranken enorm steigern, wenn er sich nicht scheut, ihn zu berühren. Und zwar obwohl er an Schläuchen hängt, obwohl es Auswurf und Blut und Narben gibt, eine Glatze, eine Amputation, was auch immer. Niemand von uns fühlt sich gern häßlich. Aber während des manchmal langen Kampfes gegen eine unheilbare Krankheit und der vielen verschiedenen Behandlungsmethoden kann sich ein Mensch schon mal sehr häßlich und unberührbar finden.

Wenn Sie einen Freund streicheln, sagen Sie ihm damit: »Für mich bist du schön. Du bist weder häßlich noch stößt du mich ab. Du bist nicht aussätzig, unberührbar. Du bist nach wie vor ein atmender, lebendiger Mensch, der mir ganz wichtig ist. Du bist immer noch mein bester Freund oder meine große Liebe.« Eine Berührung sagt auch: »Es mag sein, daß ich nicht ausdrücken kann, was ich für dich empfinde, und daß ich nicht für dich tun kann, was ich gern täte – vor allem, dich gesund zu machen. Aber es tut mir weh, zu sehen, daß du Schmerzen hast, und ich will dich anfassen, obwohl ich weiß, daß die Schmerzen davon nicht weggehen. Und selbst wenn du mich nicht mehr streicheln, meine Hand nicht mehr drükken kannst, selbst wenn du meine Berührung nicht mehr spüren kannst, möchte ich dir doch auf jede nur denkbare Weise zeigen, daß ich dich liebhabe.«

Zuhören, Reden, Handeln und Berühren sind vier Wege, um einem Sterbenden Freund zu sein.

Was aber ist zu tun, wenn Sie sich dem Kranken nicht so nahe fühlen oder Ihr Verhältnis nicht so eng war? Wenn Sie ihn aber dennoch gelegentlich sehen wollen und Angst haben, etwas Falsches zu sagen? Hier geht es nicht um die Menge, sondern um die Qualität jener Zeit, die Sie mit ihm verbringen.

Ein Freund von mir, ein Priester, hält im Vorübergehen eine Minute bei einem Menschen an, und der hat hinterher das Gefühl, er hätte gut und gern fünf Minuten mit ihm gesprochen. Ein anderer Freund, ein Pfarrer, redet fünf Minuten mit einem Kranken und hinterläßt das Gefühl, mal eben für eine flüchtige Minute vorbeigekommen zu sein.

Der Priester bleibt stehen, stellt sich bequem hin oder setzt sich, nimmt eine Hand, hält Blickkontakt und gibt dem Kranken das Gefühl, seine ungeteilte Aufmerksamkeit zu bekommen. Der Pfarrer kann nicht stillstehen, setzt sich nicht hin, kann sich nicht entspannen, faßt niemanden an, guckt unstet in der Gegend umher und vermittelt den Eindruck, schrecklich beschäftigt zu sein und schon damit einen Gefallen getan zu haben, daß er mal eben vorbeigekommen ist. Dies wiederum macht den Kranken unglücklich und nervös, und er braucht doppelt so lange, um zu sagen, was er sagen wollte, weil er sich schuldig dafür fühlt, den Pfarrer überhaupt angesprochen zu haben. Von den beiden Männern ist der Priester viel beschäftigter. Aber man merkt es nur, wenn man beobachtet, was er alles schafft.

Wenn Sie einen schwerkranken Menschen besuchen, dann tun Sie das offensichtlich, weil Sie ihn mögen und weil Ihnen leid tut, was er durchmachen muß. Bringen Sie ihm ein Geschenk mit, wenn Sie mögen, aber sagen Sie ihm vor allem, warum Sie da sind: Nicht, um ein Geschenk abzuliefern, sondern weil Sie ihn sehen wollten und weil es Ihnen leid tut, daß er all das durchleiden muß.

Wenn Sie das gesagt haben, wird er vermutlich darauf eingehen. Mal vorausgesetzt, daß Ihnen ein Stuhl angeboten wurde, setzen Sie sich hin, entspannen Sie sich, schauen Sie ihm in die Augen und hören Sie zu. Schauen Sie bloß nicht dauernd auf die Uhr oder zappeln Sie herum. Vielleicht erzählt der Kranke, wie es ihm gerade geht; vielleicht fragt er auch nur nach Ihrem und Ihrer Familie Ergehen. Er arbeitet daran, daß Sie sich wohl fühlen, und er bekundet Interesse an Ihnen und Ihrer Familie. Wenn zwischen Ihnen keine langjährige und tiefe Beziehung bestanden hat, weiß er das auch. Er wird ganz sicher nicht aus heiterem Himmel damit anfangen, daß er auf Gott wütend ist, oder Sie fragen, was Sie von Selbstmord halten. Er wird sich schlicht darüber freuen, daß Sie gekommen sind, daß Sie ihn nicht vergessen haben und daß Sie sich in seiner Anwesenheit offenbar wohl fühlen. Also beantworten Sie seine Fragen, und seien Sie nett zu ihm. Erkundigen Sie sich nach seiner Familie. Oder sprechen Sie andere Dinge an, von denen Sie wissen: seinen Lieblingssport, seinen Beruf, seine Hobbys. Auch wenn er nichts mehr davon ausüben kann, spricht er vielleicht noch gerne darüber.

Solch besondere Zeit ist stille Zeit. Es ist die Zeit aufmerksamen Zuhörens. Es ist aufrichtig geteilte Zeit. Sie läßt den anderen spüren, daß er Ihnen wichtig ist. Es ist keine Zeit der wohlfeilen Krücken, auf die man sich lehnen kann, keine Zeit für Wortschwälle oder Dauerreden. Eine Zeit von besonderer Güte braucht nicht einmal lang zu sein. Sie wird, was sie ist, wenn Sie einen Kranken seines eigenen Werts versichern.

Noch ein Satz. Vielleicht denken Sie, um ein wirklich guter Freund zu sein, müßten Sie zur Familie gehören oder zumindest schon lange sehr eng befreundet sein. Das ist der Idealfall, aber den gibt es nicht immer. Manchmal ist sogar das Gegenteil möglich: Je näher manche Menschen einem unheilbaren Kranken stehen, desto schwerer oder gar unmöglich ist es ihnen, ihm während seiner Krankheit beizustehen. Die nächsten Familienangehörigen Ihres Freundes stehen unter Schock, wollen die Krankheit leugnen oder sind schon in einer der Voraustrauer-Phasen. Kurz: Sie sind nicht in der Lage, eine andauernde, erfüllte Beziehung zu dem Kranken durchzuhalten.

Zuzeiten kann dieses Problem durch Intervention eines nicht beteiligten professionellen Beraters gelöst werden. Wenn

Sie einen solchen Fall zwischen Ihrem kranken Freund und einem nahen Angehörigen wahrnehmen, sollten Sie therapeutischen Rat als Möglichkeit der Hilfe ins Gespräch bringen. Das kann allerdings auch in eine Sackgasse führen: Entweder der Therapeut kann auch nicht helfen, oder die Angehörigen wehren sich derart gegen jeden Einfluß von außen, daß man dem Therapeuten nicht einmal den Versuch einer Klärung erlaubt.

Es kann sein, daß Sie unter solchen Umständen einem Todkranken näher kommen, als Ihre Beziehung davor es hätte ahnen lassen. Dies passierte mir mit einem kleinen Mädchen namens Taffy, und ich werde ein bißchen davon erzählen.

Wenn Sie das Gefühl haben, Sie können einem Kranken Freund sein, tun Sie es. Leicht wird das nicht. Denn der Freund, der einen Sterbenden begleitet, muß mehr investieren und selbstloser sein als einer, der einen Trauernden begleitet.

Wenn man einen Tod betrauert hat, kehrt die Beziehung zwischen Freunden eines Tages zurück; manchmal sogar verstärkt und tiefer durch die gemeinsame Erfahrung. Aber wenn man einen Sterbenden bis zum Schluß begleitet – das ist es dann. Danach kommt nichts. Kein neues Gleichgewicht, keine neue Beziehung. Nichts. Der Freund ist tot. Nun trauern Sie. Und er ist nicht bei Ihnen, um Ihnen zu helfen, wie Sie ihm halfen.

Einem sterbenden Freund beizustehen ist eine sehr selbstlose und oft sehr schmerzliche Angelegenheit. Dennoch: Tun Sie's, wenn Sie können. Sie werden niemals wieder erfahren, wie gut Sie sein können. Und irgendwo da draußen gibt es einen ganz normalen Menschen. Kein Heiliger, wie Ihr toter Freund Ihnen eine Zeitlang vorkommen mag – sondern ein schlichter Mensch, der Ihnen vielleicht eines Tages beistehen wird in Ihrer Trauer. Lassen Sie ihn.

Tod eines alleinstehenden Menschen

Jeden Tag sterben auf dieser Welt Menschen allein. Menschen ohne Angehörige. Menschen ohne Angehörige, die sich um sie kümmern. Menschen, deren Partner schon tot sind. Geschiedene ohne Kinder oder mit Kindern, zu denen sie keinen Kontakt mehr haben. Oder Menschen, die nie geheiratet haben und kinderlos sind. Was auch immer die Gründe sein mögen, solche Menschen werden zum Sterben allein gelassen; oft gibt es außer dem Personal im Krankenhaus, im Altersheim oder im Hospiz niemanden, der sich um sie kümmert.

Sicher gibt es Schwestern und Pfleger, die ihre Patienten aufrichtig liebhaben und sich sehr um sie kümmern. Aber das kann fast nie dasselbe sein wie Liebe und Fürsorge, die in einer lebenslangen Partnerschaft entstehen. Menschen sehnen sich nach dieser Art von Zuwendung – und es ist die Angst davor, sie nicht zu bekommen, die sie das Alter fürchten läßt. Altern selbst ist nicht das Problem. Alt sein und krank und vor allem allein, davor graust es uns. Wie können Sie Freund eines Alleinstehenden sein, der unheilbar krank ist und keine Angehörigen hat oder jedenfalls keine, die nach ihm fragen?

Alles, was über Zuhören, Reden, Handeln, Berühren gesagt worden ist, gilt hier genauso. Aber es gibt ein paar Besonderheiten, wenn ein alleinstehender Mensch stirbt, an die man denken sollte.

Vor allem: Sie allein können diesem Menschen nicht alles sein, was er von Ihnen braucht oder erwartet. Nach der Diagnose sagt Ihre Freundin vielleicht, solange man ihr die Krankheit nicht ansehe, wolle sie niemandem außer Ihnen davon etwas sagen. Das ist eine schwere und unfaire Bürde auf Ihren Schultern – und auf denen Ihrer Freundin auch. Der Wunsch unheilbar Kranker, so lange wie möglich ihren Alltag leben zu können, ist normal. Aber die Last des heimlichen Wissens ist für Sie beide zuviel – und für Ihre Freundschaft auch.

Sagen Sie Ihrer Freundin, daß Sie sich um sie sorgen und daß Sie hoffen, der Tod lasse noch ganz lange auf sich warten. Und daß Sie, wenn es soweit sein sollte, in der Lage sein wollen, so oft wie irgend möglich bei ihr zu sein. Wenn aber nur Sie beide während dieser hoffentlich noch sehr langen Zeit von der Diagnose wissen, könnte es sein, daß Sie das zu sehr bedrückt, daß Ihnen das viel von Ihrer Kraft nimmt und Sie weniger imstande sein werden, für Ihre Freundin dazusein, als Sie es sich eigentlich wünschen. Setzen Sie sich mit ihr zusammen und gehen Sie gemeinsam ihren Bekanntenkreis durch – denken Sie auch an Leute, die eine andere Art der Beziehung zu Ihrer Freundin haben als Sie. Bieten Sie an, diese Leute zu informieren, wenn Sie den Eindruck haben, Ihre Freundin schafft das nicht.

Es gibt auch Menschen, die nach der Diagnose einer unheilbaren Krankheit nachgerade jedem davon erzählen. Für sie ist das ein Weg, mit dem Schock fertigzuwerden, ein Weg, die Diagnose real werden zu lassen. Aber es jedem zu erzählen hat auch seine Nachteile.

Wie bereits erwähnt, sind manche Freunde derart entsetzt über die plötzliche Wende im Schicksal des Kranken, daß sie ihn buchstäblich schon tot sehen. Dies ist Teil eins des »Blutsauger-Syndroms«, bei dem Leute nur zusammenkommen bei der Nachricht von der unheilbaren Krankheit und in den letzten Stunden vor dem Tod.

Zu viele Leute sind zu früh zusammengeströmt: Wenn keiner so recht weiß, warum und was zu tun ist und wie es weitergehen soll, kann das kontraproduktiv sein. Viele Kranke sind überwältigt von der Menge der Freunde und Verwandten und von dem Gefühl der Dringlichkeit, der Lebensgefahr, das von ihren neuen schlimmen Bulletins ausgelöst wird. Als Verteidigung gegen ihre eigenen Gefühle von Schmerz und Ohnmacht beerdigen aber die anderen den Freund schon im voraus. So wollen sie vermeiden, daß sie während der verbleibenden Zeit mit ihm leiden müssen. Und sind nicht greifbar, wenn sie gebraucht werden.

Wenn eine Familie da ist, Verwandte in der Nähe sind, werden solche Situationen sorgfältiger kontrolliert. Sie achten darauf, daß die Nachricht angemessen gefiltert wird, daß Freunde nur in kleinen Gruppen oder einzeln zu Besuch kommen und nur dann, wenn man sie einlädt oder der Kranke nach ihnen verlangt. Aber wenn es keine Familie gibt, behält oft weder eine Einzelperson noch eine Gruppe den Überblick, und das Ergebnis heißt Chaos.

Wenn Ihre alleinstehende Freundin Sie nach der Diagnose ins Vertrauen zieht, können Sie sie ermutigen, es auch anderen mitzuteilen – aber nicht allen auf einmal. Helfen Sie ihr auch, die Anzahl derer zu begrenzen, die eingeweiht werden und die das Recht haben, darüber zu reden.

Wenn eine unheilbar kranke Frau keine nahen Angehörigen hat, kann es schwierig werden, ein Netz von Hilfsdiensten aufzubauen. Manche Leute wollen alles machen, den Haushalt und die Pflege übernehmen, obwohl die Kranke sie in dieser Rolle gar nicht unbedingt haben möchte.

Andere wiederum gehen immer davon aus, daß das, was sie tun könnten, längst von jemand anderem gemacht worden ist. Und wieder andere sind derart geschockt, daß sie überhaupt keine Initiative ergreifen. So tut manchmal jemand, der mit der Kranken eher flüchtig bekannt war, viel mehr, als erwartet werden konnte, weil die nahen Angehörigen in ihre eigene Trauer so verstrickt sind, daß sie als Tröster nicht taugen.

Mal angenommen, Ihre Freundin hat einen großen Freundeskreis. Es wird sich ergeben, daß jemand daraus zur engsten Vertrauten gemacht wird. Die gleiche Person wird folglich auch eine Art inoffizielle Sprecherrolle bekommen, und sie wird so zum Mittelsmann zwischen der Kranken und den andern Freunden. Wenn Sie diese Vertraute nicht sind, aber das Gefühl haben, Sie hätten es sein sollen, sagen Sie das nur ja nie. Vielleicht hat Ihre Freundin Ihnen diese Last gerade deshalb nicht aufbürden wollen, weil Ihre Beziehung zueinander so eng ist, weil sie Ihre Freundschaft bewahren will für gemeinsame Momente, die Ihnen beiden wichtig sind. Vielleicht fühlt sie sich wohler, wenn eine andere Freundin um sie ist, an der sie weniger hängt. Wir sind nicht unbedingt mit denen am engsten befreundet, die sich am rührendsten um uns kümmern – solange es uns gutgeht. Aber sie werden engste Freunde, wenn es um den Tod geht. Sollte sich abzeichnen, daß Sie von Ihrer Freundin als engste Vertraute und Mittlerin ausgewählt werden, machen Sie sich deutlich klar, ob Sie diese Rolle wollen und sie auch durchhalten können. Wenn Sie sich das nicht zutrauen, schlafen Sie eine Nacht darüber. Und wenn das ungute Gefühl bleibt, reden Sie mit Ihrer Freundin, sagen Sie ihr, daß Sie es nicht packen.

Angst springt uns leicht an, wenn wir während des letzten Stadiums eines Menschen eine Schlüsselrolle spielen sollen. Wenn es nur Angst ist, was Sie umtreibt, dann ist das normal. Es *ist* beängstigend. Schlafen Sie drüber – es kann durchaus sein, daß Sie feststellen, Sie können das Unmögliche ebensogut leisten wie sonstwer.

Wenn es aber mehr als nur Angst ist, sagen Sie es Ihrer Freundin freiweg. Es ist allemal besser, von Anfang an ehrlich zu ihr zu sein, als sie später im Stich zu lassen mit ihren Grübeleien, warum Sie zunehmend distanziert erscheinen oder offensichtlich immer weniger Zeit für sie haben, während sich ihr Zustand verschlechtert.

Falls Ihre Freundin sagt, sie fühle sich niemandem so verbunden wie Ihnen, sie wolle niemand anderen als Vertraute und Mittlerin, Sie sich aber überfordert fühlen, reden Sie mit ihr so liebevoll wie möglich darüber. Sagen Sie ihr, Sie wollten sicherstellen, daß sie alle Unterstützung und Pflege bekommt, die man nur haben kann. Schlagen Sie ihr vor, daß Sie Kontakt mit einem Hospiz, einer kirchlichen oder staatlichen Sozialstation aufnehmen wollen, und zwar jetzt gleich, damit zusätzliche Hilfe gesichert ist, wenn sie erforderlich wird. Über solche Dinge sollte man frühzeitig beraten. Es ist für Ihre Freundin, für Sie und alle anderen Beteiligten leichter, beizeiten ein Netzwerk von Hilfsdiensten einzurichten, das die ganze Zeit über trägt. Verbindung mit professionellen Pflegediensten aufzunehmen erweist sich auch dann als klug, wenn es jede Menge Angehörige und Freunde gibt.

Wenn Sie die Ihnen angebotene Rolle übernehmen, vergessen Sie die wichtigste Faustregel nicht: Unter keinen Umständen können Sie allein Ihrer Freundin alles sein, was sie sich wünscht oder was sie braucht.

Faustregel zwei: Niemand kann wissen, wieviel Zeit zwischen der Diagnose und dem Tod verstreichen wird. Versuchen Sie nicht, den Tod zu überholen. Bereiten Sie sich darauf vor, einen langen Atem haben zu müssen, auch wenn es sich so anhört, als bliebe nicht viel Zeit.

Die Ärzte mögen Ihrer Freundin ungefähr gesagt haben, wieviel Lebenserwartung sie noch hat. Aber das ist nur ein Anhaltspunkt. Die meisten Ärzte hassen es, eine ungefähre Zeitspanne angeben zu müssen, wenn es um eine tödliche Krankheit geht. Dennoch ist es durchaus verständlich, daß die meisten unheilbar Kranken wissen wollen, wie lange man ihnen noch gibt. Und wenn sie es wissen wollen, haben sie aus meiner Sicht das Recht, von den Ärzten den bestmöglichen Hinweis zu bekommen. Obwohl auch dann alle Beteiligten wissen sollten, daß es nur eine Annahme ist. Wie kurz die Zeit zwischen Diagnose und Tod auch sein mag, hüten Sie sich davor, Ihre Freundin mit Ihrer Liebe und Ihrer Aufmerksamkeit zu erdrücken – Sie verschleißen sich dabei selbst und sind am Ende nicht mehr in der Lage, zu helfen. Für Sie beide wäre das verheerend.

Kümmern Sie sich so liebevoll wie möglich um Ihre Freundin. Aber führen Sie auch Ihr eigenes Leben weiter. Verquikken Sie es nicht mit dem Sterbeprozeß. Das ist ebenso wichtig wie schwierig. Man kann in das Sterben eines Freundes oder eines Angehörigen dermaßen einbezogen werden, daß man sich vom Rest der Welt verabschiedet, nichts mehr damit zu tun haben will. Man kann sich gar nicht mehr vorstellen, daß von da draußen noch irgend etwas Sinnvolles kommen könnte. Das ist zwar nicht total verkehrt, wirft aber Probleme auf. Vor allem für jemanden, der für einen Todkranken die Hauptrolle spielt.

Familienmitgliedern ist die öffentliche Anerkennung ihrer Trauer und ihrer Aufopferung sicher, vor und nach dem Tod eines Angehörigen. Wenn Sie aber nicht zur Familie gehören, wenn Sie »nur Freundin« sind, wird man Ihr Engagement wenig bis gar nicht honorieren. Auch dann nicht, wenn Sie es sind, die Ihrer Freundin am meisten Unterstützung, Geduld, Zärtlichkeit und Liebe schenken. Sie müssen die Last Ihres Einsatzes wie die Last Ihrer Gefühle höchstwahrscheinlich ganz allein tragen.

Was über Freunde als Begleiter von Trauernden in diesem

Buch gesagt wurde, stimmt leider auch für Freunde als Begleiter Sterbender. Aus irgendwelchen Gründen gehen wir ganz selbstverständlich davon aus, daß Alleinstehende auch allein sterben, daß sie niemanden haben, der sich um sie kümmert, wie es in einer Familie üblich wäre. Wir scheinen durchaus bereit zu sein, nur Blutsverwandten das Recht zuzubilligen, Opfer zu bringen und einen geliebten Menschen zu betrauern. Und wir übersehen dabei, daß es Alleinstehende gibt, deren Freundeskreis ihnen viel mehr Familie ist als die eigene. Aus der Sicht gesellschaftlicher Wertschätzung und Anerkennung ist Ihre Rolle als Freundin einer Sterbenden ein einsamer Job. Und undankbar überdies.

Wenn Ihre Freundin noch viele andere Bekannte hat, werden Sie als die Auserwählte auch mit deren Ressentiments zu tun bekommen. Vielleicht wollte jemand anderes an Ihre Stelle gesetzt werden, mehr beteiligt sein. Sie werden es zu tun haben mit denen, die der Schock in Teilnahmslosigkeit sinken ließ, und mit solchen, die sicher sind, daß Sie schon alles richten werden. Es ist ganz wichtig, alle diese Leute von Anfang an auf die eine oder andere Weise mit einzuspannen. Es kann gut sein, daß Sie für diese Aufgabe die Fähigkeiten eines Friedensrichters mit denen eines Pfadfinderführers verbinden müssen. Aber Sie müssen den Einsatzwilllen und die Möglichkeiten anderer Freunde frühzeitig entdecken und nutzen. Das wird Ihnen unsagbar helfen, die Strecke hinter sich zu bringen – vor allem, wenn sie lang ist. Hüten Sie sich vor der Versuchung des Märtyrertums. Auch wenn Sie Ihre Freundin sehr liebhaben und sich überhaupt nicht wie ein Märtyrer fühlen, so hart Sie Ihr Engagement auch manchmal ankommen mag. Sie setzen sich zusätzlich unter Druck, wenn Sie nur noch Teil des Sterbens Ihrer Freundin sind. Tief in Ihrem Inneren fühlen Sie sich als guter Mensch. Es tut Ihnen auch gut, daß in dieser Zeit viele hohle Fassaden und Belanglosigkeiten Ihres bisherigen Lebens fallen. Sie erreichen die Grenzen Ihrer Gefühlswelt, Sie erfahren eine Stärke, die Sie sich vielleicht nie zugetraut haben. Das ist gut – und kann doch auch gefährlich sein. Sie versuchen vermutlich, zuviel zu tun. Sie fühlen sich als etwas Besonderes, weil Sie es sind, die Ihre Freundin erwählt hat;

Sie, die gebeten worden sind, die kostbaren letzten Monate mit ihr zu teilen. Dieses oft unterbewußte Gefühl, etwas Besonderes zu sein, erschwert es, andere mit einzubeziehen, auf sie zuzugehen, die Schock oder Apathie fernhalten. Die, die Ihre Freundin nicht an erste Stelle gesetzt hat. Seien Sie auf der Hut.

Auch solche Freunde, die nur begrenzt um Unterstützung gebeten wurden, nehmen Anteil. Beziehen Sie sie ein. Übertragen Sie Ihnen die Aufgabe, andere über den Gesundheitszustand der Kranken zu informieren. Bitten Sie sie um gelegentliche Einkäufe. Fragen Sie, ob sie die Kranke irgendwohin fahren können. Oder bitten Sie sie, einen Gebetskreis einzurichten. Es gibt so viele Möglichkeiten der Hilfe, wenn Menschen sich um einen anderen sorgen.

Freunde und Bekannte, die Angst davor haben, direkt einbezogen zu werden, müssen über diese Ängste reden dürfen. Und sie brauchen die Zusage, daß man sie bei ihren Besuchen unterstützt. Die wiederum, die glauben, ihre Hilfe sei nicht gefragt, müssen gesagt bekommen, daß jede Art der Unterstützung willkommen ist. Man kann die Freunde auch gelegentlich daran erinnern, daß ein Kartengruß – und sei es nur einmal in der Woche – für einen Kranken von Bedeutung ist. Einen Gruß zu schreiben ist nicht schwer und hält die liebevolle Anteilnahme aufrecht.

Wenn Sie an sich Anzeichen dieses Gefühls der Besonderheit bemerken, weil Sie die erwählte Hauptbezugsperson sind, seien Sie vorsichtig, vor allem dann, wenn Sie dazu neigen, aus diesem Grund andere Bekannte auszusperren. Machen Sie sich einmal mehr klar, daß Sie es unter keinen Umständen allein schaffen. Wenn Sie alle Verantwortung an sich reißen, sind Sie vielleicht ausgebrannt und verbraucht, bevor Ihre Freundin stirbt. Und dann lassen Sie sie vielleicht allein ohne irgend jemanden, der sich mehr als nur ein bißchen gebraucht fühlt und in der Lage wäre, für Sie einzuspringen.

Eine weitere Gefahr, die entsteht, wenn Ihre Freundin sich zu ausschließlich auf Sie verläßt, ist, daß sie allen Ärger im Zusammenhang mit ihrem nahenden Tod auf Sie konzentriert. Sie klagt vielleicht, Sie kümmerten sich zuwenig um sie. Das kann Ihnen auch dann passieren, wenn Sie sich in Wirklichkeit dreimal überschlagen haben, um dazusein und alles zum Besten zu richten.

Die Reaktion Ihrer Freundin ist durchaus normal. Man kann sehr selbstsüchtig werden, wenn die eigene Zukunft nur noch begrenzt ist und wenn man sieht, daß alle anderen in der Umgebung im Vergleich dazu eine offenbar grenzenlose Zukunft vor sich haben. Vielleicht sagt sie etwas wie: »Du bist gesund, du hast noch Jahre vor dir. Warum kannst du nicht ein paar lächerliche Tage mit mir verbringen?« Das ist erst recht ein Grund, andere Freunde verstärkt einzubeziehen. Deren Anteilnahme kann dazu beitragen, daß sich der Ärger Ihrer Freundin auflöst oder daß er zumindest auf mehrere Köpfe verteilt wird.

Es gibt aber auch Zeiten, da löst sich der Ärger nicht auf und läßt sich auch nicht verteilen oder beschönigen. Der Ärger ist real. Er hat gewöhnlich mit der Angst zu tun, alleingelassen zu werden, mit der Frustration wegen der Schmerzen und all dem Unbekannten, das mit Tod zu tun hat. Er hat nichts damit zu tun, daß Sie etwas falsch gemacht oder versäumt haben. Ihre Freundin und Sie müssen das im Auge behalten. Und es kann notwendig werden, daß Sie sie daran erinnern.

Wenn Sie sich gegen die Vorwürfe Ihrer Freundin nie wehren, werden Sie schnell zum leichten Ziel für jeden fehlgeleiteten Ärger. Sie finden sich als Prügelknabe wieder, und das kann dazu führen, daß sich Ihr Verhältnis abkühlt, bevor Ihre Freundin stirbt. Dann bleibt sie erst recht allein, und Sie bekommen es mit unbegründeten, aber dennoch sehr realen Schuldgefühlen zu tun.

Ein Gebiet, auf dem Sie sich mit anderen Freunden zusammentun sollten, betrifft rechtliche und finanzielle Fragen. Ihre Freundin hat Sie vielleicht gebeten, sich um ihre Angelegenheiten zu kümmern. Wenn Sie für so etwas geeignet sind und auch wissen, was es nach sich zieht, wenn es Sie nicht zusätzlich belastet, versprechen Sie es ihr. Es wird Zentnerlasten von ihr nehmen. Aber machen Sie sich in aller Deutlichkeit klar, was eine solche Zusage bedeutet. Sie kann einen enormen Aufwand bedeuten, auch noch nach dem Tod und der Beerdigung, und die Erfüllung des Versprechens kann ein ernsthaftes Hindernis bei Ihrer eigenen Trauerarbeit werden.

Sie tun gut daran, Ihre Freundin zu bitten, rechtlichen und/ oder finanziellen Rat einzuholen, um genau festzulegen, was alles dazugehört. Natürlich ist es schwer, die Bitte um Erledigung des Nachlasses abzulehnen, solange die Freundin noch lebt. Aber es kann noch viel schwerer werden, ihren letzten Willen tatsächlich zu erfüllen. Sie können sich erkundigen, ob es staatliche Stellen gibt, die Ihnen bei der Erledigung der Angelegenheiten behilflich sind. Sie können eine Rechtsberatung in Anspruch nehmen oder sich mit einem anderen Freund zusammentun. Wenn Sie diese Arbeit teilen, werden Sie ein Stück weit entlastet und brauchen sich nicht allein den Kopf zu zerbrechen. Behördenkram kann unangenehm sein und hinderlich bei Ihrer Trauer nach dem Tod Ihrer Freundin. Sie wird es im Zweifel lieber haben, daß Sie jetzt offen mit ihr reden, als daß sie Ihnen einen zusätzlichen Packen nach ihrem Tod aufbürdet.

Die Krankheit wird häufige Klinikaufenthalte nötig machen. Es kann ebensogut sein, daß Ihre Freundin die meiste Zeit über zu Hause verbringt. Vor allem wenn es um häusliche Pflege geht, müssen Sie einiges lernen. Versuchen Sie auch hier nicht, alles allein zu schaffen. Es mag ja sein, daß Sie es tatsächlich können, aber zumeist wäre das unklug.

Ein paar pflegerische Handgriffe zu lernen, das kann für Sie beide hilfreich sein. Eine Bettpfanne auszuleeren zum Beispiel ist einfach. Ab und zu eine Spritze zu geben, nach ärztlicher Anleitung und nach einiger Übung (an einer Orange, nicht an Ihrer Freundin) ist auch nicht schwer. Aber wenn Sie die ganze Pflege übernehmen, besonders dann, wenn sie nach und nach komplizierter und zeitaufwendiger wird, gerät Ihre Beziehung unter Druck. Sie haben keine Kraft mehr, um mit der Kranken das Wichtigste zu teilen – Ihre Freundschaft.

Es gibt in diesem Land eine Menge Sozialstationen, Einrichtungen der Diakonie und der Caritas, die in Hauspflege bewandert sind. Deshalb sollten Sie Ihre Freundin frühzeitig davon überzeugen, mit einer dieser Stellen Kontakt aufzunehmen. So lernt sie das Pflegepersonal kennen und die Dienstleistungen, und beides wird ihr weniger bedrohlich vorkommen. Meistens werden die Beziehungen zu Pflegerinnen oder Schwestern nachgerade familiär.

Ich habe schon früher darauf hingewiesen: Versprechen Sie niemals einem Kranken, in seiner Todesstunde bei ihm zu sein, wenn Sie nicht hundertprozentig sicher sind, daß Sie das auch erfüllen können. Die Wahrscheinlichkeit ist groß, daß Ihre Freundin nicht wissen wird, wer bei ihr ist, wenn sie stirbt. Aber wenn Sie es nicht schaffen, wachsen Ihre Schuldgefühle danach in einem krassen Mißverhältnis zu all dem Guten, das Sie die ganze Zeit über getan haben.

Taten sind sowieso besser als Versprechen. Wenn Sie tun, was Sie können, sagt das viel mehr aus als alle möglichen Versprechen, die Sie vielleicht nicht halten können.

Wenn Sie Ihrer sterbenden Freundin in jeder Beziehung zur Seite gestanden haben, haben Sie ein gutes Werk getan. Sie sollen auch wissen, daß Sie jetzt ein Recht auf Ihre eigene Trauer haben, ein Recht, das Sie einfordern können. Genieren Sie sich nicht zu sagen, daß Sie um Ihre Freundin trauern. Das müssen Sie sich besonders dann klarmachen, wenn Sie am Sterben dieser Freundin stark beteiligt waren.

Als »nur Freundin« und nicht Familienmitglied haben Sie keine öffentliche Anerkennung für Ihren Dienst erfahren und erfahren sie auch jetzt nicht während Ihrer Trauer. Die Dinge in Ihrer Umgebung haben sich vermutlich in genau dem Maß entwickelt, wie sie es auch sonst getan hätten, unabhängig davon, was für eine schwere Aufgabe Sie bewältigen mußten. Die meisten Menschen um Sie her haben die ganze Zeit über erwartet, daß Sie so sind wie immer. Man hat Ihnen keinen oder nur wenig Spielraum für Ihre Trauer gelassen. Es kann Ihnen widerfahren, daß Sie während dieser Phase der nicht anerkannten, von niemandem unterstützten Trauer eines Morgens aufwachen und das Gefühl haben, nichts auf dieser Welt lohne die Mühe. Ihre Familie nicht, Ihre Freunde nicht, nicht der Beruf, die Art, wie Sie leben, vielleicht nicht einmal Sie selbst. Sie denken: »Meine Freundin ist gestorben, und ich kann genausogut sterben. Wenn das alles ist, was mein Leben ausmacht, dann sollte ich mich vielleicht aufraffen und einiges in die Wege leiten. Es wird Zeit, daß ich meinem Leben ein paar andere Bedeutungen beimesse und ein paar neue Herausforderungen annehme.«

Das ist der Zeitpunkt, an dem Sie auf die Idee kommen, umziehen zu wollen, den Job zu wechseln und/oder alte Freunde gegen neue einzutauschen. Es ist nie schlecht, zwischendurch mal sein Leben Revue passieren zu lassen, aber die »Ein-Jahres-Regel« sollte auch hier eingehalten werden, egal, ob Sie einen nahen Angehörigen oder einen engen Freund verloren haben. Ihr Zuhause, Ihr Beruf, Ihre Stadt und Ihre weniger engen Freunde werden Ihnen in einem neuen Licht erscheinen, wenn Sie ein Jahr nach dem Tod verstreichen lassen, ohne größere Veränderungen in Ihrem Leben vorzunehmen. Nach einem Jahr haben Sie den größten Teil Ihrer Trauerarbeit hinter sich. Und die geballte Last, die sich aufgetürmt hat, während man von Ihnen erwartete, daß Sie möglichst normal funktionieren und man Ihnen von der Trauer nichts anmerkt, ist leichter geworden.

In der Zwischenzeit müssen Sie mit erstaunlich starken Gefühlen des Verlusts und der Selbstzweifel rechnen, die sogar in Selbsthaß umschlagen können und ohne Zusammenhang zu irgendwem und irgendwas in Ihrer Umgebung zu stehen scheinen. Das ist Teil Ihrer Trauer. Ihre Freundin, die Sie geliebt und die Sie umsorgt haben, ist tot. Sie waren an ihrem Sterben beteiligt.

Möglicherweise sagt Ihnen nie jemand, daß Ihre Gefühle mit Ihrer Trauer zu tun haben. Oder das sagt Ihnen doch jemand, aber Sie hören nicht darauf, weil es nur ein einziger ist. Vielleicht denken Sie auch, die Trauerarbeit eines Freundes, einer Freundin sollte begrenzt sein oder gar unterdrückt werden. Das ist Unsinn. Sie haben diese Freundin geliebt. Wenn wir jemanden verlieren, den wir geliebt haben, haben wir das Recht zu trauern. Und komme es, wie es wolle, wir werden trauern. Deshalb ist es viel besser, dieses Recht zu beanspruchen, als es zu leugnen und zusätzlich an vereitelter oder unvollständiger Trauer zu leiden.

Schließlich hat Ihre Freundin es verdient, daß man um sie trauert.

SIEBTES KAPITEL

Ein anderer Verlust – nicht an den Tod

Die Schwierigkeit, einen Verlust zu betrauern, der nichts mit dem Tod zu tun hat, liegt darin, daß es keinen Leichnam, keine Beerdigung und keine Schulter zum Ausweinen gibt. Es gibt kein traditionelles, kein gesellschaftlich relevantes Ventil für Trauer, die nicht einen Toten beweint.

Der Verlust der körperlichen Unversehrtheit, einer Beziehung oder des Vermögens zum Beispiel bringen keinen Nachruf in der Zeitung, da werden keine Gebeine zur letzten Ruhe gebettet, da gibt es keine Menschenansammlung, die die Tatsache festzurrt und dem Toten die Ehre erweist. Einen Verlust zu betrauern, der nicht mit Tod identisch ist, ist ein einsames Geschäft und kann die Hölle sein. Anfang und Ende dieser Trauer sind schwer zu beschreiben und lassen sich am ehesten mit verlorener und wiedergefundener Hoffnung definieren.

Ein Beispiel: Da überlebt ein Mensch einen Frontalzusammenstoß mit dem Auto, vom Hals abwärts gelähmt. Dieser Mensch wird seinen Verlust erst dann in ganzem Umfang betrauern, wenn er nicht nur die Lähmung akzeptiert, sondern die Tatsache, daß sie für immer bleiben wird. Und er kann nicht geheilt werden im Sinne von neuem Glauben an sich selbst und an seine Zukunft, solange er seinen Verlust nicht vollständig betrauert hat.

Scheidungsurteile können rechtskräftig werden, man kann aus der Wohnung ausgezogen sein, Besuchsregelungen sind getroffen worden, das Vormundschaftsgericht hat entschieden. Aber wenn einer der Beteiligten noch eine unrealistische Hoffnung auf Versöhnung hat, kann sich die Waagschale seiner Trauer nicht von Schmerz zu Heilung senken.

Die Abfindung mag aufs Konto geflossen sein, die Büroschlüssel sind abgegeben worden, aber wenn der Mensch immer noch neben dem Telefon sitzt und auf einen Anruf wartet, der nie kommt und der ihm den verlorenen Posten zurückgeben soll, dann behindert falsche Hoffnung seine Trauerarbeit.

Wie gehen wir als Freunde mit jemandem um, den eine solche Tragödie getroffen hat? Schlagen wir ihm mit einem Baseballschläger auf den Kopf und sagen zu ihm: »Da mußt du durch, Junge. Da gibt's nichts mehr zu hoffen. Steck's weg und heul ein bißchen«? Oder: »Da kommt bestimmt wieder ein Silberstreif am Horizont.« – »Es gibt immer ein Licht am Ende des Tunnels.« – »Gott schließt niemals eine Tür, wenn er nicht gleichzeitig ein Fenster öffnet.« – »Zieh dich am eigenen Schopf aus dem Sumpf. Du schaffst das schon.« – »Morgen ist auch noch ein Tag.« – »Du wirst daran reifen und wachsen.«

Wenn Sie so sind wie ich, dann haben Sie das eine oder andere tatsächlich schon einmal zu einem Freund in der Krise gesagt. Und Sie werden sich wie ich gewünscht haben, Sie hätten den Mund gehalten.

Man muß sich einfach klarmachen, daß dieser Mensch trauert. Und es gibt Fälle, in denen solche Verluste, die nicht Tod bedeuten, sogar noch tiefer gespürt werden. Eine Scheidung kann tiefere Wunden hinterlassen als der friedliche Tod des 88jährigen Großvaters. Für den Rest seines Lebens gelähmt zu sein kann ebensoviel oder noch mehr Leid bedeuten als der Tod eines ungeliebten, kalten Elternteils. Der Verlust eines Lebenstraums oder eines geliebten Berufs kann ebensogroßen Kummer bedeuten wie der Tod eines mehrfach behinderten Kindes.

Wenn Sie einem derart Trauernden Freund sein wollen, müssen Sie daran denken und auch akzeptieren, daß die Trauer tief und wahrhaftig ist. Wenn wir uns schon schuldig fühlen, weil wir Leute durch die Trauer um einen Toten hetzen, wieviel mehr müssen wir uns schuldig fühlen, weil wir Freunde durch ihre andere Art von Trauerarbeit treiben – wenn wir sie ihnen überhaupt zugestehen.

Jemand, der über eine persönliche Tragödie trauert, braucht genausoviel Verständnis, Zeit und Zuwendung wie jemand, der einen Toten beweint. Und er braucht die Zusage, daß es normal und akzeptiert ist zu trauern.

Dieser normale Trauerprozeß schließt Schock und Schmerz und Heilung ein, und er ist den beschriebenen anderen Trauerprozessen durchaus vergleichbar. Auch hier kann man helfen, indem man zuhört, redet, handelt und in den Arm nimmt.

Lassen Sie uns drei Hauptbereiche von schwerem Verlust näher ansehen: Behinderung, Scheidung und Arbeitsplatzverlust. Lassen Sie uns prüfen, was im Einzelfall an besonderer oder zusätzlicher Hilfe geleistet werden kann.

Behinderung

Es gibt viele Arten von Behinderung. Ich nehme als Beispiel eine plötzliche Querschnittslähmung. Aber viele der nun folgenden Vorschläge lassen sich auch auf andere Behinderungen übertragen.

Bevor ich als Pfarrerin ins Rehabilitations-Institut von Chikago ging, war ich der Meinung, mit sterbenden Kindern und ihren Familien zu tun zu haben sei das Schwerste, was einem als Klinikseelsorgerin passieren könnte. Ich habe mich geirrt. Für mich war die Reha-Klinik schlimmer.

Eine Rehabilitations-Einrichtung wie die in Chikago behandelt Patienten mit schweren körperlichen Gebrechen und zunehmend auch solche mit schweren Hirnverletzungen. Es gibt auch Unfallkrankenhäuser mit einer angeschlossenen Reha-Abteilung, aber normalerweise sind sie nicht so gut ausgestattet wie eine echte Reha-Klinik. Die, an der ich arbeite, ist, wenn Sie so wollen, ein Rolls-Royce unter vergleichbaren Einrichtungen in den USA.

Das liest sich so leicht. Aber im Alltag bedeutet es, daß diese Klinik für Patienten zuständig ist, die an den schlimmsten Behinderungen und Verstümmelungen leiden, die man sich vorstellen kann. Und ungeachtet der Sparpolitik der Regierung müssen viele von ihnen über Monate drinbleiben – lange genug für das Pflegepersonal, sie weit über ihre Krankengeschichte hinaus kennenzulernen, als Menschen.

Solche Nähe entsteht auch, wenn man sterbende Kinder oder Erwachsene begleitet. Aber es gibt einen gewaltigen Unterschied: Mit dem Tod kommt ein Ende. Mit schwerer, dauernder Behinderung kommt eine dunkle Wolke, die sich nie wieder ganz hebt. Sie mag heller werden, Routine stellt sich ein, man kann sie vergessen oder ignorieren für immer länger werdende Zeitspannen. Aber ganz weg geht sie nicht. Die verstümmelten Körperteile sind eine immerwährende Erinnerung an den Verlust. Deshalb finde ich es aufs Ganze gesehen viel schwerer, Pastorin für behinderte Menschen zu sein als für todkranke Kinder und deren Eltern. Die gleiche Schwierigkeit, die ich als Pfarrerin habe, taucht auch bei Freundschaften auf. Es kann durchaus härter sein, der Freund eines Behinderten zu bleiben, als jemanden zu begleiten, der den Verlust eines geliebten Menschen betrauert. Beide, Pfarrer und Freund, können vielleicht eher mit der Endgültigkeit eines Todes umgehen als mit dauerhafter Behinderung.

Es gibt zwei Faustregeln zu beherzigen, wenn Sie versuchen wollen, der Freund eines Menschen zu sein, der plötzlich behindert ist:

1. Am Anfang wird es für Sie leichter sein als für Ihren Freund, die Tatsache seiner Behinderung zu akzeptieren. Das gilt besonders, wenn Sie ihn im Krankenhaus besucht haben. Ausnahme von dieser Regel: Wenn Sie etwas damit zu tun haben, daß diese Behinderung eingetreten ist, etwa einen Unfall verursacht haben. Dann blocken Ihre Schuldgefühle jedweden Glauben an eine Behinderung des Freundes ab.
2. Es wird für Sie und für Ihren Freund schwerer, den Trauerprozeß weiterzuführen, wenn Ihnen klar wird, daß diese Behinderung offenkundig bleiben wird. Daß sie mit ihm verbunden ist, sichtbar, zu jeder Stunde jeden Tages jeder Woche. Es ist fast so, als wenn ein Vater gezwungen würde, sein totes Kind für den Rest seines Lebens mit sich herumzuschleppen – als andauernde, allgegenwärtige Erinnerung seines Verlusts.

Deshalb müssen Sie als Freund eines körperlich Behinderten folgendes sehen: Es kann sein, daß sein Grad von Hoffnung ein völlig anderer ist als der, den Sie für ihn haben, vor allem am Anfang. Und der Trauerprozeß kann viel länger und viel schwerer für Sie werden, als beide es sich je vorgestellt hätten. Aber es genügt nicht, das zu wissen, Sie müssen auch etwas tun: Sie müssen Ihren Freund so oft besuchen kommen, daß Ihre frühere Beziehung eine stärkere Gewichtung erhält als die Behinderung. Womit nicht gesagt sein soll, daß Sie diese Behinderung aus allen zukünftigen Diskussionen heraushalten sollen.

Wenn bei einem Menschen sehr plötzlich eine Behinderung eintritt, durchläuft er die schon bekannten Phasen: Schock, Schmerz, Heilung, durchsetzt von Hoffnung in mancherlei Gestalt. Für Sie als Freund ist es wichtig, nicht nur zuzuhören, sondern seine Hoffnung auch zu teilen, wenngleich ihm keine falschen Hoffnungen zu machen.

Als ich an meiner Reha-Klinik neu war – zum ersten Mal leistete man sich eine Pfarrerin auf einer Ganztagsstelle –, waren die einzigen Empfehlungen, die ich von den Ärzten bekam, solche, die mit dem Glauben an ein Wunder zu tun hatten. Etwa so: »Schauen Sie mal bei Gary Jones vorbei. Er sagt, Gott würde ihn zu Ostern heilen.«

Auf ein Wunder oder ein Wundermittel zu hoffen, das ist eine ganz normale Reaktion für jemanden, der für den Rest seines Lebens gelähmt ist. Es ist seine Art, sich nicht nur gegen die Tatsache zu verteidigen, daß ihm so etwas Schreckliches zugestoßen ist, sondern auch dagegen, daß es sein Leben lang nicht besser werden wird.

Die Hoffnung auf ein Wunder oder ein Heilmittel ist aber nicht nur eine Schockreaktion. Sie kommt immer wieder, in veränderter Form, verschwindet, taucht wieder auf. Das bleibt so, solange der Behinderte lebt. Wann immer ihm sein Leben mit der Behinderung zu lange allzu wirklich erscheint, wird er von einem Wundermittel träumen, obwohl er es nur noch selten anderen gegenüber äußert. Dies um so weniger, je länger der Ausbruch der Behinderung her ist. Gelegentliche Hoffnung auf ein Wunder ist nicht anormal, wenngleich unrealistisch.

Diese Hoffnung auf schnelle Linderung oder wundersame Heilung wird nur dann zum Problem, wenn darüber die täglichen Anstrengungen zu kurz kommen, das Leben so zu leben, wie es zur Zeit ist.

Wenn Ihr behinderter Freund sagt, er hoffe auf ein Wundermittel, hoffen Sie ruhig mit ihm – solange er sich dabei nicht aufgibt und versäumt zu tun, was er tun könnte, und zu sein, was er sein könnte, auch ohne Wunder. Sie könnten sagen: »Ich hoffe ja auch, daß du geheilt wirst, Joe. Aber du bist auch mein Freund, wenn es nicht gelingt. Und es ist wichtig, daß du deinen Körper trainierst, während wir warten und hoffen.«

Wenn es ein Heilverfahren für Joe geben sollte – phantastisch! Wenn es nicht wirkt, wird er es als erster wissen. Und Sie werden ihm helfen, in der Zwischenzeit mehr gelebt zu haben. Es ist die übliche und länger andauernde Form von Hoffnung bei Behinderten, daß, wenn sie nur hart genug an sich arbeiten, die Therapien machen, tapfer sind, sich anstrengen oder alles zusammen, ihre Kraft schon zurückkommen werde. Das ist eine Art Feilschen. Und manchmal zahlt sich die Feilscherei mit uns selbst sogar aus. (Feilschen mit Gott hingegen funktioniert nicht – aber das ist wieder ein anderes Kapitel.) Es kann nichts schaden, hart an sich zu arbeiten oder tapfer zu sein oder sich gut zu führen. Und doch hilft es vielleicht nicht so, wie Ihr Freund sich das erträumt hat.

Sie können am ehesten seine Bemühungen unterstützen und ihn gleichzeitig, wie früher, als den unterstützen, der er heute ist. »Ich hoffe so sehr, daß du eines Tages wieder laufen kannst. Aber du bist sowieso mein Freund, egal, ob du laufen kannst oder nicht. Du wirst immer mein Freund sein. Du bist wegen dieser Geschichte ja kein anderer Mensch, weißt du.«

Wenn Ihr Freund seine alte Kraft zurückgewinnt – großartig! Wenn nicht, dann haben Sie ihm geholfen, an sich selbst als jemanden zu glauben, der aller Mühen wert ist, egal, ob er laufen kann oder eben nicht. Diese und andere Arten der Hoffnung gibt es nicht nur im Anfangsschock nach dem Unfall. Sie kehren wieder bei jedem körperlichen Fortschritt, den Ihr Freund in Laufe der Jahre macht; kommen wieder, wenn in der medizinischen Forschung ein entscheidender Durchbruch erzielt worden ist, und manchmal auch, wenn es ihm zu schwer wird, mit seinem Leben als Behinderter klarzukommen.

Nach und nach jedoch verändert sich die Hoffnung eines

Menschen mit einer Behinderung. Sie wird mehr als der Wunsch, die normalen Funktionen des Körpers mögen zurückkehren. Es ist Hoffnung in ihrer reinsten Form.

Am Broadway wurde ein Stück mit dem Titel »Wessen Leben ist das denn überhaupt?« aufgeführt. Es handelt von einem Bildhauer, der nach einem Unfall querschnittsgelähmt war, und von seinem Kampf, den lebenswichtigen Katheter herauszureißen, um sterben zu können. Das Stück bringt die Frage der Selbstbestimmung auf den Punkt. Aber die Generallinie dieser Aufführung entspricht nicht dem, was tagtäglich abläuft, sosehr mich das selbst lange Zeit erstaunt hat. Es ist nicht das, was mit den vielen querschnittsgelähmten Patienten wirklich geschieht. Diese Leute wollen weiterleben – sie kämpfen darum, weiterleben zu dürfen.

Und wozu? Das habe ich mich lange gefragt. Was macht einem Querschnittsgelähmten das Leben lebenswert? Trotz Intensivmedizin und Rehabilitation, trotz mancher Verbesserung und erlernbarer Fähigkeiten kann so ein Mensch sich nicht selbst anziehen, nicht ohne fremde Hilfe essen, kann seine Körperfunktionen nicht vollständig kontrollieren und kann nicht mehr in 101 verschiedenen Positionen Sex haben (obwohl es auch hier Wege gibt).

Wäre jemand in solcher Lage nicht wirklich besser tot? Warum kämpfen trotzdem so viele Gelähmte erbittert darum, leben zu dürfen? Viel mehr jedenfalls, als sich das Leben nehmen wollen?

So jemand kämpft, glaube ich, nicht nur, weil der Tod ihn noch mehr ängstigt als so ein Leben, sondern weil er nicht aufhört zu hoffen. Hoffnung, wieder laufen zu können? Ja. Trotz aller individuellen Unterschiede habe ich noch nie einen Querschnittsgelähmten kennengelernt, der die Hoffnung total aufgegeben hätte, eines Tages wieder laufen zu können. Hoffnung auf einen medizinischen Durchbruch, Hoffnung auf ein Wunder Gottes – Hoffnung irgendwo ganz tief drinnen, Hoffnung, die nicht aufgibt.

Aber die Hoffnung, die einen Gelähmten befähigt, weiterzuleben, die ihn um dieses Leben kämpfen läßt, ist mehr als die, eines Tages wieder laufen zu können. Es ist eher eine

Hoffnung auf das Leben schlechthin, Hoffnung, daß irgendwann – heute, morgen, nächstes Jahr – dieses Leben besser sein wird als jetzt. Viele Querschnittsgelähmte versuchen, ihrem Leben Tiefe und Größe zu geben, zu wachsen und zu lernen, zu geben und Erfahrungen zu sammeln. Darin unterscheiden sie sich kein bißchen von Ihnen und mir. Für alle Menschen ist die Hoffnung die Nahrung für morgen, der Anker für die Seele. Und wenn wir die Hoffnung aufgeben, geben wir unser Leben auf – ob wir nun behindert sind oder nicht.

Deshalb besteht Gefahr, wenn wir, die wir nicht gelähmt sind, annehmen, diejenigen, die es sind, wären besser tot: Wir berauben sie jener nicht faßbaren menschlichen Eigenschaft der Hoffnung, die auch dann nicht stirbt, wenn das Rückenmark verletzt ist. Hoffnung stirbt nur dann, wenn jemand kein Morgen mehr hat.

Sie können einem Behinderten Freund sein, wenn Sie Ihren Glauben an ihn mit ihm teilen – und Ihren Glauben an den Sinn des Lebens. Damit helfen Sie ihm, jeden Tag zu leben, ohne ihm die Hoffnung auf ein Wunder zu nehmen, denn darauf hat er ein Anrecht. Sie helfen ihm bei den Bemühungen, seine Kraft wiederzuerlangen, und versichern ihm gleichzeitig, daß er ein liebenswerter Mensch mitten in seinem Kampf ist. Und weil Sie ihm Freund sind in einer schweren Zeit, zeigen Sie ihm einen der wichtigsten Gründe auf, weswegen zu leben lohnt: die Liebe einer wahren Freundschaft. Hoffnung, realistische wie unrealistische, ist Teil des aktiven Trauerprozesses Ihres Freundes und darüber hinaus. Aber es ist nicht die einzige Komponente in diesem Prozeß.

Ihr Freund, der plötzlich mit Behinderung konfrontiert ist, wird großen Schmerz erleiden, vergleichbar dem, der einen Toten betrauert, und zwar von dem Augenblick an, wo er sich selbst erlaubt, seine Behinderung als unabänderlich anzusehen. Zu diesem Zeitpunkt, wenn er die Schmerzphase seiner Trauer beginnnt, ist es meist schon lange her, seit die Behinderung auftrat. Schock und akuter Schmerz wechseln einander häufig ab, bevor der dumpfe Schmerz überwiegt.

Sie denken vielleicht, Ihr Freund komme zwei, drei Monate nach dem Unfall schon ganz prima zurecht. Dabei wird ihm gerade erst klar, daß seine Behinderung für immer sein wird. Der Schmerz aktiver Trauer fängt jetzt erst an.

In dieser Welt haben die meisten erwachsenen Menschen genug Erfahrung mit dem Tod, um intellektuell zu wissen, daß er für immer ist. Die meisten von ihnen haben Erfahrung mit dem Tod eines Menschen, den sie liebhatten, hinter sich. In dieser gleichen Welt haben die meisten Menschen aber keine eigene Erfahrung damit, daß eine Behinderung für alle Zeiten bleiben kann. Lähmungen oder andere Behinderungen gehören nicht zu den Lieblingsgedanken in unserer Gesellschaft.

Deshalb braucht Ihr Freund vielleicht viel länger, als Sie erwartet haben, um mit seiner Trauer über die Behinderung überhaupt anzufangen. Tatsächlich gibt es einige wenige Leute, die diesen Prozeß überhaupt nie durchmachen. Sie springen vom Schock in eine Art unvollständiger Heilung. Dies ist zu kompliziert, um hier näher darauf einzugehen. Es muß genügen, darauf hinzuweisen, daß es ein ähnliches Verhaltensmuster ist wie bei traditionell erzogenen Männern und deren Umgang mit der Trauer um einen geliebten Menschen. Vom Schock zur Heilung im Zeitraffer. (Siehe fünftes Kapitel.)

Wie lange diese schmerzliche Phase der Trauerarbeit dauert, hängt von unterschiedlichen Faktoren ab – von viel mehr Faktoren, als bei der Trauer um einen geliebten Menschen mitspielen. Von großer Bedeutung ist es, was für innere und äußere Hilfsmittel Ihrem Freund schon vor dem Unfall zur Verfügung standen. Es gibt einen traurigen Witz, den man rund um die Reha-Klinik hören kann: »Wenn du schon einen Querschnitt kriegen mußt, mach vorher den Doktor und such dir einen Schreibtischposten.«

Wie oft werden Menschen bei Unfällen verletzt und sind danach für immer behindert, die in einem handwerklichen Beruf tätig waren oder so jung sind, daß sie ihre Ausbildung noch gar nicht fertig haben!

Wenn jemand eine Ausbildung abgeschlossen und tatsächlich einen Schreibtischjob hat, wird es für ihn leichter sein, seine Behinderung zu akzeptieren. Aber genauso wichtig sind Familie und Freunde wie Sie, die den Kontakt zu ihm halten und ihn sanft, aber beharrlich davon überzeugen, daß er ein wertvoller Mensch ist – einer Liebe und einer Freundschaft wert, egal, ob behindert oder nicht.

Dabei kann man sich gut auf seine Pluspunkte konzentrieren. Das darf aber nicht dazu führen, daß man sein tiefes Bedürfnis nach Trauer um seinen Verlust ausschließt. Diese Erfahrung muß er machen dürfen, und der Schmerz wird kommen, sobald ihm bewußt wird, daß diese Behinderung für immer bleiben wird.

Zu Beginn der Trauer über eine plötzliche Behinderung ist das Gefühl, in der Falle zu sitzen, so überwältigend, daß es alle anderen Empfindungen überdeckt. Unglücklicherweise ist das meist genau der Zeitpunkt, zu dem die Entlassung aus der Reha-Klinik ansteht. Das heißt, während der Patient fast untergeht in panischer Angst und dem Schmerz um seinen Verlust, muß er auch noch weitreichende Entscheidungen für seine Zukunft fällen.

Alles kommt zusammen: die Angst davor, in einem verkrüppelten Körper gefangen zu sein, seinen Verstand nicht mehr benutzen zu können, finanzielle Notlagen gewärtigen zu müssen, nicht zu wissen, wie die Lebensumstände, die ärztliche Versorgung, die soziale Sicherheit, das berufliche Fortkommen, das Miteinander mit der Familie sein werden. Das sind die Kobolde, mit denen sich Ihr Freund herumschlagen muß, und zwar zusätzlich zu Angst und Schuld und Hoffnungslosigkeit. Das treibt ihn um, während er versucht, mit seinem Schmerz umzugehen und der Notwendigkeit, konkrete Entscheidungen zu treffen.

Wenn Sie auf irgendeinem dieser Felder greifbare Hilfe anbieten können, dann tun Sie es. Wenn Sie nur einen Bruchteil des Drucks für eine kurze Zeitspanne von dem Kranken nehmen können, ist das schon eine große Hilfe. Aber vergewissern Sie sich, daß Sie jede Verpflichtung erfüllen können, die Sie jetzt eingehen. Und wenn Sie auch nur leiseste Zweifel daran haben, lassen Sie es lieber ganz sein. Ihr Freund fühlt sich in seinem derzeitigen Leben schon genug zurückgesetzt.

Und wie geht es Ihnen in dieser ganzen Geschichte? Es wird Sie vermutlich erstaunen, daß Sie mit der Trauerarbeit um seinen Verlust langsamer vorankommen als er selbst, nachdem er aus dem Krankenhaus entlassen wurde.

Der entscheidende Punkt, um an seine endgültige Behinderung zu glauben, kommt, wenn Sie ihn zum ersten Mal nach der Entlassung aus der Reha-Klinik sehen. Bis jetzt haben Sie ihn wahrscheinlich nur im Krankenhaus gesehen oder bei einem Wochenendbesuch zu Hause, von dem aus er wieder in die Klinik zurückgebracht wurde. Krankenhauspatienten haben es an sich, nicht gut beieinanderzusein, anders auszusehen als sonst. Es ist nicht schwierig, zu begreifen, daß jemand gelähmt ist, wenn wir ihn in der Klinik im Rollstuhl sehen.

Aber wenn er entlassen wird, ist er kein Krankenhauspatient mehr. Er darf noch eine Zeitlang angegriffen sein und schwach, aber dann erwartet man von ihm, daß es ihm besser geht und daß er wieder heil ist.

Ihr Freund hat nun schon ein paar Monate lang als ein Mensch gelebt, der bestimmte Teile seines Körpers nicht mehr bewegen kann. Die Tatsache seiner Unbeweglichkeit fängt erst jetzt an, ihm in aller Schärfe bewußt zu werden.

Vielleicht haben Sie ihn nur selten besucht, ihn nur im Krankenhaus gesehen. Daß er nicht nur gelähmt ist, sondern es auch für immer bleiben wird, diese schmerzhafte Erkenntnis trifft Sie, wenn Sie ihn nun zu Hause besuchen und er immer noch nicht laufen kann; er sitzt im Rollstuhl.

Sie können nicht mal eben mit ihm um die Ecke huschen, um sich eine Bockwurst einzuverleiben. Sie können nicht mit ihm zum Tennis fahren. Sie können nicht mal eben den Bus nehmen, um ins Kino zu gehen. Es dämmert Ihnen, daß eine bestimmte Art ehemals selbstverständlicher Spontaneität aus Ihrer Freundschaft für immer verschwunden ist. Zu Ihrer Trauer um das, was der Freund verloren hat, kommt tief in Ihrem Inneren auch die Trauer um den möglichen Verlust Ihrer Freundschaft. Nicht nur, daß die Dinge nie wieder so sein werden, wie sie einmal waren – sie werden nicht einmal entfernte Ähnlichkeit damit haben.

Sie werden alsbald feststellen, daß solche Überlegungen nicht nur beängstigend sind, sondern auch zutiefst illoyal. Sie schieben sie zur Seite. Ihr Freund ist ein guter Freund. Sie werden ihn nicht im Stich lassen. Sie werden dasein!

Und Sie sind da. Aber es wird darauf ankommen, wie Sie da sind und wie Sie mit Ihren Gefühlen klarkommen. In den nächsten Monaten wird das besonders wichtig sein, wenn Sie wirklich eine dauerhafte Freundschaft mit dem Kranken teilen wollen.

Ich habe darauf hingewiesen, daß es zwei Dinge gibt, an die man denken, und eine Sache, die man tun muß, wenn man mit einem Behinderten befreundet sein will. Erforderlich sind Besuche, ist Kommunikation, und zwar häufig genug, um die Tiefe Ihrer früheren Beziehung stärker werden zu lassen als die Behinderung. Allerdings ohne den Verlust in zukünftigen Gesprächen auszuklammern.

Häufig genug: Das ist im Augenblick das Schlüsselwort.

Leute machen bei erst seit kurzem Behinderten häufig den Fehler, sie nach der Entlassung aus der Klinik zu Hause mit Aufmerksamkeit und Zuwendung zu überschütten. Das erweist sich fast immer als falsch. Ihr Freund braucht Zeit und Muße, um mit seiner Lage fertig zu werden. Und Sie brauchen dies auch. In dem Kapitel über Sterben habe ich vom Blutsauger-Syndrom gesprochen, bei dem Angehörige und Freunde sich auf zwei Ereignisse konzentrieren: auf die Nachricht vom Todesurteil (die Diagnose »unheilbar«) und auf den endgültigen Tod.

Nun, Ihr Freund liegt nicht im Sterben. Tatsächlich ist er vielleicht sogar in hervorragender körperlicher Verfassung, von der Behinderung einmal abgesehen. Aber seine Heimkehr ist seine Art von Auftritt. Zum ersten Mal werden viele Leute es leichter finden, ihn zu besuchen, werden sich fast wohl fühlen dabei, einigermaßen sicher sogar, denn sie wissen, daß höchstwahrscheinlich Angehörige und andere Freunde auch dasein werden.

Und so ist das Haus voll von Leuten, die willkommen heißen und Gutes wünschen, und am Telefon melden sich auch noch ein paar. Eine Zeitlang. Dann ist das Haus vermutlich nur noch von Stille erfüllt.

In einer Freundschaft zu einem Menschen, der erst kürzlich mit einer Behinderung nach Hause entlassen wurde, nehmen Sie sich Zeit und geben ihm die seine, ohne jemals den Kontakt ganz abreißen zu lassen oder die Kontinuität nicht mehr zu wahren. Gehen Sie davon aus, daß das für Sie beide nicht leicht wird.

Viele wohlmeinende Leute sind zu Anfang ungeheuer nett zu dem Behinderten – bis ihnen aufgeht, daß sich sein Zustand nicht mehr ändern wird. Wenn diese bittere Erkenntnis einsetzt, sehen sie plötzlich auch die Barrieren, die in einer Freundschaft zu einem behinderten Menschen zwangsläufig enstehen, zumal dann, wenn Hilfsmittel wie Rollstuhl, Zeichensprache oder Blindenschrift unerläßlich sind.

Joes treuer Freund zu bleiben erscheint Ihnen langsam, aber sicher ein Ding der Unmöglichkeit. Eine Zeitlang mal hinzugehen und bei ihm rumzuhängen, das ist noch drin. Aber dann kommt mit den Schuldgefühlen und den Ressentiments die Erkenntnis, daß es das sein wird, was Sie mit Joe anfangen können – bei ihm rumhängen. Und früher sind Sie doch mit ihm zum Kegeln gegangen, zum Angeln gefahren. Bald werden Ihre Besuche seltener werden – und dann ganz aufhören.

Wenn Sie einem behinderten Menschen Freund sein wollen, solange seine Behinderung andauert – und das ist voraussichtlich sein Leben lang –, dann fangen Sie langsam, aber regelmäßig an. Gehen Sie gelegentlich mal hin, rufen Sie zwischendurch an, schreiben Sie eine Karte. Fragen Sie sich selbst, wie oft Sie mit Joe vor seinem Unfall zusammen waren. Wenn das sehr oft war, haben Sie jetzt vielleicht das Gefühl, Sie könnten daran nicht anknüpfen. Vielleicht kann er das auch nicht! Aber wenn Sie ihm mal schreiben oder ihn anrufen, weiß er zwischen Ihren Besuchen, daß Sie ihn nicht vergessen haben.

Vermutlich wird es jetzt schwieriger, mit Ihrem Freund etwas außerhalb des Hauses zu unternehmen. Aber vielleicht doch nicht so kompliziert, wie er und Sie es sich vorgestellt haben. Nach den ersten beiden Malen wird es leichter.

Vorausgesetzt, Ihr Freund hat eine gute Rehabilitations-Behandlung hinter sich, dann weiß er, was er braucht, um auszugehen. Sie wollen, daß er an einem Ausflug mitmacht, und sagen ihm das. Fragen Sie ihn, was Sie tun können, damit alles klappt. Um einiges kann er sich selbst kümmern. Anderes, wie etwa den Rollstuhl die Treppen rauf- und runterzukriegen, bedarf der Hilfe.

Zu Anfang müssen solche Ausflüge im voraus bedacht und geplant werden. Je häufiger Sie es einfach wagen, um so besser geht es. Bald ist das nur noch eine Frage der Routine. Und mit der Routine kommt auch ein Stück Spontaneität zurück. Eines Tages stellen Sie fest, daß Sie den Rollstuhl gar nicht mehr sehen, den Blindenhund oder die Krücken. Und das gibt Ihnen einen gewaltigen Aufschwung. Sie wissen, daß Sie und Ihr Freund sich gemeinsam über etwas freuen können und daß die Dinge zwar nicht so sind wie früher, aber trotzdem nicht schlecht. Es geht aufwärts.

Aber habe ich nicht etwas vergessen? Was sollen Sie sagen? Was – nach all diesen Monaten des Schocks und des Schmerzes und der Heilung? Was sagen Sie?

Was für das Trauern gilt, gilt auch hier. Wenn Sie sich als Freund im Zuhören erweisen, hören Sie seinem Zorn, seinen Schuldgefühlen, seinen Zweifeln an Gott und all den anderen Gemütsbewegungen zu. Geben Sie ruhig zu, daß das, was Ihrem Freund widerfahren ist, furchtbar ist. Verstärken Sie seine Hoffnung. Versichern Sie ihn seines Wertes. Urteilen Sie nicht vorschnell. Und halten Sie die Verbindung aufrecht zu Zeiten, in denen er nicht mit Ihnen sprechen will.

Zeigen Sie ihm, daß er nach wie vor Ihr Freund ist, indem Sie ihn in den Arm nehmen. Manchmal fühlen sich behinderte Menschen einfach häßlich und nicht mehr liebenswert. Niemand fühlt sich gern so. Sagen Sie Ihrem Freund, er sei nach wie vor liebenswert und einer Zärtlichkeit wert, indem Sie zärtlich zu ihm sind. Wenn seine Krankheit in irgendeiner Weise ansteckend ist, beachten Sie die medizinischen Vorsichtsmaßnahmen. Aber anfassen können Sie ihn auch dann, und sei es mit einem desinfizierten Handschuh.

Was ist mit dem Gebrauch von Wörtern wie rennen, rasen,

laufen, schauen oder hören, wenn Ihr Freund das nicht mehr kann?

Keiner ist wie der andere. Aber in vielen Fällen tun solche Worte im ersten Stadium der Behinderung sehr weh – zumal, wenn Ihr Freund gerade erst anfängt zu begreifen, daß es keine Heilung für ihn gibt. Davon, daß man solche Wörter ängstlich vermeidet, geht die Lähmung, die Blindheit, die Taubheit auch nicht weg. Dennoch verwende ich sie im ersten Stadium der Trauerarbeit bei Behinderungen nur sehr vorsichtig. Noch vorsichtiger gehe ich damit um, wenn ich über etwas klage. Darüber, daß ich zu Fuß zur Arbeit gehen muß bei Wind und Wetter. Oder darüber, daß ich bis in die Puppen Korrektur lesen muß. Oder darüber, daß ich endlos langweilige Reden anhören muß.

Natürlich weiß ich, daß die paar Wörter die Behinderung meines Freundes nicht schlimmer machen. Aber in eine frische Wunde reibt man auch kein Salz.

Sicher gibt es andere, die in der Rehabilitationsarbeit tätig sind und mir widersprechen würden. Ebenso wie manche Leute, die eine Zeitlang mit Behinderungen gelebt haben und solche Phasen spielend wegstecken. Aber da, wo ich arbeite, sind die Wunden noch frisch und tun weh – mehr, als wir uns vorstellen können und es uns wünschen sollten. Deshalb werde ich auch weiter Vorsicht walten lassen, wenn ich mit einem behinderten Menschen rede. Er leidet schon genug.

Vielleicht sind ein paar Anhaltspunkte nützlich, um einen Patienten in dieser ersten Schmerzphase der Trauer zu erkennen:

Er zieht sich häufiger zurück. Seine Begeisterung fürs Training hält sich in Grenzen. Er spricht kaum noch von Hoffnung. Er bekommt Anfälle von Zorn, Schmerz, Schuld und/oder Hoffnungslosigkeit. Körperliche Symptome sind nicht erkennbar.

Wenn der Schmerz der Trauer nachläßt und die Heilung beginnt, wird Ihr Freund zunehmend darangehen, seinen Alltag trotz der Behinderung in den Griff zu bekommen. Wenn das eintritt, wird es erst recht wichtig für Sie, Joe als Ihren Freund anzusehen. Er ist schließlich erst in zweiter Linie behindert.

Joe sollte einfach Joe sein. Arbeiten Sie daran. Joe. Pause.

Nicht »mein armer behinderter Freund« oder »der behinderte Junge« oder »der Knabe im Rollstuhl«. Nur Joe. Es macht vieles leichter. Und es erinnert Sie und andere Freunde und Joe selbst daran, daß sein Rollstuhl (sein Blindenhund, seine Zeichensprache) Mittel zum Zweck der Mobilität sind und nicht ein Teil von ihm.

Wenn es einmal aus Gründen der Vernunft notwendig sein sollte, Joes Rollstuhl zu erwähnen, dann ist das in Ordnung. Aber halten Sie sich dazu an, an Ihren Freund nicht in der Terminologie der Behinderten zu denken oder von ihm zu sprechen. Ein Mensch mit einer Behinderung ist vor allem ein Mensch. Je mehr Sie an ihn als eine intakte Person denken und sich ihm verbunden fühlen, desto mehr teilen Sie mit ihm und anderen den Lernprozeß, sich auch so anzusehen. Sie teilen dabei nicht nur Ihre eigene Veränderung im Denken, sondern auch seinen Heilungsprozeß. Es ist ein gängiger Fehler im Umgang mit einem Behinderten, nicht die eine Behinderung zu sehen, sondern ihn als total behindert einzustufen. So, daß er fast gar nicht mehr existiert. Das kann man in Restaurants beobachten, wenn der Kellner zu dem Begleiter eines Rollstuhlfahrers sagt: »Was möchte er essen?« Als ob der Mensch nicht nur nicht laufen, sondern auch nicht hören oder reden oder denken könnte.

Machen Sie sich und anderen klar, daß ein Mensch im Rollstuhl normalerweise alles kann, was andere auch können – außer laufen. Und daß normalerweise jemand mit einer Behinderung nicht auch noch geistig behindert ist und seine fünf Sinne sehr wohl beisammen hat.

Ein Rollstuhl gehört zur Privatsphäre seines Besitzers. Das ist kein Möbel, um sich selbst dranzulehnen oder Sachen daran aufzuhängen. Erwachsene und vor allem Jugendliche im Rollstuhl hassen es, wenn man ihnen den Kopf tätschelt oder sie behandelt, als seien sie Kleinkinder.

Rollstuhlfahrer sind auch dankbar, wenn Sie sich für mehr als ein flüchtiges Hallo in ihrer Nähe hinsetzen. Dauernd mit dem Kopf im Nacken reden zu müssen tut weh.

Wenn Ihr Freund sich vom Rollstuhl in einen Sessel umsetzt, schieben Sie den Stuhl nicht außer Reichweite, ohne ihn vorher gefragt zu haben. Und sagen Sie ihm, wo der Rollstuhl jetzt steht.

Wenn Ihr Freund blind ist, sagen Sie ihm, wer und wo Sie sind, wenn Sie auf ihn zugehen. Und wenn noch andere da sind und Sie sich direkt an ihn wenden, drücken Sie sich so aus, daß er das weiß.

Wenn Ihr Freund einen Blindenhund hat, gehen Sie nicht davon aus, daß dies ein Tier zum Streicheln ist. Die meisten Menschen mit solchen Hunden behandeln sie als das, was sie sind – ausgebildete Profis nämlich – und erlauben nur wenigen Leuten oder gar niemandem, mit ihnen zu spielen oder sie zu streicheln, während sie an der Arbeit sind. Blindenhunde streichelt man nicht, man spielt nicht mit ihnen und man lenkt sie nicht ab.

Bedenken Sie auch, daß Ihr Freund zu seinem Hund eine sehr enge Beziehung hat. Wenn ihm etwas zustößt oder er eingeschläfert werden muß, kann das für seinen Besitzer zum Trauma werden. Bringen Sie seinem Kummer soviel Sympathie entgegen, als wäre ihm ein Freund gestorben.

Gehen Sie nicht davon aus, daß Blinde unbedingt Blindenschrift lesen können oder daß ihre anderen Sinne besonders verfeinert wären. Bei manchen ist das der Fall, aber sicher können Sie nicht sein.

Wenn Sie mit einem blinden Freund einen Ausflug machen, könnten Sie ihm erzählen, was Sie sehen. Fragen Sie ihn, ob er das will. Sogar Leute, die von Geburt an blind sind, haben daran Spaß. Wenn Sie mit einem Blinden spazierengehen, der weder einen Hund noch einen Stock hat, reichen Sie ihm Ihren Arm und lassen Sie ihn einen Schritt hinter sich gehen. Das gibt ihm Sicherheit. Ihr Freund kann durchaus blind sein und trotzdem noch das Gefühl haben, er könne etwas erkennen. Wenn Sie wissen wollen, ob er das eine oder andere sehen kann, fragen Sie ihn. Gehen Sie nie davon aus, daß er es sieht.

Wenn jemand in reiferem Alter taub wird, ist es für Leute, die ihn nicht kennen, schwer bis unmöglich, seine Behinderung wahrzunehmen. Wenn er jedoch nie einen Laut gehört oder Geräusche vergessen hat, hört sich seine Sprache sehr merkwürdig an. Leute, die ihn nicht kennen, halten ihn leicht für geistig behindert. Gehen Sie nie davon aus, daß jemand, der anders redet als Sie, zurückgeblieben ist. Finden Sie heraus, ob er schwerhörig oder taub ist, und fragen Sie ihn, wie eine Kommunikation mit ihm möglich wäre.

Wenn er schwerhörig ist, schreien Sie ihn nicht an. Sprechen Sie deutlich, nahe an seinem Gesicht, schauen Sie ihn dabei an. Er kann von Ihren Lippen ablesen, obwohl das nicht ausreicht, um jedes Ihrer Worte zu verstehen. Haben Sie Geduld, wenn Sie etwas wiederholen müssen, was er nicht verstanden hat.

Wenn es Ihnen gelingt, eine Zeichensprache zu lernen, dann ist das sehr gut. Vergewissern Sie sich, daß es die gleiche ist, die Ihr Freund gelernt hat – es gibt mehrere. Aber gehen Sie nicht davon aus, daß alle tauben Menschen eine solche Sprache erlernt haben. Manche suchen andere Wege der Kommunikation. Seien Sie bereit, aufzuschreiben, was Sie sagen wollen, bis Sie und Ihr Freund ein besseres System entwikkelt haben.

Und schließlich: Was ist zu tun, wenn Ihr Freund oder eine andere behinderte Person offensichtlich in einer problematischen oder gefährlichen Lage ist? Fragen Sie, ob er Hilfe braucht. Es sei denn, die Gefahr ist akut. Wenn ein Blinder in ein Auto zu laufen droht, handeln Sie zuerst und fragen Sie später! Wenn Ihre Hilfe angenommen wird, bitten Sie ihn um Rat, wie Sie am effizientesten helfen können.

Es gibt Unmengen von lustigen und überhaupt nicht lustigen Geschichten, in denen Behinderte von wohlmeinenden Zeitgenossen angeblich aus drohender Gefahr gerettet wurden und sich in Situationen wiederfanden, in die sie selbst nicht hineingeraten wären. Wenn es nicht um akute Gefahr geht, fragen Sie, ob ein Mensch Hilfe braucht. Wenn ja, soll er Ihnen einen Hinweis geben, wie das am besten machbar ist.

Eines Tages können Sie mit Ihrem Freund auch wieder über sich reden. Sie haben die schwerste Hürde genommen – die Ihrer eigenen und Ihres Freundes Trauerarbeit.

Sie haben sich Zeit genommen und ihm die seine gelassen, und Sie haben die Verbindung aufrechterhalten.

Sie haben alles bewältigt, worauf es bei Ausflügen ankommt. Sie haben manchen Trick gelernt und Routine gewonnen. Sie waren sanft zu Ihrem Freund an den Tagen, an denen sein Schmerz über den Verlust schneidend war. Sie haben Worte vermieden, die diesen Schmerz noch verschärft hätten. Sie haben ihn gefragt, wie Sie ihm am besten helfen können.

Alles in allem – Sie waren ein Freund. Und nun bricht wieder eine Zeit der Gegenseitigkeit an. Nun können und sollen Sie zulassen, daß sich Ihr Freund um Sie kümmert. Daß er fragt, was Sie bedrückt. Er ist jetzt dazu bereit, entschlossen und in der Lage. Und er hat nach Ihrer gemeinsamen Erfahrung dafür mehr Gespür und Verständnis als mancher andere.

Wenn man entdeckt, daß ein Kind behindert ist

Die Entdeckung, daß ein Kind oder Enkelkind mit einer Behinderung geboren wurde, ist Auslöser schrecklicher Sorgen, denn Kinder sind unser Bindeglied zur Unsterblichkeit. Wir trauern dann um all die verlorenen Hoffnungen und Träume, die sich in diesem Kind aufgrund seiner Behinderung nicht erfüllen werden. Aber auch wenn es am Anfang ganz schlimm aussehen sollte, dürfen wir nicht in Hoffnungslosigkeit untergehen.

Wenn Ihre Freundin ein behindertes Kind zur Welt gebracht hat, wird sie die ganze Gefühlsskala der Trauer durchmachen. Es ist für Ihre Freundin und ihren Mann schwierig, zuzugeben, daß sie vielleicht trauern, weil das Kind lebt und in seiner Unschuld geliebt werden will. Sie fühlen sich schuldig, weil sie trauern. Aber Trauer ist in einem solchen Fall für Eltern wie Großeltern normal; das heißt nicht, daß sie das Kind nicht liebhätten. Gewiß gibt es auch Fälle, in denen die Eltern eines behinderten Kindes es wirklich nicht lieben und/oder es nicht aufziehen wollen. Sie geben es zur Adoption frei. Und es steht uns nicht zu, darüber zu richten. Aber viel öfter wird so ein Kind von den Eltern geliebt. Sie geben sich alle Mühe, es zu umsorgen. Auch dann, wenn sie es nicht zu Hause behalten können.

In meinem ersten Buch »Ich habe nicht umsonst geweint« (Zürich 1979) schrieb ich über die Reaktion zweier Mütter auf ihre behinderten Kinder. Der eine kleine Junge – er ist jetzt schon über zehn Jahre alt – ist mongoloid. Der andere hatte eine schwere Epilepsie und starb bald nach der Geburt. (Was nicht heißt, daß Kinder an einer solcher Anfallskrankheit sterben müssen.) Ich erinnere hier an die beiden Fälle, weil sie ein Licht auf die Gefühle Ihrer Freundin werfen können.

Fall eins:

Wer denkt an so etwas! Ich meine, man plant und legt Hemdchen und Windeln zurecht und kauft einen Wickeltisch und was sonst dazugehört. Das erste Kind; man erwartet keine Probleme. Man erwartet, daß man ein Baby bekommt und es nach Hause bringt.

Oh, ich will nicht sagen, ich hätte überhaupt keine Angst gehabt. Das ist wohl normal für eine Schwangerschaft. Aber ausgerechnet diese Krankheit! Ich hatte nie zuvor davon gehört, wie sollte ich mir dann Sorgen darum machen. Verstehen Sie? Aber sie haben mich wirklich erfolgreich ruhiggestellt. Tagelang hatte ich keine Ahnung. Als sie es mir dann erzählten, habe ich fast den Verstand verloren. Ich schrie und tobte. Ich habe Joey gesehen. Viele Mütter tun das nicht. Er sah schrecklich aus. Viele m-m-Kinder sehen nicht so furchtbar aus. Aber Joey war schlimm. Er hatte seinen Wasserkopf schon, bevor er geboren wurde. Sie wußten nicht, ob er am Leben bleiben würde.

Jedenfalls hatten alle Angst vor mir. Ich fing einfach an zu schreien. Und so gaben sie mir Medikamente und immer mehr Medikamente, um mich ruhigzustellen. Ich war wirklich völlig ausgeschaltet.

Und als ich es dann begriffen hatte, wollte ich niemanden mehr sehen, nicht einmal Joe, meinen Mann. Ich meine, niemand konnte irgend etwas tun. Niemand konnte irgend etwas ändern. Ich hätte mit jedem gesprochen, wenn Joey damit geholfen worden wäre. Aber ich wollte nicht mit Leuten zusammenkommen, die das Haupt schütteln und vor sich hinmurmeln, wie leid ihnen das alles tue. Es hätte ihm ja nichts genützt.

Einmal habe ich einen Priester derart erschreckt, daß er fast aus der Soutane gefahren wäre. Himmel, wenn ich daran denke! Ich hatte es nicht einmal so gemeint, aber ich wollte nun mal niemanden sehen.

Er klopfte an meine Tür ... ganz in Schwarz mit seiner schwarzen Bibel und seinem steifen weißen Kragen. Und er fragte mich, ob er irgend etwas für mich tun könne. Er fragte schon ganz ängstlich.

Ich sagte zu ihm, jawohl, es gebe etwas, was er tun könne. Er könnte abhauen und mich in Frieden lassen und nur ja nie zurückkommen. Und wie er das tat! Er rannte wie ein Karnikkel. Und er kam auch nie wieder.

So hatte ich das eigentlich nicht gewollt. Wenn er zurückgekommen wäre, hätte ich mich entschuldigt. Aber ich war wirklich völlig daneben. Und er hätte ja auch wirklich nichts tun können.

Fall zwei:

Jeden Tag wurden mit Mark Tests gemacht. Eines Tages erzählte seine Mutter, die Ergebnisse der Tests hätten irgendwohin in den Westen geschickt werden müssen. Dort würden Ärzte sich die Unterlagen anschauen und möglicherweise hätten sie ein ganz neues Medikament, das Mark helfen könne. In ein paar Tagen würde man ihr Bescheid sagen.

Ich saß im kleinen Aufenthaltsraum und war im Gespräch mit ein paar Müttern und Vätern, als ich Frau Dr. Jenssen und Mark Hellers Mutter vorbeigehen sah. Sie gingen die Halle hinunter auf den Seitenflügel zu, dann blieben sie stehen, setzten sich auf eine Fensterbank und sprachen miteinander. Sie sprachen eine lange Zeit.

Aus den Augenwinkeln beobachtete ich die beiden. Marks Mutter sah traurig aus. Frau Dr. Jenssen legte die Hand auf die Schulter der jungen Frau, schüttelte den Kopf und ging fort. Marks Mutter blieb noch ein paar Minuten auf der Fensterbank sitzen, dann ging sie zurück zu ihrem Zimmer. Im Vorbeigehen schaute sie kurz in meine Richtung, aber sie blieb nicht stehen. Die Türe zu ihrem Zimmer ließ sie offen. Ich war nicht sicher, ob ich hineingehen sollte oder nicht. Ich tat es. Die offene Tür...

»Alles in Ordnung?«

Sie schüttelte den Kopf.

»Möchten Sie lieber alleine sein?«

Wieder Kopfschütteln. »Würden Sie bitte die Tür zumachen?« Es klang erstickt. Ich machte die Tür zu.

Sie war wie ein kleines Mädchen, mit dem dringenden Bedürfnis zu weinen, aber mit dem noch dringenderen Bedürfnis nach einem Menschen, bei dem sie sich ausweinen konnte.

Ich setzte mich neben sie auf die Couch und sie vergrub den Kopf in meinen Armen und weinte los ... Und versuchte gleichzeitig zu sprechen.

»Sie können es nicht tun ... es würde nichts helfen ... keinen Sinn ... sie sagten, es würde nichts nützen ... würde nichts helfen. Ich habe es mir so gewünscht ... versuchen ... wenigstens versuchen ... es war die letzte Hoffnung ... letzte Hoffnung. Jetzt ist nichts mehr ... sie haben alles versucht ... nichts mehr ... sie können gar nichts mehr tun ...

Wie soll ich es Barry nur sagen ... meinem Mann ... wie soll ich es ihm nur klarmachen?«

Sie hob den Kopf, putzte sich die Nase, trocknete die Augen.

Das Schlimmste war vorüber. Und begann doch gerade erst.

»War es das, was Frau Dr. Jenssen Ihnen gerade erzählt hat?«

»Ja. Sie hat versucht, nett zu sein. Aber sie sagte, die Ärzte im Westen glaubten nicht, daß das neue Medikament Mark helfen könnte ... er ist unheilbar.«

Es ging beinahe über ihre Kraft, das Wort »unheilbar« über die Lippen zu bringen.

»Alles, was wir jetzt noch tun können, ist, ihn nach Hause mitnehmen.«

Ich schaute auf Mark. Er war in seinem Bettchen eingeschlafen, die Augen geschlossen, das Haar zerzaust, kleine Schweißperlen standen ihm auf der Stirn, an den Füßen kleine blaue Slipper mit Cowboys drauf. Kein Wunder, daß es wehtat. Er sah so normal aus, so gesund, so niedlich, wenn er schlief.

»Er war nicht so von Anfang an. Er war ganz normal . . . ein ganzes Jahr. Alles in Ordnung . . .«

Dann die ganze Geschichte – die Geschichte, die sie bisher nicht hatte erzählen wollen. Sie hatte wohl gefürchtet, wenn sie darüber sprach, würde sie die letzte Hoffnung zunichte machen. Nun brach sie aus ihr heraus, nun, als es keine letzte Hoffnung mehr gab, die den Aberglauben gerechtfertigt hätte.

»Eines Tages hatte er einen Anfall – einfach so, aus heiterem Himmel. Es ängstigte mich, aber der Arzt sagte nur, ich solle ihn beobachten. Der nächste Anfall kam sechs Wochen später, und dann der nächste zwei Wochen später. Dieser dauerte sechs Stunden. Sechs Stunden. Ich fühlte mich so hilfslos. Mein eigener kleiner Sohn. Und ich konnte nichts tun. Überhaupt nichts.

Seitdem haben die Anfälle eigentlich nie mehr aufgehört. Er bekommt zur Zeit eine Unmenge Medikamente, aber auch die werden über kurz oder lang in der Wirkung nachlassen.

Ich glaube, er kennt uns gar nicht mehr. Ich nehme ihn in die Arme und spreche zu ihm und küsse ihn und habe ihn lieb . . . Und er weiß nicht einmal, daß ich seine Mammi bin. Er wird es auch nicht wissen. Nie.«

Sie stand auf und warf sich mit der Stirn auf das Geländer des Gitterbettchens . . . so als ob sie ihren Kopf in tiefster Verzweiflung irgendwo gegen schlagen wollte. Ich sah zu, wie eine ihrer Tränen von der Wange auf das Geländer fiel und langsam an den metallenen Gitterstäben des Kinderbettchens hinunterlief.

Ich hatte gehört, wie sich Mark Hellers Mutters fühlte. Ich sah, wie sich Mark Hellers Mutter fühlte. Aber nie, niemals, konnte ich in solchen Momenten wirklich wissen, wie sich Mark Hellers Mutter fühlte.

Aber es zu sehen und zu hören, war genug.

»Was glauben Sie, wie wird Ihr Mann das aufnehmen?«

»Er wird versuchen, um meinetwillen tapfer zu sein. Er ist immer so. Ich liebe ihn dafür. Aber ich weiß, wie sehr es ihn innerlich schmerzt.

Aber da ist noch mehr. Noch etwas, wovor ich viel mehr Angst habe, es ihm zu sagen.«

Sie sprach jetzt, als wollte sie die Worte im Takt mit einem Metronom hervorbringen. »Frau Dr. Jenssen hat gesagt, nachdem sie und die anderen Ärzte nicht klären können, was Marks Anfälle auslöst, können sie auch nicht sicher sein, daß der Grund nicht vielleicht genetisch ist. Was heißt, wir können nicht sicher sein, daß sich ein weiteres Kind nicht genauso entwickelt.

Deshalb hat sie geraten, wir sollten keine Kinder mehr bekommen . . .

Und Barry und ich wollten fünf Kinder.« Die Tränen kamen wieder. »Wir wollten beide fünf Kinder. Wir haben das beschlossen an dem Tag, an dem wir uns verlobten. Wir haben unser Leben darauf eingerichtet. Wir sind sogar in einen Vorort gezogen, in dem wir eigentlich nicht so gerne leben wollten, nur weil wir dort mit unserem Geld ein größeres Haus kaufen konnten . . . mit mehr Zimmern . . .

Und Barrys Vater. Er kann nicht einmal zugeben, daß irgendetwas mit Mark nicht stimmt. Er spricht mit ihm und spielt mit ihm und bringt ihm Spielsachen mit . . . obwohl er nie eine Antwort bekommt. Er sagt, das sei eine ›Phase‹, durch die er hindurch müsse. Er ist 62 Jahre alt. Er sollte es besser wissen. Aber er will und wird es nicht zugeben. Es ist sein erstes Enkelkind.

Und die Nachbarn. Sie schauen Mark komisch an, wenn ich mit ihm spazierengehe. Wie ich das hasse. Dabei glaube ich, man kann es ihnen nicht einmal übelnehmen. Wir leben noch nicht lange dort. Sie kennen uns nicht. Aber sie sind so aufdringlich. Alles, was ich möchte, ist, ihn mit nach draußen nehmen, einen Spaziergang machen, frische Luft schnappen. Sie sollen uns doch einfach in Ruhe lassen.

Nun wird sich nie mehr etwas ändern. Früher oder später werde ich es ihnen sagen müssen. Sie kriegen es ohnehin raus. Wie ich das hasse. Wenn sie doch nur einfach nicht hinschauten, uns in Frieden ließen. ›Kann er noch nicht laufen? Kann er noch nicht sprechen? Was – wie alt ist er?‹ ›Nun, einige Kinder entwickeln sich eben langsamer als andere.‹

Wenn sie uns nur in Frieden ließen! Meine Mutter sagt, wir werden ihn in ein Heim geben müssen, wenn es keine Medikamente zur Heilung gibt. Ich mag nicht einmal daran denken. Vor einer Stunde noch habe ich Hoffnung gehabt.

Ich kann ihn nicht weggeben. Nicht daran denken – nur weil eine Stunde vorbei ist. Ich will ihn zu Hause haben. Ich kümmere mich nicht um die Leute. Barry hat Verständnis. Er sagt, ich muß ihn nirgends hingeben, wenn ich nicht will. Glauben Sie, ich sollte ihn in ein Heim geben?«

Lange Pause.

»Ich denke, das ist etwas, was Sie irgendwann später einmal überlegen sollten. Aber ich glaube nicht, daß jetzt der richtige Zeitpunkt wäre.«

»Aber Sie glauben, eines Tages werden wir ihn irgendwo einweisen müssen?«

»Ich bin kein Arzt, ich kann das nicht beurteilen. Aber ich kann sehen, daß Sie Mark sehr liebhaben, was ja heißt, daß Sie das Beste für ihn wollen, daß Sie ihn so glücklich und so geborgen sehen wollen, wie es unter diesen Umständen nur eben möglich ist. Solange das mit Ihnen und Ihrem Mann in Ihrem Zuhause so ist, ist bei Ihnen für Mark der beste Platz, den es gibt. Wenn aber ein Zeitpunkt kommen sollte, zu dem Sie aus irgendwelchen Gründen nicht mehr hundertprozentig für ihn sorgen können, dann können Sie die Frage einer Unterbringung immer noch erwägen. Ich glaube nicht, daß es eilt. Schauen Sie sich irgendwann einmal solche Heime an. Reden Sie mit dem Personal. Beobachten Sie die Kinder. Schauen Sie, ob sie glücklich aussehen und umsorgt und geliebt. Lassen Sie sich Zeit.«

»Wenn ich ganz sicher wäre, daß Mark nicht weiß, wer wir sind, absolut sicher, dann wäre es nicht ganz so schlimm . . . eines Tages. Aber ich will nicht, daß er denkt, wir hätten ihn abgeschoben.«

»Das kann ich verstehen. Aber manchmal sind Kinder auch glücklich, wenn sie mit anderen Kindern an einem Ort leben können, der ihren Bedürfnissen entsprechend eingerichtet ist. Ich will Ihnen eine Geschichte erzählen, die ich von Eltern hier gehört habe.

In der Familie gab es einen Vetter, der zurückgeblieben war. Die Eltern dieses Vetters hatten den Jungen zu Hause behalten, bis er 16 war. Dann kamen sie nicht mehr mit ihm zurecht.

Schließlich gaben sie ihn in ein Heim – unter großen Ängsten. Tag und Nacht zerbrachen sie sich den Kopf, ob sie wohl nicht das Falsche getan hätten.

Dann kam das Kind zu den Weihnachtsferien nach Hause. Eines Tages sahen ihn die Eltern unglücklich neben dem Christbaum sitzen. Sie fragten ihn, was ihm fehle. ›Mammi, Pappi, ich habe euch wirklich lieb, aber wann darf ich wieder heim? Ich möchte zu Billy und Freddy . . .‹

Der Junge fühlte sich dort im Heim so wohl, daß er es sein Zuhause nannte. Und anstatt verletzt zu sein, waren die Eltern glücklich, weil sie nun die Gewißheit hatten, daß sie für das Kind, das sie liebten, die richtige Entscheidung getroffen hatten.

Es ist so schwer, immer zu wissen, was richtig ist. Aber Sie haben Mark lieb. Sie werden wissen, wann der Zeitpunkt da ist, ihn woanders unterzubringen. Da mache ich mir gar keine Sorgen.«

»Vermutlich haben Sie recht. Ich muß mir nur immer wieder sagen, daß es das ist. Wir gehen heim. Das ist es. Ich glaube, wirklich begriffen habe ich es immer noch nicht. Ich glaube, ich warte noch immer darauf, daß Frau Dr. Jenssen zur Tür hereinkommt und sagt ›Ich habe mich geirrt. Wir können Mark doch behandeln.‹ Aber ich glaube auch, ich weiß, daß sie nicht kommen wird. Ich denke, ich habe es die ganze Zeit gewußt. Ich glaube, jetzt möchte ich beten.«

Und das taten wir.

Am nächsten Tag ging Mark Heller nach Hause.

Die Gefühle dieser beiden Mütter sind Teil ihrer Trauer. Beide Frauen waren sich einig in ihrem Schmerz, als die Behinderung ihres Kindes zur Gewißheit wurde – und was das an verlorenen oder veränderten Hoffnungen bedeutet. Mrs. Collins beschrieb ihren Schock, als sie Joeys Behinderung nach der Geburt entdeckte. Mrs. Heller geriet an diesen Punkt, als sich ihre Hoffnung auf Heilung wandelte in Hoffnung, ihr Kind mit heimnehmen und in Frieden leben zu können. Als Freundin eines Menschen, der um sein behindertes Kind trauert, müssen Sie zuhören können, ohne Mitleid oder gar abgedroschene Redensarten anzubieten. Hören Sie zu, ohne Ratschläge in Richtung Pflegeheim zu geben, ohne zu urteilen. Horchen Sie auf Optimismus und Hoffnung.

Die Trauer um ein behindertes Kind ist am Anfang immer überwältigend, legt sich aber meist schnell, denn das Kind ist ja da, und es will geliebt werden.

Ihre Freundin braucht die Freiheit, trauern zu dürfen, sie muß Ärger und Schuldgefühle (die meist nicht auf Fakten beruhen) loswerden können, Angst und Selbstmitleid und Hoffnungslosigkeit und all die anderen Arten von Trauer, von denen bereits die Rede war. Aber sie braucht auch Raum, um die Liebe zu ihrem Kind auszuüben und Hoffnungen für dieses Kind und das Zusammenleben ihrer Familie neu zu definieren. Deshalb achten Sie darauf, in welcher Verfassung sie ist, wenn Sie sie sehen. An manchen Tagen wird sie mehr trauern als hoffen. Am nächsten Tag kann das schon anders sein, dann wirkt sie viel optimistischer. Es ist ihre Reise, und auf der gibt es reichlich Höhen und Tiefen. Lassen Sie ihr den Weg.

Wenn Sie Ihrer Freundin tatkräftig helfen können, wird sie froh sein. Sie können ihr im Haushalt helfen, für sie einkaufen oder andere zeitraubende Aufgaben abnehmen und ihr dadurch Zeit geben, sich mit ihrem Kind oder anderen Angehörigen zu beschäftigen.

Aber es muß auch Zeiten geben, zu denen Ihre Freundin sich nicht um das Kind kümmert. Zeiten, in denen sie und ihr Mann etwas unternehmen, und zwar ganz ohne Kinder. Es ist nicht ganz leicht, einen Babysitter für ein behindertes Kind zu finden. Wenn Sie das gelegentlich übernehmen können, bieten Sie es an und bleiben Sie ein paar Stunden bei dem behinderten Kind.

Es gibt viele, die auf diese Weise helfen wollen, aber Angst haben, dem Kind zusätzlich weh zu tun. Oder die glauben, daß die Pflege nur jemand übernehmen könne, der speziell ausgebildet ist. Wenn das so wäre, müßten viele Eltern und Geschwister von behinderten Kindern den Doktorhut dafür kriegen! Meistens ist das nicht der Fall. Wenn es Ihrer Freundin Spaß macht, Ihnen die Grundbegriffe der Pflege beizubringen, und Sie Lust haben, sie zu lernen, können Sie überaus hilfreich als Vertretung sein, während sich Ihre Freundin ein paar Stunden erholt. Machen Sie das am Anfang nur für eine kurze Spanne, eine halbe Stunde oder eine Stunde, bis alle sicher sind, daß Sie sich wohl fühlen bei dieser Regelung. Achten Sie darauf, daß Sie – wie Sie es als Babysitter bei einem anderen Kind auch tun würden – den Weg zu allen Ausgängen des Hauses kennen und daß die Telefonnummern für Notfälle neben dem Telefon liegen.

Je besser Sie das behinderte Kind kennenlernen, desto mehr werden Sie es als eigene kleine Persönlichkeit schätzen lernen. Bald werden Sie auch für sein Leben Hoffnung haben – nach anderen Maßstäben gemessen vielleicht, aber eben doch Hoffnung.

Die Leistung jedes Lebewesens sollte an seinen Fähigkeiten gemessen werden. Und diese Leistungen sollten im Wert nicht gleichgesetzt werden mit dem, was jemand an Macht und Geld hat, sondern damit, was er in diese Welt an Liebe und Gutem hineinbringt. Wenn wir das nicht vergessen und daran die Leistungen behinderter Kinder messen, gibt es ein ganzes Stück mehr Hoffnung und Erfüllung auf der Erde.

Demgegenüber ist es unfair, Ihrer Freundin mit Klischees zu kommen, falsche Hoffnungen zu wecken. Wenn Johnny nach tagelangem Üben einen Reißverschluß zwei Zentimeter hochziehen kann, lohnt man ihm diese Leistung schlecht, wenn man sagt: »Wirst mal sehen, demnächst zieht er sich in Windeseile allein an!« Dagegen muß man die enorme Anstrengung, die Kraft und die Konzentration anerkennen, die Johnny für zwei Zentimeter aufgebracht hat. Man muß ihm dazu gratulieren. Denn es ist eine Wahnsinnsleistung, zu der er alle seine Fähigkeiten eingesetzt hat. »Johnny, das war super! Das hat aber viel Kraft und Geduld gekostet! Du bist der Größte!«

Es ist durchaus möglich, daß es noch Einrichtungen oder Ärzte gibt, die dem Kind Ihrer Freundin helfen könnten und die noch nicht konsultiert wurden. Aber solange Sie nicht absolut sicher sind, daß Ihre Freundin solche Vorschläge hören will oder Ihre Vermittlung wünscht, halten Sie sich mit Ratschlägen in Sachen Pflegeheim zurück. Ich kann mir Freunde vorstellen, deren Rat ich begeistert annehmen würde, wenn ich ein behindertes Kind hätte. Aber ich habe auch andere Freunde, die ich sehr schätze und mag, die aber nicht zu denen gehören würden, die ich in einem solchen Fall um Hilfe bitten würde.

Wenn Sie das Gefühl haben, Sie hätten wichtige Informationen oder wären der Typ, der gut Ermittlungen anstellen kann, warten Sie einen ruhigen Moment ab, um dieses Thema anzuschneiden. Tun Sie es nicht kurz nach Entdeckung der Behinderung. Warten Sie lieber ein paar Wochen, manchmal sogar einige Monate.

Sprechen Sie nur darüber, wenn Sie sicher sind, daß Ihre Freundin in der Lage ist, Sie anzuhören und sich auf das Gesagte konzentrieren kann. Sie könnten etwa so anfangen:

»Du weißt, Alice, es macht mir Spaß, Sachen auszukundschaften. Vielleicht hast du schon selbst damit angefangen oder jemand anderen gebeten, es zu tun; aber wenn du möchtest, daß ich herausfinde, was in anderen Gebieten des Landes – oder der Welt – getan wird, um Kindern wie Johnny zu helfen, dann würde ich das sehr gern tun.«

Vielleicht nimmt Alice dankbar an. Vielleicht auch nicht. Wenn nicht, Schwamm drüber, wechseln Sie das Thema.

Wie immer sie sich entscheidet, maßen Sie sich kein Urteil an. Sie tut ihr Bestes, und das ist vermutlich einiges mehr, als Sie oder sonstwer in der Familie sich vorzustellen vermögen.

Großeltern behinderter Kinder sollen an dieser Stelle einmal besonders erwähnt werden. Es ist ihr Stamm, der von Enkeln am Leben gehalten wird. Auch sie investieren ganz viel Hoffnung in das Neugeborene. Auch sie trauern tief, wenn sich herausstellt, daß ihr Enkelkind behindert ist.

Wenn Sie eine Freundin haben, der dies widerfahren ist, machen Sie sich klar, daß Sie ihr wirklich helfen können, wenn Sie nach diesem langerwarteten Enkelkind fragen, sich nicht nur einmal, sondern oft danach erkundigen. Und sich Zeit nehmen, um zuzuhören, wenn sie reden will.

Manchmal werden Großeltern einbezogen in den Kreis derer, die ihren erwachsenen Kindern in der Krise zur Seite stehen; manchmal aber auch nicht. Entfernungen mögen eine Rolle spielen oder der Zeitfaktor. Wie auch immer, Ihre Freundin braucht in ihrem eigenen Freundeskreis die Möglichkeit, die Trauer über das behinderte Enkelkind loszuwerden – die Trauer und vielleicht auch wiedererwachte Hoffnung aussprechen zu dürfen. Mit etwas Glück wird sie Ihnen eines Tages erzählen, daß sie eine Stelle gefunden hat, die sich speziell um Großeltern mit einem solchen Schicksalsschlag in der Familie kümmert. (Anm. der Übers.: Eine solche Organisation gibt es in den USA: »Especially Grandparents, 2230 8th Avenue, Seattle, WA 98121.« Vergleichbares ist in der Bundesrepublik bisher unbekannt.)

Der Ausbruch einer Behinderung ist ein Grund zu trauern.

Aber wie bei allen Behinderungen, die nicht zum Tode führen, ist es ein langer Weg von der Entdeckung – oft bei der Geburt – durch den Alltag eines ganzen Lebens.

Das Trauern hört normalerweise mit neu definierter Hoffnung und entsprechender Heilung auf, auch wenn die Behinderung bleibt. Aber anfallsweise kommt die Trauer auch wieder, nach Jahren noch und nach Jahrzehnten.

Um Freund zu sein, wenn jemand sein behindertes Kind betrauert, hören Sie zu, sooft Sie nur können. Wenn Sie Optimismus und Hoffnung aus den Gesprächen heraushören, greifen Sie sie auf. Aber hüten Sie sich vor billigen Klischees. Hören Sie zu ohne Vorurteile, bieten Sie kein Mitleid an, und halten Sie sich zurück, was Pflege oder Unterbringung anbelangt.

Und wenn es Ihre Zeit erlaubt, packen Sie tatkräftig zu – vor allem dann, wenn dieses Handeln auch die Betreuung des behinderten Kindes von Zeit zu Zeit einschließt.

Meine Mutter pflegte früher zu sagen: »Ich würde keinen Groschen für ein anderes Kind als dich geben. Aber ich würde dich auch nicht für eine Million hergeben.«

Die Freundin mit dem behinderten Kind könnte möglicherweise das gleiche sagen.

Unmengen sind geschrieben worden über Scheidung und andere zerbrochene Liebesbeziehungen. Ich habe nicht das geringste Verlangen, das zu wiederholen oder neu aufzulegen. Als Pastorin habe ich Menschen begleitet, die diese schmerzlichen Erfahrungen gemacht haben, aber Scheidungsberatungen sind nicht mein Gebiet. Dennoch ist Scheidung einer der Hauptgründe für Trauer, bei denen es nicht um den Tod geht. Problematisch ist es auf jeden Fall, denn für Scheidung oder eine andere kaputte Beziehung gibt es keine traditionellen oder klar definierten Muster der Trauerarbeit.

Eine gute Liebesbeziehung wird Teil von uns wie das Atmen. Es fühlt sich natürlich und unkompliziert und frei an – im Gleichklang mit unserem Ich. Wir finden darin Sinn und Erfüllung, Energie und Ruhe, und über allem anderen haben wir das Gefühl, sicher und unverletzbar zu sein, weil wir zu einem Menschen gehören.

Sich Gott zugehörig zu fühlen, das kann die gleichen Empfindungen auslösen. Aber nur wenige Leute integrieren das in ihr Leben oder finden es befriedigend, ihre Liebe zu kompensieren, anstatt einen Liebsten zu haben, den man anfassen kann.

Das Problem mit dieser realen Liebe ist, daß alle Mitspieler Menschen sind. Aufs Ganze gesehen, sind wir Menschen nicht so gut wie Gott, wenn es darum geht, Liebe zu erhalten. Folglich enden wir häufiger in einer weniger idealen Liebesbeziehung, die entweder zu einem Ende kommt oder in der wir weiterwursteln, oft in stummer Verzweiflung.

Wenn dies geschieht, hilft es auch denen, die an Gott glauben, nicht so sehr, zu wissen, daß er noch da ist und uns liebt. Es hilft jedenfalls nicht genug, um unser Bedürfnis nach Trauer zu leugnen.

Seine Liebe vermissen
Und Gottes Liebe so nah.

Es scheint fast
ein Sakrileg
zu sein . . .
Aber ich glaube,
er versteht's.
(Colgrove/Bloomfield/McWilliams, *How To Survive The Loss Of Love,* New York 1977)

Es ist ein Problem, daß bei der Trauer um eine kaputte Ehe oder andere Liebesgeschichte nichts da ist, was man beerdigen kann. Kein Leichnam im Sarg. Keine Asche in alle vier Winde. Keine Wache am Grab. Kein Schnitter Tod, der schuld ist. Kein verstümmelter Körperteil, der es wahr macht. Deshalb hält sich die Hoffnung. »Könnte man nicht die Uhr zurückdrehen? Könnten die Dinge nicht wieder werden wie früher?«

Solange diese Periode widerstreitender Gefühle und Unklarheiten nicht zu Ende ist, kann trauern nicht wirklich begonnen werden, wird Heilung verzögert. Sie werden feststellen, daß Ihre Freundin über ihre verlorene Liebe reden will, offenbar endlos. Im besten Fall sorgt sie auf diese Weise dafür, daß ihr der Verlust wirklich bewußt wird. Was können Sie tun, wenn ein Freund oder eine Freundin um das Ende einer Liebe trauert?

A. Zuhören

1. Ihrer Freundin/Ihrem Freund
2. Deren/dessen Partner(in), mit dem Sie vielleicht auch befreundet sind

Beide schlagen sich herum mit
Wut, Schuldgefühlen, Einsamkeit, Verletztheit, Gefühlen von Wertlosigkeit, Klagen über zusätzliche alltägliche Belastung, Alpträumen und Ängsten, sexuellen Bedürfnissen, Krankheit, Müdigkeit und/oder Schlaflosigkeit, Unzulänglichkeit, Märtyrertum, tatsächlicher oder eingebildeter seelischer Grausamkeit, Streitereien ums Geld und/oder um die Kinder, Wiederholung der gesamten Liste, Wiederholung der Wiederholungen, Wiederholung der wiederholten Wiederholung, und so weiter.

B. Sagen Sie nichts
... gegen die andere Partei. Ergreifen Sie nicht Partei.
... vom einen über den anderen, übermitteln Sie keine Nachrichten.
... zu anderen über diese Geschichte. (Auf deutsch: Tratschen Sie nicht.)
Seien Sie nicht unfreundlich zu einem von beiden.

C. Reden Sie hingegen
... ohne Vorurteile mit der gleichen Zuneigung und Ehrlichkeit, die Sie auch bei anderen Trauernden mitbringen würden.
... in Situationen, in denen Angst, Schuld, Zorn, Zweifel am Sinn des Lebens und andere heftige Emotionen ausgedrückt werden.
... über die Notwendigkeit der Vorsicht, wenn Ihr Freund ernsthaft größere Veränderungen in Erwägung zieht wie Wiederverheiratung, Umzug, Berufswechsel, solange das erste Jahr nach dem Bruch nicht vorbei ist.
... von sich selbst und Ihrem Leben, wenn sich die Dinge zu normalisieren scheinen und bei Ihrem Freund die Heilung fortschreitet.

Schock, Schmerz und Heilung gehören dazu, wenn man um eine verlorene Liebe trauert, ebenso wie Ärger, rasende Wut, Schuld, Hoffnungslosigkeit, Mangel an Selbstwertgefühlen, Anklagen, Existenzangst, Müdigkeit, Ängstlichkeit und Ruhelosigkeit.

Die Phase des Leugnens und der Betäubung kann sehr lange dauern, wenn der Zeitraum der Unsicherheit verlängert wird, was es mit dem Schicksal der Beziehung nun wirklich auf sich hat.

In vielen Fällen neigen die Betroffenen dazu, in einer sich verschlechternden Beziehung jedwedes Problem zu leugnen, und zwar einander und Dritten gegenüber. Auch dann noch, wenn die Probleme Außenstehenden längst offenkundig sind.

Aber solange Sie nicht gefragt werden, ob Sie glauben, daß eine Beratungsstelle aufgesucht werden sollte oder nicht (generell ist es einen Versuch wert), drängen Sie sich in einer Krisensituation nicht auf. Natürlich laufen Sie Gefahr, daß eine der beiden Parteien sich mit der Bitte um Rat an Sie wendet oder Ihre Zustimmung haben will, daß der Partner irgend etwas Schreckliches getan oder gesagt hat oder Sie über den Gefährten ausfragt. Lassen Sie sich nicht darauf ein!

Sagen Sie Ihrer Freundin, daß Sie diese Sache für viel zu wichtig halten, um sie in irgendeiner Weise beeinflussen zu wollen. Schlagen Sie statt dessen vor, sie möge sich mit einem Psychologen oder einem Pfarrer beraten. Sagen Sie ihr, Sie seien jederzeit bereit, ihr zuzuhören. Sagen Sie aber auch, daß Sie beide zu gern hätten, um das Risiko einzugehen, etwas zu sagen, was die Beziehung belasten könnte. Und halten Sie sich daran. Werden Sie nicht schwach. Hören Sie zu, aber halten Sie den Mund.

Eine unrettbar sich verschlechternde Liebesbeziehung ist eine äußerst launische Sache. Ein Großteil der Trauerarbeit erschöpft sich darin, etwas oder jemanden zu finden, der an allem schuld ist. Wenn Sie als Außenseiter meinen, Sie müßten sich da einmischen, müßten ungebeten Ratschläge erteilen, tratschen oder vorschnell urteilen, wissen Sie hoffentlich, wie das ausgehen kann. Irgendwann wird der Bruch der Beziehung bekannt. Das Paar trennt sich, Scheidungsurteile werden rechtskräftig, die Kinder werden verteilt.

Für manche Leute ist dies der Auslöser, endgültig zu begreifen, daß ihre Beziehung unwiderruflich zu Ende ist. Für andere ist die Hoffnung auf Versöhnung immer noch zu groß. »Es ist nur ein Alptraum. Eines Morgens werde ich wach, und es wird alles vorbei sein.« Selbst wenn Ihre Freundin Ihnen erzählt, die Beziehung sei zu Ende, heißt das nicht unbedingt, daß sie es auch glaubt. Vermutlich nicht. In dieser Zeit geraten Sie am ehesten unter Druck, Partei zu ergreifen oder den Mittler zwischen beiden zu spielen. Tun Sie es nicht.

Natürlich gibt es Umstände, in denen es nötig ist, Partei zu ergreifen und damit dem anderen vielleicht weh zu tun. Es kann sich darum handeln, für einen der beiden eine Unterkunft zu besorgen oder medizinische Hilfe zu vermitteln. Manchmal ist es auch notwendig, Informationen zu vermitteln. Aber wenn es sich um üble Nachrede handelt, um verletzte Eitelkeit und schiere Wut, halten Sie sich zurück. Reden Sie nicht. Hören Sie nur zu.

Jemand, dessen Beziehung kaputtgegangen ist, redet häufig nahezu ununterbrochen. Vor allem in der ersten Phase des Schocks und des Leugnens, später wieder in der Schmerzperiode. Dieses ewige Gerede wird leicht langweilig, auch wenn Sie sich fest vorgenommen haben, durch Zuhören zu helfen. Kann sein, daß Sie Ihrer Freundin aus dem Weg zu gehen versuchen oder selbst endlos reden, um das Thema eins – die verlorene Liebe – aus Ihren Gesprächen herauszuhalten.

Das ist schlecht, denn Ihre Freundin braucht Sie jetzt am allernötigsten. Sie ist so schrecklich einsam und so sehr verwundbar. Sie braucht das Gefühl, wenigstens irgendwohin zu gehören. Und wenn wir mit jemandem reden, gehören wir zumindest zu diesem Gespräch – auch wenn es sehr einseitig ist.

Es kommt auch vor, daß so jemand versucht, die schönen Erinnerungen aus der zerbrochenen Beziehung nun auf Sie zu übertragen: Abends um sechs einen Drink; samstags einen Bummel über den Markt. Natürlich ist es mit Ihnen nicht dasselbe wie mit dem verflossenen Partner. Aber das hält Ihre Freundin nicht davon ab, es wenigstens zu versuchen.

Während sie das tut, versucht sie unbewußt, das Ereignis zum Wesentlichen hochzustilisieren – und nicht die Person, mit dem sie es teilt. Das funktioniert nicht, denn ein Drink am Abend oder Einkäufe haben Spaß gemacht, weil sie mit einem geliebten Menschen unternommen wurden, und nicht, weil es ein Drink oder ein Marktbesuch ist. Bei der gleichen Tätigkeit stellt sich noch lange nicht das vermißte Gefühl ein, auch wenn Sie dabei sind.

Das heißt nun nicht, daß Sie sie nicht begleiten sollen, wenn sie glückliche Erinnerungen aufleben lassen will. Seien Sie sich aber darüber im klaren, daß Sie vermutlich ein wichtiger, wenngleich schlechter Ersatz sind.

Es ist nicht ungefährlich, freundliche Erfahrungen auf jemand anderen zu übertragen: Es kann zu einer neuen Qualität in einer Beziehung führen. Sie sind vielleicht als neue Liebe nicht verfügbar. Sie wollen den Ehemaligen gar nicht ersetzen. Aber irgendwer könnte es wollen. Und Ihre Freundin ist zur

Zeit so einsam, so anlehnungsbedürftig, so voller Sehnsucht, daß sie anfällig ist, sich nach diesem Fehlschlag selbst zu bestätigen.

Wenn Sie merken, daß sich so etwas anbahnt, sollten Sie Ihrer Freundin vorschlagen, daß sie eine Beratungsstelle aufsucht – falls sie das nicht ohnehin schon getan hat. Und daß sie es tut, bevor sie diese neue Beziehung feste Gestalt annehmen läßt. Das ist das einzige, was Sie zur Zeit tun können – außer sie ab und zu mal in den Arm zu nehmen.

Es ist ganz wichtig, wie Sie Ihren Vorschlag machen. Es hat keinen Sinn, die neue Beziehung oder den neuen Freund niederzumachen. Es hat auch keinen Sinn zu sagen, die Freundin solle sich darauf nicht einlassen. Das sind Urteile, die Ihnen nicht zustehen. Es kann nämlich durchaus sein, daß der Neue gar nicht so verkehrt ist, daß nur der Zeitpunkt nicht stimmt.

Suchen Sie sich eine ruhige, angenehme Umgebung, wenn Sie beide ein bißchen Zeit haben. Sagen Sie, Sie fänden es schön, daß Ihre Freundin neue Freunde kennenlernt und daß sie in Bobs Nähe offenbar besonders glücklich sei. Sagen Sie, Sie würden sich nur Sorgen machen, daß sie die Dinge vielleicht ein bißchen überstürzt. Sie hätten gelesen, daß Ehe- und Lebensberater dafür plädieren, im ersten Jahr nach einer so streßigen Sache wie Scheidung, Tod oder Verlust einer Beziehung keine großen Veränderungen vorzunehmen. Sagen Sie, daß es Ihnen wichtig ist, wie es ihr geht, aber glauben Sie nicht, Sie seien auch noch qualifiziert genug, um die neue Liebe im Detail zu besprechen. Schlagen Sie vor, sie solle sich mit einem Therapeuten beraten und mit ihm über Trauerarbeit und Anhaltspunkte für erwartete Heilung und frühestmögliche Veränderungen in ihrem Leben sprechen.

Schließlich sagen Sie, dies wäre das einzige Mal, daß Sie das Thema anschneiden wollten, und daß Sie ihre Freundin bleiben, wie auch immer sie sich entscheiden mag.

Halten Sie sich auf jeden Fall an dieses Versprechen. Greifen Sie das Thema nicht wieder auf, es sei denn, Ihre Freundin fängt damit an. Falls das geschieht, lassen Sie ihr den Vorrang, reagieren Sie nur. Bieten Sie nicht mehr an als das, worum Sie gebeten werden.

Ich befinde mich mit diesem Rat auf unsicherem Boden. Es gibt auch Therapeuten, die mir nicht zustimmen, wenn ich an einem solchen Punkt dafür plädiere, sich einzumischen. Das gilt nicht nur für den neuen Partner, sondern auch für Pläne, das Haus zu verkaufen, den Job zu wechseln oder andere einschneidende Veränderungen vorzunehmen.

Die Faustregel heißt: Nichts dergleichen vor Ablauf eines Jahres. Ich habe dies so gehandhabt, seit ich Beratung mache. Bis jetzt haben mir alle Trauernden dafür gedankt. Ausnahmslos.

Es ist durchaus normal, den Schmerz loswerden zu wollen, indem man die Lücke flugs mit einer neuen Liebe füllt. Es ist auch normal, in eine andere Umgebung ziehen zu wollen, von der wir glauben, daß wir uns da besser unter Kontrolle haben. Aber solche überstürzten Beziehungen oder Veränderungen werden den Schmerz nicht unterdrücken, sie verhindern auch nicht die notwendige Trauerarbeit. Im Gegenteil: Sie können zu zusätzlichem Kummer und noch mehr Unglück führen.

Wenn die neue Liebe sein soll, ist sie es auch noch nach einem Jahr.

Alles in allem, von dieser Ausnahme abgesehen, glaube ich, daß Sie Ihre Freundschaft am besten unter Beweis stellen, wenn Sie zuhören, aber nichts sagen. Manchmal können Sie Ihrer Freundin auch helfen, wenn Sie ihr etwas von der Alltagslast abnehmen. Passen Sie aber auf, daß sie dies nicht auf Dauer erwartet. Gelegentliche Hilfe ist ganz schön; ob Sie das auf alle Zeiten machen wollen, liegt daran, ob Sie es können und mögen.

Wenn Ihre Freundin nach und nach häufiger und regelmäßiger über andere Dinge spricht als über den ehemaligen Geliebten, nehmen Sie es als gutes Zeichen. Auch wenn sie zusehends in der Lage ist, der zerbrochenen Beziehung mehr gute als schlechte Seiten abzugewinnen, ist das ein Indiz für Heilung. Und wenn es eine Situation gegeben haben sollte, in der von Ihrer Freundin Vergebung erforderlich gewesen wäre, und sie diese jetzt zu äußern in der Lage ist, dann ist sie wirklich auf dem besten Weg. Jemandem vergeben ist eines der wichtigsten Dinge gegen böse Gefühle. Leider ist es sehr viel leichter, davon zu reden, als es zu tun. Bei vielen Menschen, die über eine zerbrochene Beziehung trauern, fallen die Zeiten der Isolation und des Sich-Zurückziehens weg, die bei Trauer um einen Toten üblich sind. Insofern wird es Ihnen nicht schwerfallen, die Verbindung aufrechtzuerhalten. Dennoch, kaum haben Sie den Eindruck, die Dinge entwickelten sich zurück zur Normalität, da verändert sich Ihre Beziehung zueinander – und kann sogar kaputtgehen.

Es kann sein, daß Ihre Freundin zweierlei tun will, um ihr Gleichgewicht wiederzufinden und ein »neues« Leben zu gewinnen. Sie möchte neue Freunde kennenlernen, gewöhnlich geschieden wie sie oder Junggesellen. Und sie hat das Bedürfnis, jene alten Freunde nicht mehr zu sehen, die um sie waren, als es zum Bruch der Beziehung oder zur Scheidung kam. Sie weiterhin zu treffen, das tut ihr zu weh. Sie erinnern an die Beziehung, die sie hatte.

Beide Verhaltensweisen sind normal.

Für Sie ist das dennoch schwierig. Das Beste, was Sie tun können, ist, Ihrer Freundin den Freiraum zu geben, den sie braucht. Lassen Sie sie gewähren, aber machen Sie ihr auch klar, daß Sie sie gern wiedersehen möchten, wenn sie Zeit für Sie hat. Schreiben Sie eine Karte. Verabreden Sie sich zu einem schnellen Mittagessen und lassen Sie Ihre Freundin das Gespräch führen. Es wird sich vermutlich um neue Bekannte drehen, um eine Clique, die Sie nicht kennen. Versuchen Sie, nicht beleidigt zu sein, wenn Sie den Eindruck haben, daß man Sie ausschließt, daß Sie unerwünscht sind. Lächeln Sie und zeigen Sie sich glücklich über die wiedergewonnenen Freuden Ihrer Freundin.

Falls Sie verheiratet sind, laden Sie sie zu einem Abendessen ein, allein oder mit einem Begleiter ihrer Wahl. Versuchen Sie sich nicht als Kupplerin, es sei denn, Sie werden darum gebeten.

Andere würden Ihnen vielleicht den Rat geben, grundsätzlich nicht als Ehestifter aufzutreten. Aber daß ich meinen Mann kennengelernt habe, lag an genau einem solchen Freund – und mein Mann ist der Schlechteste nicht! Deswegen würde ich nie »nie« sagen.

Wenn Ihre Freundin zusagt und allein kommt, fein. Und wenn dafür ein Platz am Tisch leer bleibt – na und? Ist das ein Grund, eine Freundin nicht einzuladen?

Nach und nach wird Ihre Freundin wieder gesund. Sie wird im Lauf der Zeit neue Freunde finden und absichtlich oder durch die Umstände einige der alten Freunde aufgeben. Aber wenn Sie zu ihr gehalten haben ohne Vorurteile, ohne Klatsch, Verleumdung, ständige Ratschläge, statt dessen getreulich zugehört haben, dann hat Ihre Freundschaft gute Chancen, intakt zu bleiben.

Ihre Freundin entdeckt vielleicht, daß unverheiratet, ungebunden zu sein seine Vorteile hat. Sie wäre nicht die erste. Wenn sie als Single glücklich ist, akzeptieren Sie das. Es gibt kaum etwas Langweiligeres als verheiratete oder liierte Leute, die immer davon ausgehen, daß Singles unbedingt einen Partner haben müßten, um wirklich glücklich zu sein.

Das Wichtigste für Ihre Freundin und Sie ist immer noch Ihre eigene Beziehung. Darauf müssen Sie Ihre Kraft konzentrieren. Eine echte Freundschaft ist ein dauerhaftes Geschenk, wenn sie behütet und respektiert wird. Tatsächlich halten wahre Freundschaften meist länger als die großen Lieben unseres Lebens.

Einbrüche in der Karriere

Jeder Mensch stirbt oder kennt einen, der gestorben ist. Fast jeder kennt einen, der geschieden ist oder es demnächst sein wird. Aber nicht jeder kennt einen, der irgendwo rausgeflogen oder unter Druck vorzeitig in den Ruhestand gegangen ist, vor allem, wenn er der Firma viele Jahre lang treu gedient hat.

Hinausgeworfen zu werden nach langer Beschäftigungszeit, das ist so, als müsse man auf dem Marktplatz stehen mit einem Schild um den Hals: »Unfähig«. Ganz egal, wie viele Freunde vorbeikommen und Kaffee und belegte Brote bringen, ganz egal, ob man Ihnen sagt, was für ein toller Hecht Sie sind – Sie müssen auf dem Marktplatz stehen und haben dieses Schild um den Hals. Und wenn Sie lange genug da herumstehen, besteht die Gefahr, daß die Leute glauben, was auf dem Schild steht, und vergessen, daß Sie die meiste Zeit Ihres Erwachsenenlebens da nicht gestanden haben.

Es sind diese Zweifel an seinem Selbstwert, ausgelöst durch die Entlassung, mit denen sich Ihr Freund noch lange nach Verlust des Arbeitsplatzes herumschlägt. Und wenn jemand das Gefühl hat, nichts mehr wert zu sein, dann hat er Grund zu trauern.

Entlassen zu werden bedeutet noch lange nicht, daß man nichts taugt oder unfähig ist, als Mensch nicht und als Arbeiter nicht. Aber wenn man sich definiert als Jennifer Smith, Vizepräsidentin, oder als Harvey Bellows, Vorarbeiter, oder als Frank Cain, Großbauer, wenn die Selbstachtung nicht zu trennen ist vom Beruf und man den verliert, dann verliert man auch den größten Teil seines Selbstwertgefühls. So jemand stellt sich selbst das Prädikat »unfähig« aus – einer, der gefeuert wurde, einer, den man gehen ließ.

Dieser Makel wird an ihm kleben bleiben, bis man ihm erlaubt zu trauern und ihn dabei unterstützt, selbst wenn er einen anderen Job bekommt.

Als Freund eines Menschen, der um seinen Arbeitsplatz trauert, sollten Sie ihn zu dieser Trauer ermutigen. Das bedeutet, daß Sie viel zuhören müssen. Heute. Morgen. Und noch ganz viele Tage mehr. Folgen Sie den gleichen Regeln wie bei anderen Trauerfällen. Und polstern Sie die Selbstachtung Ihres Freundes, wann immer es geht – ohne ihn zu bevormunden, ohne ihn zu bemitleiden.

Manchmal braucht man besondere Fähigkeiten, um einen solchen Menschen zum Trauern zu bewegen. Ihr Freund hält es vielleicht für Schwäche – und er möchte doch stark sein. Vielleicht will er auch nicht zugeben, daß er sich unfähig fühlt und daß er Angst hat. Oder er fühlt sich aufgerufen, für die Familie und sein öffentliches Ansehen den starken Mann zu spielen.

Das ist das Schlechteste nicht. Optimistisch zu sein hilft manchmal. Aber Optimismus und zur Schau gestellte Stärke führen nicht daran vorbei, daß Ihr Freund um die Identität und die Selbstachtung dringend trauern muß, die er mit seinem Arbeitsplatz verloren hat.

Bestätigen Sie Ihren Freund darin, daß es keine Schwäche ist, den Verlust von etwas Wertvollem zu betrauern. Geben Sie ihm Gelegenheit dazu. Schaffen Sie ihm eine sichere Umgebung.

Lassen Sie ihn auch wissen, daß es nichts mit Schwäche zu tun hat, wenn er eine Lebensberatung aufsucht, um die härteste Zeit duchzustehen.

Wie alle anderen Trauernden muß Ihr Freund, muß seine Familie Zorn und Angst, Schuld- und Minderwertigkeitsgefühle aussprechen dürfen. Aber es sind vielleicht nicht viele Bekannte da, die dieses Bedürfnis verstehen und ihm die Freiheit geben, dem nachzugeben. Vielleicht ist Ihr Freund auch nicht in der Lage, über eine so demütigende Sache zu sprechen. An diesem Punkt müßte dann therapeutische Hilfe einsetzen.

Wenn Ihr Freund aufgrund der Entlassung in finanzielle Not gerät und Sie können ihm aushelfen oder Hilfe vermitteln, dann tun Sie es. Einem Freund Geld zu leihen ist nicht immer klug. Aber es ist auch nicht zwangsläufig dumm. Das müssen Sie schon selbst entscheiden.

Als ich einmal Geld gebraucht habe, hat mir ein Freund die Summe gegeben. »Gib's nicht mir zurück«, hat er gesagt. »Aber eines Tages wirst du auf jemanden treffen, der auch welches braucht. Zahl es mir zurück, indem du es ihm gibst. Und sag ihm, er soll es dir auf die gleiche Weise wiedergeben.«

Der Freund hatte recht. Ich traf tatsächlich jemanden in Not, Jahre später, als es mir selbst finanziell gutging. Ich habe das Geld »zurückgezahlt«, wie man es mir aufgetragen hatte. Und ich habe mein Sprüchlein dazu aufgesagt. Das ist eine fabelhafte Spielregel, Hilfe zu geben und zu bekommen.

Wenn Ihr Freund den Wagen verkaufen muß, aber Mühe hat, zu Vorstellungsgesprächen zu kommen, fahren Sie ihn, wenn Sie können.

Wenn Ihr Freund relativ schnell wieder eine Stelle bekommt, geht es ihm gleich besser. Aber glauben Sie nicht, daß seine Trauer damit über Nacht zu Ende ist. Er schlägt sich immer noch mit dem alten Job herum, mit der Wut, entlassen worden zu sein, mit dem Verlust alter Gewohnheiten und vertrauter Gesichter. Gratulieren Sie ihm zur neuen Position, aber geben Sie ihm auch Gelegenheit, noch von der alten Arbeit zu reden.

Wenn Ihr Freund auch nach längerer Zeit keine neue Stelle hat oder vielleicht gar keine mehr bekommt, stehen Sie es mit ihm durch. Keine Bevormundung. Kein Mitleid. Wenn Sie den Eindruck haben, daß er in einer Phase seiner Trauer festhängt – vielleicht beim Ärger –, hören Sie ihm weiter zu. Hetzen Sie ihn nicht. Aber versuchen Sie ihn davon zu überzeugen, daß er eine Beratungsstelle aufsucht.

Sie könnten zum Beispiel sagen: »Hör mal, Georg, ich sehe ja, daß du dich immer noch ärgerst. Du bist ein vernünftiger Kerl, du ärgerst dich nicht ohne Grund. Aber ich habe den Eindruck, dein Zorn frißt dich langsam auf. Das ist ja nicht der Sinn der Sache. Wieso besprichst du dich nicht mal mit jemandem, der sich mit solchen Dingen auskennt? Pastor Roache scheint mir für so ein Gespräch der Richtige. Hast du schon mal daran gedacht, ihn anzusprechen?«

Schlagen Sie das nicht öfter als ein- oder zweimal vor. Wenn Ihr Freund sich nicht darauf einläßt, haben Sie es wenigstens versucht. Halten Sie trotzdem zu ihm.

Wenn Ihr Freund sich einschränken muß und nicht mehr alle Unternehmungen bezahlen kann, die früher üblich waren, zahlen Sie nicht jedesmal für ihn. Es muß nicht alles so weitergehen wie bisher. Denken Sie sich etwas anderes aus.

Gelegentlich eine Einladung, das geht in Ordnung. Aber Ihr Freund fühlt sich noch mieser, wenn er dabeisitzt und zuguckt, wie Sie für Kegeln oder Golf oder fürs Mittagessen bezahlen, wann immer er mit Ihnen ausgeht. (Wenn Sie sich das leisten können, ist es natürlich nett, daß Sie es auch tun wollen. Aber denken Sie daran, daß die wenigsten Leute es mit ihrem Stolz vereinbaren können, immer nur der Beschenkte zu sein.)

Selbstverständlich sollen Sie helfen, wenn Sie eine Möglichkeit sehen, Ihrem Freund eine neue Stelle zu verschaffen.

Allerdings ist die Wahrscheinlichkeit so groß nicht, daß Sie dazu in der Lage sind. Dennoch: Wie oft hört man von offenen Stellen. Manchmal genügt es schon, einfach die Ohren aufzuhalten.

Den geliebten Beruf zu verlieren, das ist ein triftiger Grund zur Trauer. Ich pflege meinem Mann zu sagen, wenn er arbeitslos würde, träfe ihn das härter, als wenn er mich verlieren würde. Natürlich stellt er das in Abrede, natürlich weiß ich, daß er mich liebt, und dennoch bin ich sicher, daß es stimmt. Er identifiziert sich mit seinem Beruf. Und es gibt Abertausende von Frauen und Männern wie ihn.

Wenn Ihr Freund seinen Job verliert, unterstützen Sie ihn darin, diesen Verlust zu betrauern. Bevormunden Sie ihn nicht, bemitleiden Sie ihn nicht, verletzen Sie seinen Stolz nicht, indem Sie den guten Onkel spielen. Wenn er Mühe hat zu trauern, drängen Sie ihn, professionellen Rat einzuholen. Und machen Sie ihm klar, daß es keine Schwäche ist, um etwas Wertvolles zu trauern.

Wir mögen die Menschen und die Dinge, die zu unserer Identität und unserem Selbstwertgefühl beitragen. Wenn wir sie verlieren, sind wir traurig. Um einen Arbeitsplatz zu trauern, den wir sehr gemocht haben, ist in Ordnung, normal und notwendig.

ACHTES KAPITEL

Die Beileidskarte

Auch wenn sie sonst keine enge Beziehung zu einem Menschen in Trauer haben, schreiben viele Leute tiefschürfende Beileidskarten. Aber viele schlagen sich auch mit der Wortwahl herum. Sogar gutwilligen Menschen fällt dann nichts anderes ein als »unser herzlichstes Beileid Ihnen und Ihrer Familie«. Oder sie kaufen eine vorgedruckte Karte, die ihnen auch das abnimmt. Dagegen ist nichts einzuwenden. Es ist auf jeden Fall ein Zeichen, daß sie an jemanden denken.

Aber wenn Sie selbst ein paar Zeilen schreiben oder der Beileidskarte einen persönlichen Brief beilegen wollen, habe ich einige Vorschläge für Sie.

Glauben Sie nicht, Ihre Formulierungen seien zu schwärmerisch. Natürlich gibt es Grenzen. Aber der Mensch in Trauer ist am Boden zerstört. Er hat einen solch großen Verlust erlitten und er sieht den Verstorbenen derart verklärt, daß ihm eine blumenreiche Sprache nicht übertrieben vorkommt. Wenn er Ihre Zeilen zum ersten Mal liest, nimmt er sie vielleicht gar nicht wahr. Beim zweiten Mal, vielleicht in der Phase des akuten oder des dumpfen Schmerzes, treffen Ihre gefühlvollen Worte genau seine Gemütslage.

Schreiben Sie, was Sie fühlen. Wenn Sie das Gefühl haben, der Verlust sei riesig und es müsse für den Trauernden eine entsetzliche Erfahrung sein, schreiben Sie das. Wenn Sie es nicht schreiben, wird davon nichts weniger furchtbar. Wenn Sie es schreiben, bestätigen Sie den Trauernden in seinen Gefühlen.

Schreiben Sie eher »gestorben« oder »tot« als »von uns gegangen« oder »wir haben verloren«. »Es tut mir so leid, daß John gestorben ist.« Er mag ja durchaus »hinübergegangen« sein, aber um das zu tun, mußte er hier auf Erden erst einmal sterben. Wir mögen ihn »verloren« haben, aber wir haben ihn verloren, weil er gestorben ist. »Tot« ist tatsächlich ein hartes Wort, aber es zu umschreiben ändert nichts an den Tatsachen und gibt nur dem Leugnen Nahrung. Scheuen Sie sich nicht, in einem Beileidsbrief den Namen des Toten zu nennen. Für die, die um ihn trauern, wird er immer einen Namen haben. Ihn geschrieben zu sehen wird ihnen gefallen.

Das Erschütterndste, was ich je gehört habe, war ein Ausspruch von der Mutter eines verstorbenen Jungen. »Wissen Sie«, sagte sie, »es ist so eine Kleinigkeit, die ich am schlimmsten finde ... Nie mehr sehe ich den Namen meines Sohnes irgendwo geschrieben ... Nicht auf einem Zeugnis, nicht auf einer Weihnachtskarte, nicht auf der Liste des Sportvereins. – Manchmal«, gab sie traurig zu, »setze ich mich hin und schreib' ihn selber. Nur um ihn noch mal zu sehen.« Das sollten Sie im Gedächtnis behalten, wenn Sie einer verwitweten Frau schreiben. Für Sie ist eine Titulierung wie »Frau Johannes Schmidt« vielleicht eine Verringerung der eigenständigen Persönlichkeit Ihrer Freundin. Aber auch Frauen, die es sonst vorgezogen haben, als »Maria Schmidt« aufzutreten, möchten den Namen ihres Mannes auf dem Umschlag sehen, wenn sie um ihn trauern.

Wenn Ihnen etwas besonders Schönes über den Toten einfällt, wenn es auch mit der Trauernden zu tun hat und wenn diese von der Begebenheit vielleicht nichts weiß, schreiben Sie es ihr. Wenn dabei aus der Karte ein Brief wird, um so besser. Die Empfängerin wird viel Zeit haben, ihn wieder und wieder zu lesen. Erzählen Sie ihr zum Beispiel, daß Sie sich mal mit Johannes zum Mittagessen verabredet hatten und daß er so versessen darauf war, für sie das richtige Geburtstagsgeschenk zu finden, daß am Ende der Suche die Mittagspause um war. Essen fiel aus. Das scheint Ihnen zu trivial? Maria sieht das anders. Erzählen Sie's ihr. Verbinden Sie es mit ein paar Zeilen darüber, wie sehr Johannes sie geliebt hat und was für ein Glücksfall sie für ihn gewesen sei – »das Beste, was ihm passieren konnte«!

Sie haben Maria nun eine Geschichte von Johannes erzählt, die sie gern hören wird. Sie haben ihr bestätigt, wie sehr Johannes sie geliebt hat. Sie haben ihr versichert, daß sie ihm eine gute Ehefrau war – alles in Superlativen. Maria hat den Namen ihres Mannes im Kontext mit ihrem eigenen gelesen. Und sie hat schwarz auf weiß gesehen, daß er tot ist.

Es gibt einige Fallen, in die Leute beim Schreiben von Beileidskarten treten können: Sie versuchen, den großen Verlust des Trauernden zu mindern, indem sie ihn entweder übertreffen oder ihrem eigenen gleichsetzen. Sie unterstellen, daß der Platz des Toten von einem anderen eingenommen werden kann. Sie deuten an, daß der Verlust so groß nicht sein kann, weil die Beziehung noch nicht lange bestand. Oder sie erzählen dem Trauernden, er würde an dieser schlimmen Erfahrung »wachsen« oder »reifen« oder »daraus lernen«, oder er würde als »besserer Mensch« oder »stärkere Persönlichkeit« aus dieser Erfahrung hervorgehen.

Leute, die versuchen, den Verlust zu mindern, halten sich dabei auf zu betonen, wie sehr sie selbst den Toten geliebt haben, wie eng ihre Beziehung zu ihm war, wie furchtbar sie von diesem Schicksalsschlag getroffen wurden. Das kann alles durchaus richtig sein. Es kann sogar manchmal sein, daß der Verlust für diese Menschen wirklich größer ist als für die Angehörigen, an die sie schreiben. Aber es hat keinen Sinn, so etwas zu sagen oder anzudeuten. Ein Aufrechnen verursacht nur Kummer, selbst wenn Sie in bester Absicht schreiben. Wenn Sie Ihr Beileid ausdrücken, schreiben Sie der Trauernden etwas über sie, nicht über sich selbst. Von einem ähnlichen Verlust zu berichten, den Sie einmal erlitten haben, ist auch kein Trost. Damals hat es Sie getroffen. Jetzt trifft es die Freundin. Es hilft ihr nichts, wenn Sie von Ihrem Fall erzählen. Zu einem späteren Zeitpunkt mag das nützlich sein, jetzt nicht. Nicht so kurz nach einem Todesfall.

Es ist überhaupt nicht geschickt, zu unterstellen, daß jeder Mensch ersetzbar sei. Die, die wir lieben, sind unersetzlich. Eine der häufigsten und gleichzeitig schlimmsten Situationen, in denen so fatale Sätze fallen, ist, wenn Eltern gerade ihr Kind verloren haben. Es gibt so viele wohlmeinende Leute, die etwa sagen: »Ach, Sie sind doch noch jung, Sie können noch Kinder bekommen«, oder: »Sie haben wenigstens noch mehr Kinder zu Hause.« Als ob der Tod eines Kindes weniger schlimm wäre, wenn es Geschwister hat oder haben könnte. Überflüssig zu sagen, daß Eltern, die um ihr Kind trauern, solche Gedanken nicht nachvollziehen können.

Eine ähnliche Lage besteht, wenn ein Baby kurz nach der Geburt stirbt oder wenn eine Frau eine Fehlgeburt hat. Auch da gibt es die wohlmeinenden Freunde, die sagen: »Nun, du hast dein Baby ja kaum gekannt (oder dich noch nicht daran gewöhnt). Also kannst du es auch noch nicht richtig liebgehabt haben, und Erinnerungen hast du auch keine.«

Die Liebe zu einem Kind ist etwas Absolutes.

Sie basiert weder auf Gründen noch auf Vernunft. Je früher ein Kleinkind stirbt, desto näher ist es den Eltern im physischen Sinn. Was es braucht, bekommt es zu hundert Prozent von Vater und Mutter. Vor allem die Mutter hat das Gefühl, als sei ihr Kind noch ein Teil ihres Körpers. Erst wenn ein Kind heranwächst, wird es selbständiger; erst dann sehen es die Eltern als eigenständige kleine Person an.

Der Tod eines Kindes oder eines anderen Angehörigen, der geliebt wurde, ist für die Hinterbliebenen aus Gründen des Alters, der Anzahl der Geschwister oder aus anderen rationalen Gründen nicht leichter zu ertragen. Den Schmerz mildern zu wollen, indem man gutgemeinte rationale Gründe vorbringt, das kann nicht funktionieren. Der Trauernde fühlt sich statt dessen allein und mißverstanden. Versuchen Sie es erst gar nicht.

Es kann durchaus sein, daß jemand durch den erlittenen Verlust tatsächlich »reift«, »daran wächst«, als »besserer Mensch« daraus hervorgeht. Aber der Zeitpunkt, zu dem eine Beileidsäußerung fällig ist, ist viel zu früh, um darüber zu reden. Noch steht der Trauernde unter Schock. Grundsätzlich ist es besser, man wartet ab, bis er von selbst darauf zu sprechen kommt. Wenn er erst einmal fähig ist, seinem Leid eine positive Seite abzugewinnen, ist er auf dem Weg der Besserung. Dann sollten Sie ihn darin unterstützen. Aber leugnen Sie die Größe seines Verlusts auch jetzt nicht.

Noch eine Anmerkung zu Beileidskarten und Kindern in Trauer. Es ist eine liebe Geste, einem Kind seine eigene Karte zu schicken. Die allerdings sollte ganz schlicht sein. Etwa: »Liebe Mary, ich weiß, daß Du Deinen Papi sehr liebgehabt hast. Es tut mir so leid, daß er gestorben ist.«

Wenn es sich um eine religiöse Familie handelt, könnten Sie hinzufügen: »Ich werde Dich und Deinen Papi und Deine Mami in meine Gebete einschließen.« Wenn die Beziehung eng genug ist, beenden Sie Ihren Gruß mit »Von Herzen« oder »In Liebe«.

Wenn Sie dem Kind sehr nahestehen, können Sie mehr ins Detail gehen. Aber hüten Sie sich davor, mit den Erinnerungen des Kindes wetteifern zu wollen. Vermeiden Sie zu diesem frühen Zeitpunkt Aussagen wie »Ich weiß, daß Dich Dein Papi sehr liebgehabt hat«. Das stimmt natürlich, aber Kinder können schon die Vorstellung nicht leiden, daß ihre Eltern einem Außenstehenden von dieser Liebe etwas sagen.

Kinder hassen es auch, ihre Eltern mit jemand anderem teilen zu müssen. Es ist schlimm genug, sie mit Geschwistern zu teilen; erst recht, sie mit Leuten zu teilen, die sie kaum kennen (und sogar solchen, die sie gut kennen).

Eine Beileidskarte zu schreiben oder ein paar persönliche Zeilen einer vorgedruckten Karte beizulegen, das fällt oft schwer. Aber für jemanden, der trauert, ist ein solcher Gruß von großer Bedeutung. Er wird ihn wieder und wieder lesen.

Vorgedruckte Beileidskarten waren früher meistens scheußlich. Und auch heute noch gibt es gräßliche Geschmacklosigkeiten. Aber es gibt auch Karten, die sehr schön gestaltet und getextet sind. Wenn es Sie völlig überfordert, persönliche Worte zu finden, nehmen Sie eine vorgedruckte Karte und schreiben Sie mit der Hand an eine freie Stelle zumindest etwas wie »Ich versichere Sie meines tiefsten Mitgefühls«. Das bringt jeder fertig. Versuchen Sie es wenigstens, persönliche Worte zu finden. Sie werden über sich selbst staunen.

NEUNTES KAPITEL

Gott und Leiden

»Ich glaube, daß es irgendwo eine Antwort gibt,
daß aber die falschen Fragen gestellt werden.
Oder daß es gar keiner Fragen bedarf.«
(Christopher Leach, *Letter To A Younger Son,* New York 1982)

Entweder man glaubt an Gott oder nicht. Niemand kann die Existenz Gottes wissenschaftlich beweisen oder leugnen.

Als ich anfing, als Krankenhauspfarrerin auf einer Station zu arbeiten, auf der Kinder an Hirntumoren starben und an schweren Mißbildungen litten, traf das »Problem des Leids«, wie C. S. Lewis es nennt, meinen Glauben an Gott wie ein Schlag ins Gesicht.

Wenn Gott allmächtig ist und alle Menschen liebt, woran ich bisher geglaubt hatte, warum läßt er so etwas zu? Warum stirbt ein neunjähriges Mädchen zwei Jahre lang an einem Hirntumor? Warum wird ihm nicht einmal ein schmerzhafter und langer Todeskampf erspart? Warum kommt ein Baby mit einer offenen Wirbelsäule zur Welt, die es völlig lähmen wird? Oder mit einem Wasserkopf, der zu dauernder geistiger Behinderung führt? Wenn Gott alle Menschen liebt, wenn er allmächtig ist – warum dann?

Ich habe mir diese Frage auch Jahre später noch gestellt. Sie war Thema eines Fortbildungsprogramms am gleichen Krankenhaus. Und Nächte wie jene, die ich nun beschreiben will, brachten mich der Antwort auch nur wenig näher.

Verzweifelt umrundete der Vater die Blocks auf der Suche nach einem Parkplatz. Das riesige Kinderkrankenhaus hatte damals noch keine Parkmöglichkeiten. Schließlich fand er einen gebührenpflichtigen Parkplatz acht Straßen weiter. Er warf Münzen für zwei Stunden ein und rannte im eisigen Januarwind zur Klinik. Er dachte, zwei Stunden müßten reichen. Man würde seine kleine Tochter untersuchen, würde ihr eine Medizin gegen die Erkältung geben –

er hoffte, es würde keine Spritze sein – und sie dann wieder nach Hause lassen. Acht Straßen zurück, um den Wagen zu holen. Dachte er.

In der Notaufnahme fand er seine Frau im Gespräch mit einem Arzt. Er hatte einen gewaltigen schwarzen Schnurrbart und dickes, lockiges Haar. Seine Frau sah ängstlich aus. Aber er ging davon aus, daß man sie an einer so guten Klinik schnell beruhigen würde. Vielleicht würde man ihnen einen guten Kinderarzt für Rebecca in ihrer Nähe empfehlen können, nun, da sie umgezogen waren und sich eingerichtet hatten. Sie würden nicht mehr zwischen Indiana und hier hin- und herpendeln müssen.

Eine Stunde später bekamen Joe und Carolyn Wyler gesagt, daß Rebecca, ihr einziges Kind, keine zwölf Stunden mehr zu leben hatte. Die »Erkältung«, die plötzlich ausgebrochen war, war in Wirklichkeit eine Leukämie im letzten Stadium. Sie tobte durch den Körper des kleinen Mädchens. Den Ärzten blieb nichts anderes, als dem Kind Sauerstoff zu geben, um es ihm ein bißchen leichter zu machen. Es gab nichts, was die Eltern hätten tun können, um die Krankheit zu verhindern.

Ich hatte Bereitschaftsdienst. Man rief mich. In den nächsten zehn Stunden saß ich dabei und erlebte mit, wie diese Eltern sich verzweifelt an ihrem Glauben festhielten, um den Schock zu überleben. Ob ich Rebecca taufen würde? »Wir glauben zwar nicht, daß sie in die Hölle kommt, wenn sie nicht getauft ist. Das können wir uns bei ihr nicht vorstellen. Aber jetzt, wo wir wissen, daß sie bald bei Gott sein wird, wollen wir sie ihm anvertrauen.«

Sie weinten. Joe und Carolyn, vielleicht Anfang Zwanzig, hielten sich aneinander fest.

Rebecca hatte riesengroße braune Augen und weiches braunes Haar. Sie lag da wie ein kleines Bündel in dem Bett, in dem sonst ältere Leukämie-Kinder lagen. Sie atmete durch eine grüne Sauerstoffmaske aus Plastik. Es war das einzige Geräusch im Zimmer. Ihr Vater und ihre Mutter hielten einander an den Händen. Jeder nahm eine von Rebeccas Händen. »Ich taufe dich im Namen des Vaters und des Sohnes und des Heiligen Geistes, Amen. Möge der Herr dich segnen und behüten und dich für alle Zeiten in sein Herz schließen. Amen.«

Als ich das Baby auf die blasse kleine Wange küßte, hatte ich das Gefühl, wir würden alle in einer Filmszene spielen. Gleich würden irgendwo Lampen angehen, und eine Stimme würde sagen »Schnitt«. Aber die Lichter kamen sowenig wie die Stimme. Rebeccas Eltern küßten ihr Kind, hielten einander fest und weinten. Ich ließ die kleine Familie allein, rannte hinaus und heulte im Treppenhaus.

Großer Gott – warum nur? Du bist allmächtig, du liebst alle Menschen, du könntest es ändern. Du kannst ein elf Monate altes Kind doch nicht im Ernst so sehr für dich haben wollen, daß du den Eltern dieses Leid antust. Du kannst ein so kleines Kind auch nicht für irgendeine schwere Sünde bestrafen wollen. In dem Alter kann man keine begangen haben. Du kannst mit ihrem Tod auch nicht die Eltern für eine Sünde bestrafen wollen. Damit würdest du Rebeccas Recht auf ihre eigene Existenz leugnen. Es kann auch nicht daran liegen, daß die Eltern nicht genug an dich geglaubt haben. Sie sind fromm. Und überhaupt, wie würde sich das mit deiner Gnade vereinbaren lassen?

Liegt es daran, daß du gar nicht allmächtig bist? Daß du eben doch nicht alle deine Geschöpfe liebst? Und wenn doch, wieso läßt du es zu? Und immer wieder: Warum?

Ich habe natürlich soviel Zeit wie irgend möglich mit Rebecca Wylers Eltern verbracht. Aber zwischendurch kam ein dringender Aufruf über die Lautsprecher. Ich mußte schleunigst auf die Intensivstation und mich um die halb wahnsinnige Mutter einer Fünfjährigen kümmern, die die nächsten Tage nicht überleben würde.

Die Kleine hatte mehrere Herzoperationen hinter sich. Die Mutter bekamen wir inzwischen nicht mehr unter Kontrolle. Sie rannte aus der Intensivstation davon, wenn Besuchszeiten waren. Und sie kam zurück, wenn keine waren. Es war üblich, die Kinder fünfzehn Minuten in der Stunde sehen zu können. Sallys Mutter hatte den Überblick verloren.

Sie ging die ganze Gefühlsskala durch. Feilschte mit Gott

um ihr Kind, klagte ihn an, bat ihn, sie auch zu sich zu nehmen. Und die ganze Zeit über mußte ich ihr versprechen, daß es im Himmel Kätzchen gab, weil sie sich Vorwürfe machte, ihrer Tochter keine Katze geschenkt zu haben. Da ich Theologin war, konnte ich ihr glaubwürdig versichern, im Himmel gebe es Kätzchen. Sie konnte es ihrem Kind weitererzählen. Sally lag im Koma.

»Der andere Pfarrer hat gesagt, er wisse nicht, ob es im Himmel Katzen gibt. Er sollte es aber wissen. Wieso sollen unschuldige kleine Katzen nicht genauso in den Himmel kommen wie unschuldige kleine Mädchen? Sagen Sie, daß es Katzen gibt!«

Lieber Gott – warum?

Da diese Unterhaltung außerhalb der Intensivstation stattfand, es war halb zehn abends, kam ein Arzt auf mich zu und winkte mich auf die Station zurück. »Sie stirbt«, schrie Sallys Mutter. »Sie stirbt, und die lassen mich nicht zu ihr!«

»Sally stirbt nicht, Mrs. Hansel«, sagte der Arzt zu Sallys Mutter und zu mir, als die Tür zur Intensivstation hinter uns zufiel. »Jedenfalls nicht heute nacht. Aber ein anderes Kind.«

»Rebecca Wyler? Jetzt?« fragte ich, und mein Magen krampfte sich zusammen.

Der Arzt schaute mich verwirrt an. »Nein. Ich kenne sie gar nicht. Ich meine Joshua Brown. Er liegt da drüben.« Der Arzt zeigte auf ein Bettchen, in dem ein winziger nackter Säugling lag. Auf der kleinen Brust klebten ein paar Elektroden. Er hatte einen Schlauch im Mund. »Er ist ans Beatmungsgerät angeschlossen. Sein EEG zeigt seit drei Tagen Null-Linie. Keine Hirnströme mehr. Was identisch ist mit Hirntod«, erklärte er freundlich. Ich kannte das alles schon. »Ich dachte einfach, Sie sollten das wissen. Die Eltern sind sehr fromm. Sie sind hierher unterwegs. Sie sollten dasein, wenn sie kommen.«

Ich sah vermutlich blaß aus oder erschrocken oder starr oder alles zusammen. »Das andere Kind, das Sie erwähnt haben«, fragte der Arzt, »stirbt es auch gerade?«

»Ja. Vermutlich heute nacht. Möglicherweise sehr bald.«

»Das ist schlimm«, sagte er. »Wenn Ihnen beide Fälle zuviel sind, wollen wir Sie nicht bedrängen.«

»Nein«, sagte ich. »Ich werd's schon schaffen. Ich wunder' mich nur, weil ich von Joshua überhaupt nichts gewußt habe.«

»Es tut mir leid, daß wir Sie nicht früher informiert haben«, sagte eine Schwester, die dazugekommen war. »Wir dachten nur, Mrs. Hansel braucht Sie dringender. Oder vielmehr, wir brauchten Sie, um sich um Mrs. Hansel zu kümmern.«

»Danke«, sagte ich, und wir alle lächelten schwach. Es war das einzige Lächeln für uns drei in dieser Nacht.

»Wir haben Joshuas Eltern behutsam vorbereitet«, sagte der Arzt. Wir gingen zu Joshuas Bettchen. »Sie sind oft hiergewesen. Sie haben ihn in den letzten drei Tagen immer so liegen sehen, mit der Null-Linie auf dem Monitor und so. Sie wissen Bescheid. Als sie gestern gingen, baten sie nur darum, sie anzurufen, wenn er stirbt.«

Ich hatte gerade den Mund aufgemacht, um zu fragen, wie jemand sagen könne, wann ein Kind tot ist, das künstlich beatmet wird – da nahm der Arzt die Elektroden ab, schaltete den Monitor aus und zog dem Kleinen den Schlauch aus dem Mund. »Das war's«, sagte er. Das Baby keuchte ein bißchen, machte ein paar Schnapper und lag dann still.

Ich stand wie versteinert. Das hatte ich nicht erwartet. Ich kannte das Baby nicht, seine Eltern nicht. Ich hatte es eben sterben sehen. Ich hatte zugeschaut, als der Stecker rausgezogen wurde. Ich hatte gesehen, wie man die künstliche Beatmung abgebrochen hatte.

Im Staate Illinois ist es gesetzlich erlaubt, den Stecker herauszuziehen, wenn jemand hirntot ist. Hier hatte kein Verbrechen stattgefunden, das wußte ich. Aber darauf war ich nicht vorbereitet gewesen.

Als ich später darüber nachdachte, stellte ich fest, daß der Arzt und die Schwester mich durchaus darauf vorbereitet hatten. Ich hatte sie nur nicht verstanden. Und ohne es in Worte zu fassen, hatten sie mich, die Pastorin, dabeihaben wollen. Ich denke, es war schlimm genug, den Stecker zu ziehen, ohne darüber zu sprechen. Aber nach diesem Tag mit den Wylers und Mrs. Hansel war ich offenbar nicht mehr fähig, auf Zwischentöne zu achten.

Jemand legte mir die Hand auf die Schulter, als ich noch benommen neben dem Kinderbett stand. Die Schwester badete den toten Jungen. »Entschuldigen Sie. Sie werden am Telefon verlangt.«

»Ich?«

»Ja. Station Vier-West.«

Vier-West. Dort lag Rebecca Wyler. Sie konnte nicht auch gestorben sein. Nicht jetzt. Nicht im gleichen Augenblick wie Joshua Brown. Nein, bitte nicht.

»Hier ist Nina . . .«

»Hier ist Vier-West.« Die Stimme klang ernst. »Rebecca Wyler ist gerade gestorben. Ihre Eltern möchten gern, daß Sie rüberkommen und für sie beten, solange sie noch in ihrem Zimmer ist. Können Sie gleich kommen?«

»Hier ist auch gerade ein Baby gestorben.« Ich sagte es mehr zu mir selbst, vor mich hin. Und zu der Schwester am Telefon: »Ich denke schon, daß ich hier weg kann. Lassen Sie es mich eben klären.«

Die Schwester, die mich ans Telefon geholt hatte, hatte zugehört. »Gehen Sie ruhig«, sagte sie. »Wir haben hier noch zu tun. Wir machen Joshua zurecht, bevor die Eltern kommen. Sie sind noch nicht da. Kommen Sie nur wieder, sobald Sie können.«

»Mach' ich«, sagte ich dumpf.

Als ich Rebeccas Zimmer betrat, waren fast alle Lichter gelöscht. Die Kleine lag unter einer weichen gelben Decke, als ob man sie in dem kühlen Raum warmhalten wolle. Ihre Augen waren geschlossen. Die grüne Atemmaske lag neben dem Kopfkissen. Sie war jetzt nutzlos. Das Zimmer war still, von leisen Schluchzern abgesehen. Rebeccas Mutter und drei Verwandte weinten. Sie waren am späten Nachmittag aus Indiana gekommen. Die Gitter des Bettchens waren heruntergeklappt. Rebecca würde nicht mehr hinausfallen.

Ich nahm die Eltern bei den Händen und kniete nieder. Sie und die Verwandten taten es mir nach. Unsere Hände bildeten eine Kette um das Bettchen. Das Kind lag über unseren Köpfen. Der Schein einer Straßenlaterne tauchte den Raum in blauweißes Licht.

Ich betete, wie man mich gebeten hatte, um Rebeccas Seele. Und ich betete für ihre Familie. Und ich dankte Gott für elf Monate des Glücks. Monate.

Warum nur, Herr, warum? Wenn du allmächtig bist und alle Menschen liebst – warum?

Als ich mit meinen Gebeten zu Ende war und den Kopf hob, sah ich, daß zehn Ärzte und Schwestern leise hereingekommen waren. Manche weinten. Der Arzt mit dem mächtigen schwarzen Schnurrbart und den Locken weinte auch – der gleiche Arzt, der mit Rebecca den letzten Tag ihres Lebens verbracht hatte, der bei ihr war, als sie starb, der nichts hatte tun können, um es zu verhindern.

Dann schluchzte Rebeccas Mutter ein letztes Mal laut auf, ihr Mann legte ihr den Arm um die Schulter. Sie gingen.

»Danke«, sagte Rebeccas Vater. »Danke, daß Sie sie getauft haben und daß Sie bei uns geblieben sind und daß Sie wiedergekommen sind, um zu beten. Wir wissen, daß unser Kind jetzt bei Gott ist. Wir haben das Gefühl, es ihm zurückgegeben zu haben.«

Ich biß mir die Lippen blutig, um nicht loszuheulen, und rannte zurück in den fünften Stock. Zur Intensivstation. Warum, Gott?

»Doktor Martin ist jetzt bei Joshuas Eltern. Er bringt sie zu ihm«, sagte die Schwester. »Ich bin so froh, daß Sie wieder hier sind.«

Sie hatte kaum zu Ende gesprochen, als eine große Frau und ein kleiner, dünner, kahlköpfiger Mann in Begleitung des Arztes durch die Tür kamen. Der Arzt hatte ihnen offenbar gesagt, daß ihr Sohn tot war.

Doktor Martin machte uns miteinander bekannt. Als wir den Flur entlanggingen zu Joshuas Zimmer, sagte die Mutter: »Mein Joshua ist jetzt bei Jesus. Er ist jetzt bei Jesus.«

Dann beugte sie sich über das Bettchen, nahm ihren kleinen toten Sohn auf, wiegte ihn in den Armen und sang ihm »Sweet little Jesus Boy« vor – schöner, als ich es je in meinem Leben gehört habe.

Ich konnte nicht mehr. Ich wollte so gern weinen, daß mir alles weh tat. Ich wollte davonlaufen und weinen oder schreien. Statt dessen biß ich mir weiter auf die Lippen.

Joshuas Mutter sang ihr Lied zu Ende und wiegte weiter ihr Kind in den Armen. Und wir beteten.

Schließlich nahm der Vater seiner Frau sanft das Kind aus den Armen, küßte es und legte es zurück in sein Bettchen. »Komm, Mutter«, sagte er. »Die anderen Kinder brauchen dich. Ich brauche dich.«

Aber als sie schon fast an der Tür waren, drehte sich Joshuas Mutter nach mir um. »Sie kennen den 23. Psalm, mein Kind, nicht wahr? Würden Sie ihn für mich sprechen? Für mich – und jetzt?«

Ich begann den 23. Psalm aufzusagen. Und die große, traurige Frau vergrub ihren Kopf an meinem Hals, legte ihn einfach auf den Schutzkittel, der auf der Intensivstation vorgeschrieben ist, schluchzte und klammerte sich an mir fest und weinte herzzerreißend. Ich sprach den Psalm und streichelte ihr übers Haar.

Gleiche Frage, Gott.

Die beiden Browns gingen. Fuhren zurück zu ihren anderen Kindern. Als ich mich umdrehte, um Joshua Brown noch einmal anzuschauen, hatte man ihn fortgebracht.

Ich wollte hinausgehen und irgendwo einfach still sitzen, aber ich bekam keine Chance. Plötzlich ging eine Sirene los, und die Ärzte und Schwestern rasten zu Sally Hansels Bett. Herzstillstand. Ich konnte mich nicht rühren. Ich stand da und starrte. Sie rissen ihre Geräte vom Tisch und gaben Sally Elektroschocks. Nach dem dritten fing sie wieder an zu atmen.

Ich wußte, ich würde es nicht ertragen, wenn auch Sally noch in dieser Nacht stürbe. Ich konnte mir nicht vorstellen, den dritten Tod innerhalb einer Stunde miterleben zu müssen.

Nach dem dritten Elektroschock packten die Ärzte ihre Ausrüstung wieder zusammen und verließen Sallys Bett. Die Herzmaschine piepste; sie arbeitete wieder regelmäßig. Das kleine Mädchen mit den blonden Locken und dem Foto seines Bruders am Gitter atmete.

Im gleichen Moment ging die Sirene wieder los, aber diesmal hinter mir. Die Ärzte, die ihre Ausrüstung noch nicht ganz wieder verstaut hatten, behandelten nun ein Kind auch mit Elektroschocks, das ich bisher noch gar nicht gesehen hatte; ein kleines Mädchen, auch mit blonden Locken, vielleicht sechs Jahre alt.

»Großer Gott, nicht Melanie!« sagte jemand. Diesmal genügten zwei Schockbehandlungen, und Melanie atmete wieder.

Melanie war Melanie Herd – jemand sagte es mir, als die Krise vorbei war. Sie war gerade sechs Jahre alt. An diesem Morgen hatte sie eine schwere Herzoperation überstanden. Alle hatten geglaubt, es wäre sehr gut gegangen. Aber jetzt ging irgend etwas ganz schrecklich schief. Es sah aus wie ein schwerer Herzinfarkt. Die Ärzte fürchteten, sie würde ihn nicht überleben.

Tatsächlich würde Melanie in der nächsten halben oder dreiviertel Stunde sterben. Ob ich wohl dableiben könne? Sie hatten nicht damit gerechnet. Die Ärzte nicht. Die Eltern nicht.

Ich nickte nur. Zwei auf der Intensivstation. Eine in Vier-West. Ein Pfleger wurde losgeschickt, um die Eltern zu informieren und gleich mitzubringen. Doktor Miller wollte mit ihnen allein sprechen, nicht im Wartezimmer, in dem andere Eltern saßen. Er wollte mit ihnen reden und versuchen, sie auf den Schock vorzubereiten. Eine notwendige Aufgabe. Und eine unmögliche dazu.

Wie mochte sich Doktor Miller in dieser Nacht fühlen? In weniger als einer Stunde hatte er bei dem einen Kind die Maschinen abgeschaltet, um ihm zum Sterben zu verhelfen. Und nun mußte er ein anderes Kind sterben sehen, für das er Hoffnung gehabt hatte, es gesund werden zu sehen. Hilflos stand er da, trotz seiner Ausbildung, trotz seiner Fähigkeiten.

Ob Doktor Miller an jenem Abend Gott für allmächtig und allen Menschen in Liebe zugetan hielt?

Und wieder die Sirene. Ich fing an, mich daran zu gewöhnen. Kleine Kinder hören auf zu atmen und sterben, alles in einer Nacht. Dieses Kind lag in dem Bettchen, in dem vor einer halben Stunde noch Joshua Brown gelegen hatte. Man hatte es aus einer anderen Klinik überführt. Jemand sagte, hier würde es wahrscheinlich sterben. Ich hatte nicht einmal mitbekommen, daß es eingeliefert wurde. Elektroschock. Schon der erste half. »Sieht so aus, als ginge es ihm gut«, sagte ein Mitarbeiter, den ich nicht kannte. »Gott sei Dank.« Dann fügte er hinzu: »Melanie Herd liegt im Sterben.« Ich nickte. »Doktor Miller spricht gerade mit den Eltern, glaube ich.« – »Gut.«

In diesem Augenblick sah ich sie mit dem Arzt aus Doktor Millers Zimmer kommen. Sie waren aschgrau im Gesicht, sahen wütend und . . . erschrocken aus, wie wilde Tiere, die man in einen engen Käfig sperrt. Sie gingen mit Doktor Miller zu Melanies Bett, beugten sich über sie, küßten sie, und sie starb. Einfach so. Doktor Miller brachte sie zurück zum Warteraum und sagte ihnen, sie könnten Melanie noch einmal sehen und sich verabschieden, wenn die Schwester die Geräte abgehängt und fortgerollt habe. Sie sagten, sie wollten darauf warten. Mich fragte der Arzt, ob ich ihnen solange Gesellschaft leisten würde. Natürlich wollte ich. Wir standen alle drei unter Schock. Melanies Mutter, ihr Vater und inzwischen auch ich. Wenn wir fähig gewesen wären, die Gewalt unserer Gefühle auszuleben, hätten wir gegen Wände und Türen getreten und das Haus zusammengeschrien. Aber wir saßen still beieinander, sprachen mit leiser Stimme. Das ist Schock.

Die beiden Herds erzählten mir Melanies Lebensgeschichte, die ganzen sechs Jahre. Sie redeten ununterbrochen. Sie erzählten von ihrer Farm auf dem Land und daß die Operation ihre letzte Hoffnung gewesen sei. Sie sagten, daß sie es kaum fassen konnten, als die Ärzte ihnen erklärten, der Operationsverlauf sei erfolgversprechend gewesen. Und daß sie es sich erst am Abend dieses Tages erlaubt hatten, langsam daran zu glauben. Und nun . . . Ich saß da und hörte zu.

Dann kam die Schwester, und Melanies Eltern gingen zurück zu ihrer Tochter und nahmen Abschied.

Ich fragte sie, ob sie wollten, daß ich ein Gebet spreche. Sie wollten nicht.

»Gott kann es nicht geben«, sagte Melanies Vater. »Aber

wenn es ihn gibt und er läßt das mit Melanie geschehen, dann kann ich erst recht nicht an ihn glauben . . . Nein, vielen Dank, daß Sie bei uns waren, aber beten wollen wir nicht. Wir wollen nur aus dieser Klinik und dieser Stadt hinaus – und nie wiederkommen.«

Melanie Herds Eltern gingen. Genauso wie Joshua Browns Eltern und Rebecca Wylers Eltern, deren Kinder tot in ihren Betten lagen.

Drei zu null für Gott. Drei Kinder für ihn – null für die Eltern. Oder nur zwei zu null für ihn? Kommen nur die Kinder gläubiger Eltern in den Himmel? Oder heißt es etwa für beide null – für Gott und für die Eltern?

Jahrhundertelang haben religiöse Lehrer zu erklären versucht, wie in der Welt eines allmächtigen und liebenden Gottes so viel Leid sein kann. Es wäre leichter, diese Frage gar nicht erst zu stellen. Es wäre leichter zu sagen, daß Gottes Wege wundersam sind. Viele Leute fühlen sich dabei besser. Recht haben sie. Es macht uns angst, nach dem Warum zu fragen. Vor allem dann, wenn es auf diese Frage keine beweisbare Antwort gibt.

Es macht auch angst, eine solche Frage zu stellen, wenn man sich diese Welt anschaut, wie sie ist: Drei unschuldige Kinder sterben in einer einzigen Stunde. Und Waffensysteme, atomare Bedrohung, Drogen, Mord, Totschlag, Vergewaltigung, Raub – Sie kennen die Liste. Wenn wir uns diese Welt anschauen, wie sie ist, und fragen, warum sie so ist, können wir leicht zu dem Ergebnis kommen, daß Gott nicht existiert. Oder wenn es ihn gibt, daß er dann weder allmächtig noch ein liebender Gott ist. Wenn man davon ausgeht, daß es Gott gibt und daß er allmächtig ist und daß er uns alle liebt, dann müßte ihn die Größe seiner Liebe doch geradezu zwingen, die Fülle seiner Macht zumindest gegen das Leid der Gläubigen einzusetzen.

Aber auch gläubige Christen sterben, und unschuldige Babys werden krank und sterben oder müssen verhungern oder werden umgebracht. Deshalb leben viele Menschen besser damit, diese Fragen gar nicht erst zu stellen. Sie halten sich an ihren Glauben und lassen Gott sein Geheimnis.

Fast zwölf Jahre ist es her, seit Rebecca Wyler, Joshua Brown und Melanie Herd innerhalb einer Stunde an der Universitätskinderklinik starben. Seither habe ich Scharen von Kindern und Erwachsenen kennengelernt, die gelitten haben und gestorben sind oder die immer noch leiden müssen. In diesen zwölf Jahren habe ich zwar meinen Glauben nicht verloren, aber ich habe auch nicht aufgehört, nach dem Warum zu fragen. Ich habe auch nicht vor, mich für diese Frage zu entschuldigen. Und auch nicht dafür, daß ich beim Anblick von unglaublichem Leid eine Mordswut auf Gott bekomme.

Aber trotz allem glaube ich, daß es Gott gibt. Ich glaube immer noch, daß Gott allmächtig ist und uns alle liebt. Ich glaube nicht, daß er nur ein bißchen Macht hat und nur manche Menschen liebt. Irgendwann während der vergangenen zwölf Jahre kam ich auf die Idee, daß mit der Frage nach dem Warum etwas nicht stimmte. Es war nicht verkehrt, daß ich sie stellte. An der Fragestellung selbst war etwas falsch.

Plötzlich machte mir mehr Sinn: Gott ist allmächtige Liebe.

Mit anderen Worten: Gottes Allmacht ist seine Liebe, seine Liebe ist seine Allmacht. Allmächtig zu sein und uns zu lieben – das ist das gleiche.

Und damit veränderte sich meine Frage in eine Aussage. Ich glaube, daß Gott allmächtig ist und uns alle liebt. Aber seine Macht ist seine Liebe, und seine Liebe ist seine Macht.

Gottes Macht kann deshalb menschliches Leid nicht verursachen, weil die Macht identisch ist mit Liebe. Und Liebe kann Leid weder verursachen noch erlauben. Das ist etwas, was wir gar zu gern glauben wollen. Wer möchte schon glauben, Gott schicke ihm seine Leiden, um ihn für seine Sünden zu strafen oder eine Lehre zu erteilen oder seinen Glauben zu prüfen?

Aus dem gleichen Grund kann Gottes Macht auch keine Wunder bewirken, die nicht durch die Kraft der Liebe möglich sind. Das zu glauben ist schon schmerzhafter. Wir würden doch gern glauben, daß Gott alles tun kann, ob es darum geht, Berge zu versetzen oder schwere Krankheit zu heilen.

Um mich verständlich zu machen, will ich ein Bild benutzen: Eine Mutter, die ihr Kind liebt, käme nie auf die Idee, es vor ein Auto laufen zu lassen. Nicht einmal, um ihm eine Lehre über die Gefahren im Straßenverkehr zu erteilen oder um zu testen, ob es die Lektion gelernt hat, wie man eine Straße überquert.

Aber solange diese Mutter nicht sämtliche Autos aus dem Verkehr zieht, alle möglichen Gefahren bannt und jede Bewegung ihres Kindes lückenlos überwacht, so lange kann sie nicht garantieren, daß ihr Kind absolut sicher ist. Und wenn sie es täte, wenn sie alle Gefahren ausschlösse und das Kind an jedem Tag seines Lebens überwachen würde, dann wäre das keine Liebe mehr. Das würde dem Kind das Recht auf eine eigene Persönlichkeit absprechen. Statt dessen würde es zur Marionette in der Hand eines wohlmeinenden Puppenspielers.

Gott hat ganz offensichtlich nicht alle Gefahren aus dieser Welt entfernt. Er hat uns auch nicht als Marionetten erschaffen. Wir sind in jedem Augenblick frei, frei in unseren Entscheidungen. Es steht uns frei, seine Liebe in uns aufzunehmen und sie wachsen zu lassen – oder sie abzulehnen. Aber wie wir uns auch entscheiden, zerstören können wir sie nicht.

Für diejenigen von uns, die an Gott glauben, ist diese Erde ein Ort, an dem Mensch und Tier und Natur ihren Platz haben. Und sie alle sind aus Gottes Liebe entstanden. Sie haben ihre eigene Identität bekommen – Land und Meer und alle Kreaturen, unsere Väter und unsere Vorfahren. Und obwohl sich diese Welt jeden Tag verändert und obwohl sich viele ihrer Bewohner schwer anstrengen, um Macht zu erreichen ohne Liebe, bleibt Gottes Liebe bestehen. Dieser Welt ist es bisher nicht gelungen, die Macht der Liebe zu besiegen. Es ist nicht gelungen, sie zu analysieren oder neu zu erfinden. Sie läßt sich nicht fangen, streift frei umher, durch die ganze Welt und in die Herzen der Menschen. Sie ist nicht laut, man schenkt ihrer alltäglichen Entfaltung viel weniger Aufmerksamkeit, als sie verdient hätte. Liebe ist das einzig Lebendige, das vom ersten Tag der Schöpfung an geblieben ist. Und bleiben wird.

Obwohl die Macht der Liebe keine Berge versetzt, ist sie doch unermeßlich.

Wenn das Kind, von dem ich vorhin sprach, bei einem Unfall verletzt wird, ihn aber überlebt, wird ihm nicht nur die heilende Kraft der ärztlichen Kunst Stärke geben, sondern auch die Liebe seiner Eltern.

Um wieviel stärker ist dann erst die Kraft, die wir aus Gottes Liebe schöpfen können? Selbst wenn wir sonst keinen Menschen haben, dessen Liebe uns Kraft und Heilung und Erneuerung schenkt, können wir doch all dies ohne Maß von Gott bekommen. Und wenn wir das tun, dürfen wir wissen, daß wir nicht allein sind, daß wir nie verlassen werden; daß wir niemals ohne den Geist der Liebe waren und nie ohne ihn sein werden.

Gottes Liebe verursacht kein Leid und kann es auch nicht aus der Welt schaffen; beides liegt außerhalb ihrer Natur. Aber Gottes Liebe kann uns dazu bringen, das Leid zu besiegen. Solche Wunder geschehen, wenn wir Gottes Liebe zulassen.

Ich arbeite jetzt in einer Klinik, die eine Brutstätte für solche Wunder ist. Wir haben schätzungsweise mehr Rollstühle als irgendwer sonst außer Lourdes. Und obwohl ich nie eines der klassischen Wunder aus der Bibel gesehen habe – keinen Mann, der aufstand, sein Bett nahm und wandelte –, so habe ich doch Wunder gesehen. Genug jedenfalls, um meine Antwort auf die Frage zu finden: Gottes Allmacht ist seine Liebe.

Ich habe auch in jener furchtbaren Nacht vor zwölf Jahren Wunder erlebt, obwohl ich lange brauchte, bis ich sie als solche sah. Die Wunder jener Nacht waren zwei Familien, total unter Schock, unfähig, aus eigener Kraft irgend etwas zu tun, die sich ganz auf Gottes Kraft verließen. Im Glauben ihrer Eltern wurden Rebecca und Joshua, wie Mister Wyler es ausdrückte, »ihm zurückgegeben«.

»Warum?« ist eine Frage, die sich auch diese Eltern später oft gestellt haben. Ich bin sicher, sie haben auch Zorn gespürt. Weder die Wylers noch die Browns konnten an der Tatsache etwas ändern, daß ihre Kinder tot waren; sowenig wie die Eltern von Melanie Herd, die nicht glaubten.

Obwohl es irdische Ursachen waren und nicht die Macht Gottes, die das Leben der drei Kinder beendeten, war es sehr wohl die Macht Gottes, die in den Wylers und Browns wirkte.

Es war diese Macht, auf die sich die Eltern beriefen; sie war es, die sie davon überzeugte, daß der Tod nicht das Ende bedeutet; sie war es, die es ihnen möglich machte, ihre Kinder in Gottes Hand zu geben.

Wir alle sind Bewohner einer seltsamen Welt mit viel Leid und Schmerz, mit Entstellung und geistigen Qualen, mit Gewalt und frühem Tod. Aber Menschen wie die Wylers und die Browns, die sich auf die Macht der Liebe Gottes verlassen, haben das schlimmste Übel dieser Welt schon überwunden, während sie noch auf ihr leben. So etwas kann man nicht erklären. Es ist ein Wunder.

Denn diese Liebe, aus der Gottes Macht besteht, ist ja nicht etwas, was wir nur erfahren, wenn wir sterben. Diese Liebe, diese Macht, die die Quelle aller Wunder ist, haben wir jetzt.

Die Liebe, die Gottes Macht bedeutet, ist die Macht des Heiligen Geistes, die Macht des Trösters. Wunder, die heute auf der Erde geschehen, sind Wunder dieses Geistes.

Gottes Liebe, die im Heiligen Geist offenbar wurde.

Die Macht von Gottes Liebe ist heute so stark wie vor beinahe zweitausend Jahren, als die Schreiber des Neuen Testaments die Wundergeschichten des Herrn festhielten – Geschichten, in denen Jesus Menschen heilte. Der menschgewordene Gott wirkte mit seiner Macht Wunder.

Diese Wundergeschichten sollten uns eine Lektion über die Macht von Gottes Liebe erteilen. Jesus hat den Menschen wieder und wieder davon erzählt.

Und er hat uns erzählt, daß die immer vorhandene, ewig fortdauernde Liebe Gottes für uns der Heilige Geist sein würde, der Tröster.

Ich werde immer noch wütend und klage Gott an. Und ich weiß auch, wenn ich gelähmt wäre oder unheilbar krank oder wenn meiner Familie so etwas zustoßen würde, dann würde ich auch auf ein Wunder »am Fleisch« warten wie auf ein Wunder des Heiligen Geistes.

Aber bevor ich heute nach dem Warum frage, lasse ich den Satz weg: »Wenn Gott allmächtig ist, wenn er uns alle liebt . . .« Heute fühle ich, daß Gottes Macht Gottes Liebe ist. Und daß das Potential an Macht und Liebe in uns und in der

Welt viel größer ist als jedes Wunder an Leib und Gliedern – wenn wir es nur im Umgang miteinander nutzen würden.

Kann irgendeine dieser Überlegungen jemandem helfen, der im Sterben liegt oder trauert?

Wenn Leute wie Melanie Herds Eltern nicht an Gott glauben, dann hat es nicht viel Sinn, ihnen ausgerechnet in einer Krise erzählen zu wollen, daß es Gott gibt und daß seine Liebe heilende Kraft hat. Sie mögen höflich sein, aber sie glauben Ihnen nicht, und sie wollen nicht hören, was Sie sagen. Am Ende verursachen Sie noch zusätzlich Angst und Zorn. Dann nämlich, wenn Ihre Gesprächspartner das Gefühl haben müssen, die Tragödie habe sie getroffen, weil sie nicht gläubig sind.

Sie sollten unter allen Umständen zu einem Menschen, der todkrank ist oder trauert, halten, unabhängig von unterschiedlichen Auffassungen in Glaubensfragen. Sie müssen Ihre eigene Überzeugung nicht verraten. Aber seien Sie nicht selbstgerecht und nicht päpstlicher als der Papst. Halten Sie zu Ihrem nichtgläubigen Freund. Vielleicht ergibt es sich ja, wenn er offen dafür ist, daß Sie hier und da ein bißchen Glauben aussäen können. Ihre sanfte, ausdauernde Unterstützung allein kann das schon bewirken.

Wie helfen Sie hingegen jemandem, der an Gott glaubt, der aber jetzt zornig auf ihn ist oder der Angst hat, Gott strafe ihn? Wenn jemand von der Voraussetzung ausgeht, daß Gottes Macht seine Liebe ist, dann fällt eine göttliche Strafe für echte oder eingebildete Sünden schon einmal weg. Sie ist nicht der Grund für körperliche Leiden. Niemand leidet und stirbt an Krebs, weil Gott »ihn sich holen will«. Die meisten Leute werden Ihnen sagen, sie wüßten, daß Gott ihnen kein Leid schickt, um sie für ihre Sünden zu bestrafen. Aber bei aller Vernunft gibt es doch viele, die sich heimlich fragen, was sie »angestellt haben«, um so bestraft zu werden; was sie Böses getan haben, daß Gott ihnen die schwere Krankheit »geschickt« hat oder wenigstens nichts dagegen tut. Aber wenn Gott Liebe ist, dann ist es ein Widerspruch in sich – Gott erweist sich im Heiligen Geist. Nicht im Leiden der Menschen. Nach christlicher Überzeugung hat sich das Dilemma des Leidens im Leben und Sterben Jesu Christi offenbart. Jesus war ohne Sünde. Und doch mußte er leiden und sterben.

Jesus hat nicht nur kein Leid verursacht; er hat es genommen. Als Gott Fleisch wurde, wirkte er Wunder am Fleisch. Aber er selbst litt und starb.

Im Neuen Testament steht an einigen Stellen, daß Jesus, wenn er seine Wunder wirkte, gesagt hat: »Deine Sünden sind dir vergeben.« Aber er hat nicht damit gemeint, daß die Sünden dieses Menschen seine Heimsuchung verursacht haben. Er hat eher gemeint, daß jede Heimsuchung, jede Pein eine Sünde an sich sei; eine Sünde, die auf dieser Erde Menschen geschehen kann.

Für Jesus gab es keinen Unterschied, zu sagen »Deine Sünden sind dir vergeben« oder »Steh auf, nimm dein Bett und wandle!«. Die Sünde – die Heimsuchung, die Leid ausgelöst hatte – wurde ausgetrieben. Die Welt und wir Menschen bringen aus eigener Kraft genug Leiden, genug Sünden zustande. Gott braucht keine hinzuzufügen.

Wenn Sie mit Ihrem Freund in Trauer oder Ihrem sterbenden Freund über Strafe sprechen, müßten solche Überlegungen ausreichen, um ihm auszureden, daß Gott ihn straft. Die Entscheidung über seinen Glauben liegt grundsätzlich bei ihm. Aber Sie können mit solchen Gedanken helfen, wenn Sie nicht versuchen, ihn zu zwingen oder zu drängen.

Wenn jemand generell von Gottes Liebe überzeugt ist, dann kann er schlechterdings nicht glauben, daß Er menschliches Leiden verursacht oder zuläßt – weder als Strafe noch als Prüfstand für unseren Glauben noch als Lektion oder weil er nur begrenzte Macht hat.

Die Macht der Liebe Gottes ist total. Sie ist maßlos und bedingungslos und ewig. Es gibt keine Sünden auf Erden, die größer wären als die Liebe Gottes. Nichts könnte ihn dazu bringen, uns Böses antun zu wollen.

Das heißt nun nicht, daß Gott unsere Sünden und alles Leid, was wir selbst über uns bringen, gutheißen würde. Liebe kann Unrecht und falsche Vergebung nicht gutheißen. Aber

Gott wird festhalten an der schwachen, sündigen, zerstörten, vereitelten Spur des Atoms seiner Liebe in uns. Und er wird hoffen, daß wir dieser Liebe eines Tages eine Chance geben, in uns zu wachsen.

Selbst wenn Ihr Freund in der Lage ist, an Gottes Liebe zu glauben, und damit die eigene Tragödie besiegt, ist das noch kein Ersatz für seine Trauer. Gleichwohl kann sein Glauben den Prozeß verkürzen. Denn der Grund, warum Ihr Freund überhaupt trauert, ist die Liebe. Man trauert nicht um etwas oder um jemanden, das oder den man nicht gemocht hat.

Sollte sich zeigen, daß Ihr Freund wirklich einen starken Glauben hat, kann es gefährlich sein, ihm allzusehr dazu zu gratulieren. Wenn Sie pausenlos sagen: »Ich bewundere dich um deinen Glauben«, verbauen Sie ihm damit die Gelegenheit, sich auch dann an Sie zu wenden, wenn er zu einem späteren Zeitpunkt mit Gott hadert oder ihm Zweifel kommen. Das kann auch den überzeugtesten Gläubigen widerfahren. Wenn es Jesus schon so gegangen ist, wie sehr dann erst uns.

Tragödien sind Zeiten der Prüfung. Nicht Gott prüft uns, wir tun das selbst. Wir prüfen, wer wir sind, was wir glauben, wo wir Hoffnung, Glauben und Liebe finden. Wenn Sie Ihre Freundin mit einem zu strahlenden Heiligenschein ausstatten, können Sie bei ihr das Gefühl auslösen, sie könne ihre Prüfung nicht riskieren, wenn darin auch Zweifel an Gott eingeschlossen sind. Im schlimmsten Fall wird sie unfähig zu trauern. Im besten Fall geht Ihre Freundschaft daran kaputt.

Es besteht kein Anlaß, Gott vor den Fragen Ihrer Freundin in Schutz zu nehmen. Gottes Liebe kann man millionenfach auf den Prüfstand stellen; man wird keinen Makel daran finden. Freilich nutzen wir diese Liebe in unserem eigenen Leben nicht.

Haben Sie Geduld mit dem Freund in Trauer, mit der Freundin, die todkrank ist. Geben Sie ihr den Raum, um Atem zu schöpfen; leihen Sie Ihr Ohr, ohne zu richten. Wenn sie das Bedürfnis hat, ihre Zweifel an Gott und ihrem Glauben und an der Religion zu äußern, lassen Sie sie. Jesus hat auch gezweifelt. Warum sollten wir von unseren Freunden mehr verlangen, als Gott seinem Sohn abverlangt hat?

ZEHNTES KAPITEL

Ein Tod

Viele Leute glauben, daß Kinder mit unheilbaren Krankheiten auf irgendeiner Stufe ihres Bewußtseins ahnen, daß sie sterben werden. Das mag richtig sein, aber ich werde mich darauf nicht einlassen, solange »unbewußt« nicht sehr viel weiter gefaßt wird.

Ich möchte Ihnen von einem kleinen Mädchen erzählen, das ziemlich genau von seinem bevorstehenden Tod wußte und das sich darauf vorbereitete, Gott zu begegnen.

Für Taffy kam der Tod nicht friedlich daher. Sie war acht, als sie starb. Sie lebt in den Winkeln meines Herzens, wild und frei, sie kommt mir in den Sinn, wenn ich es am wenigsten erwarte, sie gibt dem Ausdruck »bittersüße Erinnerung« Sinn.

Niemals habe ich mich einem anderen Kind, das sterben mußte, so nahe gefühlt. Taffy wußte, daß sie sterben würde, sie wollte darüber reden. Und von allen Menschen in dem großen Krankenhaus suchte sie sich ausgerechnet mich als Freundin aus. Wir standen es zusammen durch bis zum bitteren Ende . . . fast.

Taffys Eltern waren geschieden. Ihren Vater hat sie nie erwähnt. Er hat sie nie besucht. Ich habe nie gefragt.

Anfangs kam die Mutter häufig zu Besuch. Aber nach jeder neuen Einlieferung, die jeder Entlassung alsbald folgte, wurden die Besuche weniger. Taffy und ihre Mutter hatten eine sehr enge Beziehung zueinander. Aber Taffys Mutter konnte mit ihrer Tochter nicht darüber sprechen, was mit ihr los war – trotz Taffys mehrfacher Versuche, trotz manchen Winks mit dem Zaunpfahl von seiten des Klinikpersonals. Das meiste aus jener Zeit kenne ich nur vom Hörensagen. Es geschah, bevor ich Taffy kennenlernte. Ihre Mutter habe ich nur einmal gesehen. Es war eine Woche vor ihrem Tod. Da kam sie mit drei anderen Leuten zu Besuch. Aber ich greife den Ereignissen voraus.

Ich traf Taffy, als ich mein Jahr der pastoralen Fortbildung an der Universitätsklinik für Erwachsene und Kinder begann. Die Grundausbildung als Krankenhausseelsorgerin hatte ich gerade beendet. Ich weiß nicht mehr, welcher Station ich damals zugeteilt worden war. Die mit leukämiekranken Kindern war es jedenfalls nicht. Taffy hatte Leukämie, aber das wußte ich nicht, als ich sie kennenlernte. Ich wußte nur, daß sie, wie viele andere Kinder, nur sehr wenig Haare hatte und daß sie in atemberaubendem Tempo über die Flure raste, wie durch eine Nabelschnur verbunden mit dem Ständer für den Tropf, die Infusionsflasche und den Schlauch.

Taffy hatte so gut wie immer eine Kanüle im Arm. Anstatt sie zu zwingen, im Bett zu bleiben, gaben ihr die Schwestern einen Ständer auf Rädern und ließen sie auf den Fluren herumstreichen, den Apparat schob sie vor sich her. Taffy und ihr Ständer gehörten so untrennbar zusammen, daß es einem schon nicht mehr auffiel.

Ich erinnere mich, Taffy zum ersten Mal in einem Gottesdienst gesehen zu haben, den ich eines Sonntags in der Kapelle der Kinderklinik hielt. Sie war gerade acht und diesmal seit drei Wochen auf Station. War sie früher schon mal hiergewesen?

»O ja. Schon x-mal«, sagte sie.

Sie war allein in die Kapelle gekommen, kein Erwachsener, keine Schwester begleitete sie. Sie saß sehr aufrecht auf ihrem Stuhl, den Ständer mit der Infusion vor sich. Sie schaute mich aus großen braunen Augen an. Sie lächelte nie.

Als wir einen Kreis bildeten und jedes Kind mit Gott sprechen wollte, betete Taffy: »Lieber Gott, laß es im Himmel schön sein!« Das Gebet ging mir nicht mehr aus dem Kopf. Aber ich kam nicht darauf zurück. Taffy auch nicht.

Wenn sie zu meiner Station gehört hätte, hätte ich sie vielleicht später am Tag wiedergetroffen, mit ihr über den Himmel gesprochen und sie nach dem seltsamen kleinen Gebet gefragt. Aber ich hatte ja die Entschuldigung, daß sie nicht zu meiner Station gehörte. Ich schob Taffy und ihr Gebet beiseite. Im übrigen würde ich sie vielleicht überhaupt nicht mehr treffen; in den nächsten vier Wochen hatte ich keinen Gottesdienst mehr.

Aber noch in der gleichen Woche, als ich um die Ecke bog,

um zum Fahrstuhl zu gehen, hörte ich eine kleine Stimme. »Hallo! Hast du Lust, meine Bilder anzugucken?«

Ich schaute herunter, und da war es, das kleine Mädchen, dessen Gebet mich verfolgte.

»Du warst in der Kapelle, nicht wahr?« fragte sie mich.

»Ja«, sagte ich. Das ist mein Fach, dachte ich bei mir.

»Ich mag dich«, sagte sie ohne Umschweife. »Wirst du bitte kommen und dir meine Bilder anschauen?«

»Na gut«, sagte ich und ließ mich von ihr mitschleppen ins Spielzimmer von Vier-Ost. »Ich weiß noch, wie du heißt«, sagte sie. »Nina. Kannst du dich an meinen Namen erinnern?«

Ich konnte es nicht. Es waren zu viele Kinder im Gottesdienst gewesen, entschuldigte ich mich vor mir selbst. Wie konnte man erwarten, daß ich mir alle Namen merkte? Aber ich wünschte mir, ich wüßte ihren noch. »Nein. Tut mir leid«, sagte ich. »Aber ich bin sicher, es ist ein sehr hübscher Name.« Mein kläglicher Versuch der Wiedergutmachung.

»Ich glaub' auch, daß er ganz hübsch ist. Taffy. Wirst du ihn dir merken?«

»Ja, Taffy. Ganz bestimmt. Ich versprech's dir.«

»Gut.« Plötzlich blieb sie stehen und schaute zu mir hoch. Ihr Haar war hellbraun und sehr kurz. Sie war nur Haut und Knochen. Ihre Wangen waren eingefallen und blaß. Ihre großen mandelförmigen Augen schauten ernst und fragend. Sie erinnerte mich an ein verwahrlostes Kind in einer Anzeige für Spenden in die Dritte Welt.

»Willst du meine Freundin sein?« fragte sie leise.

Es erstaunte mich und brachte mich durcheinander. Ich weiß noch, daß ich dachte, Taffy, du hast Leukämie, und ich gehöre nicht zu deiner Station, und der Hauptpastor reißt mir den Kopf ab, wenn ich anfange, dich zu besuchen. »Es ist Ihnen untersagt, andere Stationen außer Ihrer eigenen zu betreten, es sei denn, in Notfällen.« Also spricht der Direktor der Seelsorger. Die menschliche Seite findet keine Berücksichtigung. Ich würde beruflich in Teufels Küche kommen, wenn ich Freundschaft mit einem Kind schlösse, das nicht zu meiner Station gehört.

Aber Gott oder wenigstens etwas, was sensibler war als die

mit Eisen gepanzerten Vorschriften der Seelsorge-Verwaltung, sagten mir, daß dies ein »Notfall« sei und daß ich auf die Bedürfnisse dieses Kindes eingehen müsse.

Deshalb ging ich in die Hocke und schaute in Taffys ernstes Gesicht. »Vielen Dank, Taffy. Sehr gern. Ich möchte sehr gern deine Freundin sein.«

Und so wurden Taffy und ich Freundinnen. Es war eine sehr persönliche Freundschaft. Wir teilten sie nicht mit aller Welt. Wir bewahrten sie für bestimmte Anlässe und besondere Zeiten auf. Auf lange Sicht tat sie uns beiden gut.

Taffy hatte schon seit fünf Jahren Leukämie. Niemand konnte genau sagen, wie oft sie schon im Krankenhaus gewesen war. Wie erwähnt, wurde von einem Vater nicht gesprochen. Und die Mutter war oft so mitgenommen vom Schicksal ihrer Tochter, daß sie zu Besuchen nicht in der Lage war. Taffy machte es mit sich selber ab. Wann immer sie in der Klinik war, hatte sie ihren Infusionsständer als Freund. Solche Erfahrungen machten sie älter als acht.

Aber tief drinnen machten sie diese Umstände bedürftiger als ein kleines Kind. Und aus Gründen, die für immer im Dunkel bleiben werden, hatte Taffy mich als Freundin ausgesucht, als Freundin bis an ihr Lebensende. Wie bald das sein würde, wußte ich nicht, als sie jetzt mit der einen Hand ihren Ständer schob und mich an der anderen zum Spielzimmer schleppte, um mir Bilder zu zeigen. Ich wußte nur, daß ihre Bitte wichtig genug war, um dafür eine eiserne Regel zu brechen.

Sie malte Bilder mit Buntstiften und Wasserfarben. Es waren sehr fröhliche Bilder, mit Sonnen und Blumen, Vögeln und Bäumen. Und auf jedem Bild gab es ein Strichmännchen, ein Mädchen mit langen schwarzen Haaren. »Das bin ich«, erklärte Taffy. »Solche Haare hatte ich. Ich war wirklich mal hübsch. Mam sagt, aus mir wäre eine Schönheit geworden. Aber dann hab' ich Leukämie gekriegt. Daraus wird wohl nichts.«

»Macht dich das wütend?«

»Am Anfang ja. Als mir alle Haare ausfielen, war ich todunglücklich. Es war so schönes Haar. Wenn wir uns besser kennen, zeige ich dir Fotos von mir mit den langen Haaren. Du wirst nicht glauben, daß ich das bin. Wie auch immer – inzwischen hab' ich mich dran gewöhnt. Aber manchmal weine ich nachts doch noch deswegen. Es war toll, hübsch zu sein. Aber sag es keinem, bitte, ich meine, daß ich nachts weine. Es ist besser, nicht zu weinen.«

»Glaubst du wirklich?«

»Meistens. Meistens ist es besser. Wirst du mich besuchen kommen und mit mir reden, wenn du Zeit hast?« Sie wechselte das Thema.

Ich ging darauf ein. »Wenn ich kann, Taffy. Aber ich muß dir etwas erklären, damit du mich besser verstehst.« Wir setzten uns ins Spielzimmer. »Es gibt fünf oder sechs Seelsorger in der Ausbildung in dieser Klinik. Und jeder von uns ist einer bestimmten Station zugewiesen. Ich bin zuständig für Vier-West und jemand anderes für Vier-Ost, deine Station. Das bedeutet nicht, daß wir nicht miteinander befreundet sein können, aber es bedeutet, daß wir uns vielleicht nicht so oft sehen können, wie wir beide möchten. Kannst du das verstehen?«

»Ich kenn' mich da aus«, nickte sie. »Meine Pastorin hat mit mir geredet. Sie ist eine Nonne. Sie ist sehr nett, aber zu steif. Ich hab's mit ihr versucht, aber sie hört mir gar nicht zu. Ich hab's mit dir versucht. Du hörst, was ich sage. Bitte, sei meine Freundin, wenn du kannst.«

Sie hatte ihre Krankenhauserfahrungen gemacht! »Gut, Taffy.« Ich lächelte ihr zu.

Ich bin nicht sicher, wie sie es mit mir »versucht« hat, aber ich kann es mir vorstellen. Wenn ich mir eine faule Ausrede hätte einfallen lassen, weil ich ihren Namen nicht wußte, oder wenn ich gesagt hätte, sie sei auch jetzt noch sehr hübsch, als sie von ihrem Haar erzählte, hätte sie mich abgeschrieben. Jede Frau, die etwas taugt, weiß, wann sie besonders hübsch ist. Und Taffy war eine solche Frau. Taffy konnte man nichts vormachen. Ich habe es auch nie versucht. Das ist eine gute Voraussetzung für eine dauerhafte Freundschaft.

Was immer für ein Mittel aus der Infusionsflasche in jenem Herbst in Taffys Venen floß, es half eine Zeitlang. Etwa drei Wochen nachdem wir Freundschaft geschlossen hatten, wurde sie entlassen. Ich hatte ihre Mutter während dieser ganzen Zeit nicht ein einziges Mal gesehen. Aber Taffy erwartete auch nicht, daß ich zwischen ihr und ihrer Mutter vermittelte. Sie liebte und sie verstand ihre Mutter, und sie versuchte, ihr die Dinge leichter zu machen.

»Meine Mutter ist nicht besonders glücklich, wenn ich vom Sterben rede. Sie sagt, ich solle nicht davon sprechen und nicht daran denken. Ich kann es nicht ertragen, wenn sie so traurig aussieht, also halt' ich den Mund. Aber ich denk' natürlich doch dran. Darf ich bei dir darüber reden, wenn mir danach ist?«

»Ja, Taffy, das kannst du. Wann immer du willst. Aber hast du eine Ahnung, warum deine Mutter nicht mit dir darüber sprechen will?«

»Ich glaube, weil sie mich liebhat und weil es ihr weh tut, auch nur daran zu denken.«

»Ich glaube, du bist sehr klug. Wahrscheinlich ist genau das der Grund. Macht dich das nicht auch unglücklich?«

»Manchmal irgendwie schon. Aber ich kann nachempfinden, was sie fühlt. Ich glaube, wenn es meine Mam wäre, die sterben müßte, könnte ich auch nicht mit ihr darüber sprechen. Dann wäre ich zu traurig. Deswegen ist es am schlausten, ich bin bei meiner Mam fröhlich und hab' Spaß mit ihr – und mit dir rede ich über die anderen Dinge. Macht dich das dann auch traurig?«

»Vermutlich ja. Manchmal. Aber wie lieb ich dich auch mit der Zeit haben werde, es wird nie so sein wie die Liebe deiner Mutter. Das ist eine ganz besondere Art von Liebe, und nichts tut mehr weh, als jemanden liebzuhaben und an seinen Tod denken zu müssen.«

»Ich weiß. Und ich bin froh, daß es dich gibt.«

»Ich auch. Taffy, willst du mir etwas versprechen? Du gehst bald heim. Es kann ja sein, daß sich deine Mutter eines Tages besser fühlt und daß sie bereit ist, mit dir übers Sterben zu reden. Wenn du den Eindruck hast, gib ihr eine Chance, ja?«

»Klar, aber ich glaub' nicht, daß es dazu kommt. Ich hab's schon so oft versucht. Die Ärzte und Schwestern auch, obwohl sie es mir nicht gesagt haben. Aber es macht sie nur traurig. Dann weint sie. Deshalb rühr' ich nicht mehr dran. Die

Ärzte und Schwestern haben es auch aufgegeben. Aber sie ist wirklich unheimlich lieb. Mach dir keine Sorgen, Nina, ich hab' sie ganz arg lieb. Du mußt nicht denken, ich wolle dich als Ersatz. Sie ist meine Mutter – du bist meine Freundin. Das werd' ich schon nicht vergessen. Alles klar?«

»Alles klar.« Keine Klage. Kein Vorwurf. Sie vermißte nichts. Acht Jahre alt. Klüger als manche Achtzigjährige.

Und sie vergaß es wirklich nicht. Und ihre Mutter konnte nie mit Taffy über ihr Sterben sprechen. Und obwohl das schade war, war es für die Mutter wahrscheinlich die einzige Möglichkeit, damit klarzukommen. Und mir blieb das Geschenk einer ganz besonderen kleinen Freundin, die ihr Innerstes mit mir teilte.

»Du bleibst bis Juni hier?« fragte Taffy am Abend, bevor sie in jenem November entlassen wurde.

»Ja, bis zum 12. Juni.«

»Dann bist du noch da, wenn ich wiederkomme.« Das war eine Feststellung.

»Was?«

»Ich habe gehört, wie Dr. Clayton gesagt hat, ein anderes Medikament gebe es nicht mehr. Sie haben alles an mir ausprobiert, was es gibt. Wenn das nicht mehr wirkt, haben sie nichts anderes mehr. Ich glaube, ich habe es die ganze Zeit über gewußt. Ich denke, es wird zwei oder drei Monate funktionieren, wenn ich Glück hab', vier. Du wirst auf jeden Fall noch dasein.«

»Es sei denn, du irrst dich«, sagte ich und lächelte ihr zu.

»Ich irr' mich nicht«, sagte sie. Unumstößliche Tatsache.

Es ging zwei Monate gut, nur zwei Monate. Am 21. Januar war sie wieder da. Wir hatten uns in der Zwischenzeit nicht gesehen, hatten nicht miteinander telefoniert, nicht einmal Weihnachtsgrüße hatten wir ausgetauscht. Ich weiß bis heute Taffys Nachnamen nicht. Ich glaube auch nicht, daß sie meinen je wußte. Wir waren Krankenhausfreundinnen, unsere Bestimmung war, gemeinsam Taffys Sterben durchzustehen. Und genau das taten wir, beinahe.

Als ich über Lautsprecher ausgerufen wurde, sagte mir das nichts. Es war nicht meine neue Station, auch nicht die frühere, auch nicht meine Lieblingsstation, die Neurochirurgie, die mich rief. Es war auch nicht die offizielle Seelsorge-Nummer. Ich ging davon aus, daß jemandem ein Fehler unterlaufen war, als ich, wie gefordert, die 4971 wählte.

»Hallo, Nina Herrmann hier, sucht mich jemand?«

»O ja, bleiben Sie bitte dran.«

»Hallo, hier ist Lucinda Bowman. Ich bin Schwester auf Vier-Ost. Sie sind doch die Pastorin, die mit Taffy befreundet ist, oder?«

»Ja?« Mir wurde kalt. Ich wartete.

»Sie wurde letzte Nacht eingeliefert. Sie hat versucht, Sie zu finden. Wir waren drüben auf Vier-West, aber man hat uns gesagt, Sie hätten die Station gewechselt. Taffy würde Sie gern sehen, wenn Sie Zeit haben.«

»Wie geht es ihr?«

»Nicht besonders. Sie kann zwar noch gehen, aber ich weiß, daß sie furchtbare Schmerzen hat ... Sie wissen, daß man nichts mehr tun kann, daß es kein Medikament mehr gibt?«

»Ich weiß.«

»In zwei Wochen höre ich hier auf. Ich kann Ihnen sagen, ich bin froh. Ich will nicht hiersein, wenn es soweit ist. Ich halt' das nicht mehr aus, vor allem nicht bei einem Kind wie Taffy. Ich denke, ich bin weg, bevor sie geht. Aber viel länger wird es nicht dauern. Fragen Sie sich nie, warum? Es ist einfach nicht fair.«

»Nein. Ist es nicht. Und ja, ich frage mich, warum. Immer.«

»Nun, vielen Dank, daß Sie angerufen haben. Und daß Sie kommen. Ich weiß, Taffy mag Sie sehr. Und das zählt jetzt mehr als alles andere.« Sie legte auf. Ich stand da und fror.

Taffy sah schrecklich aus. Ich weiß nicht viel über Leukämie. Ich habe nie lange genug auf so einer Station gearbeitet, um es herauszufinden. Ich wußte nichts von der Behandlung, ich kannte die Symptome nicht. Nicht den Prozeß des Verfalls und nichts darüber, wie man an Leukämie stirbt.

Und ich hatte beschlossen, nicht danach zu fragen. Ich hatte beschlossen, Taffys Krankenakte nicht zu lesen und die Ärzte und Schwestern nicht nach ihrem täglichen Befinden zu fragen. Ich hatte mich entschlossen, so oft wie möglich bei Taffy zu sein und die Dinge zu nehmen, wie sie kamen. Aber in den zwei Monaten, die sie daheim war, war die Krankheit nicht gut zu ihr gewesen. Sie sah winziger aus und zerstörter denn je, wie sie da schlafend in ihrem weißbezogenen Bett lag. Die Kanüle steckte pausenlos in ihrem Arm, so daß man ihr alle Medikamente verabreichen konnte, ohne sie jedes Mal wieder neu zu piesacken. Man wollte ihr zusätzliche Schmerzen ersparen. Davon hatte sie schon genug. An ihren Nasenlöchern klebte Blut. Ich nahm an, sie hätte vor kurzem Nasenbluten gehabt. Das stimmte. Aber sie hatte Nasenbluten bekommen, weil sie Blut gespuckt hatte.

»Hallo, Taffy«, flüsterte ich. Sie schlug die Augen auf.

»Nina, hallo, wie schön, daß du da bist.« Sie drehte sich mühsam und unter Schmerzen auf den Rücken. »Wir haben versucht, dich zu finden. Ich hatte schon Angst, du wärst weg. Ich hab' gedacht, du wärst an eine andere Klinik gegangen.«

»Nein, ich bin nur zu Vier-Zentrum gewechselt. Es ist voller Babys.«

»Die sind bestimmt süß.«

»Sind sie. Man kann mit ihnen nur nicht vernünftig reden.«

Sie lächelte. »Wie mit mir?«

»Wie mit dir. Wie geht's?«

»Geht so. Meine Knie tun scheußlich weh, aber ich kann immer noch laufen. Ich will wirklich laufen können. Ich hasse es, nur im Bett zu liegen.«

Ich dachte daran, daß sie im Herbst nie im Bett zu halten gewesen war. Wie sie immer mit ihrem Infusionsständer unterwegs gewesen war. »Möchtest du, daß ich mit dir ein bißchen rumlaufe?« fragte ich. »Oder sollen wir's auf später verschieben?«

Sie zögerte eine Sekunde. »Wir können es jetzt versuchen.«

»Taffy«, ich sah sie an. »Du weißt doch, immer ehrlich sein. Haben wir einander versprochen. Weißt du noch?«

»Gut, dann lieber später. Ich bin nur ein bißchen empfindlich.«

Ich lächelte sie an. »Gut, nachher packen wir's.«

»Nina?«

»Ja?«

»Nina, ich hab' Angst.«

»Ich weiß.«

»Wirst du bei mir sein, sooft du kannst?«

»Sooft ich kann.«

»Wie sieht er aus?«

»Wer?«

»Gott.«

»Hm ... Ich weiß, wie ich ihn mir vorstelle. Aber warum erzählst du mir nicht, wie du ihn dir vorstellst?«

»Gut. Aber dann sagst du's mir auch, ja?«

»Mach' ich.«

»Ich glaube, daß Gott groß und stark ist«, sagte sie langsam, »und die Leute wollen ihn anfassen und da sein, wo er auch ist. Ich glaube, daß er weiß, was ich mir wünsche – daß ich meine langen Haare wieder kriege – und daß er das versteht und daß ich sie im Himmel auch wieder habe, das hoff' ich jedenfalls. Ich glaube nicht, daß er zuläßt, daß mir die Knie so weh tun und daß ich immer noch krank bin. Ich denke, er will vielleicht, daß ich auch etwas für ihn tue, aber ich weiß nicht, was.

Ach ja, und ich denke, er lacht und läßt mich auf seinen Knien reiten. Der Vater von einer Freundin macht das mit ihr, und es sieht aus, als würde es Spaß machen. Was glaubst du, wie Gott ist?«

»Taffy, ich glaube, er ist ganz genau so, wie du ihn beschrieben hast.«

Sie schaute mich an. »Glaubst du wirklich?«

»Ja. Aber ich denke, es fehlt noch etwas?«

»Gut. Was?«

»Du hast gesagt, du denkst, Gott will, daß du auch etwas für ihn tust, aber du weißt nicht was.«

»Ja. Weißt du's?«

»Vielleicht. Ich meine, Gott möchte, daß wir ihn liebhaben. Und zuallererst, daß wir daran glauben, daß er uns liebhat, egal, was auch geschehen mag. Und daß wir ihn dann genauso liebhaben.«

Sie schwieg lange. Ich hörte die Essenwagen auf dem Flur entlangrattern, aber in Taffys Zimmer war es still. Schließlich sagte sie: »Ich hab' Gott lieb. Aber glaubst du, daß er mich liebt, so, wie ich jetzt bin?«

»Ja. Taffy, er liebt dich ganz sicher, genau so, wie du bist. Und er hat dich immer geliebt. Und wird dich immer lieben. Ich weiß nicht viel mehr von Gott als das, aber das weiß ich ganz genau.«

Sie lächelte. Sie lächelte einfach, das erste wirkliche, echte, offene Lächeln, das ich an diesem Tag auf ihrem Gesicht gesehen habe. Sie schloß die Augen, faßte nach meiner Hand und schlief ein.

Und ich saß da und hielt ihre Hand in dem stillen Raum. Wenn ich nicht glauben könnte, Taffy, dachte ich, daß Gott dich liebt, dann würde ich den Verstand verlieren. Ich weiß nicht, wo Leukämie herkommt oder warum kleine Kinder oder irgendwer leiden und sterben müssen, aber ich weiß ganz gewiß, daß es nicht die Schuld Gottes ist. Ich weiß sicher, daß Gott uns liebt, ganz gleich, was diese ach so freie Welt uns antut und diese ach so freien Menschen einander antun. Ich weiß, daß Gottes Liebe die einzige überwältigende Wahrheit ist, die aus Chaos Frieden macht. Wenn ich diese Gewißheit nicht hätte, wenn ich daran nicht glauben könnte, würde ich verzweifeln am Tod von Taffy und dem zahlloser anderer Kinder, die ich gekannt habe.

Ja, Taffy, Gott liebt dich, und er wird dir dein schönes, langes Haar wiedergeben, er wird dich auf seinen Knien reiten lassen, er wird dir Frieden geben und ein Lächeln auf dein Gesicht.

Am leichtesten war es für mich, Taffy am Abend zu besuchen, vor allem, wenn ich Bereitschaftsdienst hatte. Dann hatte ich einen offiziellen Grund, bei ihr zu sein. Tagsüber besuchte ich meine Patienten unter den Erwachsenen und Kindern, sprach mit Angehörigen am frühen Abend und beschloß den Tag nach der Besuchszeit in Taffys stillem Zimmer, wenn auf meiner Station Ruhe eingekehrt war und wenn bei ihr die Angst wuchs.

Jeden Tag wurden die Schmerzen schlimmer. Bald konnte sie keinen Schritt mehr gehen, nicht einmal mehr im Rollstuhl sitzen.

Sie bekam inzwischen die höchste Dosierung an Schmerzmitteln, und es war ein Wettrennen mit der Zeit, ob ihre Wirkung so lange andauern würde wie ihr Leben. Die Abstände zwischen den Blutstürzen wurden immer kürzer. Sie wurde von Tag zu Tag schwächer. Aber sie gab nicht auf.

Taffys größte Angst war, ganz allein zu sterben. Tagsüber konnte sie besser schlafen, weil Leute um sie her waren. Keine Besucher, das nicht; nie Besuch für Taffy. Tag um Tag verging, ohne daß jemand zu ihr kam. Aber tagsüber war mehr Personal auf der Station, gab es die Eltern anderer Kinder und die Besucher anderer Kinder. Des Nachts waren viel weniger Leute da, deshalb fürchtete sich Taffy auch nachts am meisten. Nachts kamen ihr die Gedanken, sie würde aufwachen und allein sein und sterben müssen. Davor hatte sie Angst. Deshalb dachten wir uns etwas aus, Taffy und ich. Jedesmal, wenn ich noch spät bei ihr sein konnte, Bereitschaft oder nicht, und das war ziemlich oft, saß ich neben ihrem Bett und massierte ihre Beine, bis sie einschlief. Sie gab sich auch Mühe, einzuschlafen. Sie versuchte nie, meinen Besuch bei ihr zu verlängern, indem sie sich mit Gewalt wachhielt.

Sie wollte nur einschlafen können, solange jemand bei ihr war, neben ihr saß, ihre Hand hielt oder ihre Beine massierte oder einfach still bei ihr war.

An zwei oder drei Tagen hintereinander in jenen langen Winterwochen war ich sicher, daß der Tod bevorstand. Dann ging es ihr plötzlich einen oder zwei Tage lang besser. An einem solchen Tag hatte sie eine Überraschung für mich parat.

Ich hatte ihr gesagt, ich käme nach dem Mittagessen auf einen Sprung vorbei, gegen ein Uhr. Kurz vor eins, als ich auf meiner Station aus dem Lift stieg, kam Taffy um die Ecke, um mich zu besuchen. Eine Schwester schob sie im Rollstuhl.

»Immer mußt du zu mir kommen«, sagte sie strahlend. »Ich dachte, heute komme ich mal zu dir.«

Überhaupt in den Rollstuhl zu gelangen muß entsetzlich qualvoll gewesen sein. Taffy wurde von allen Seiten mit Kissen gestützt. Aber sie hatte es geschafft. Sie war aufgestanden. Sie war zu mir gekommen.

»Taffy, du siehst wunderbar aus.« Mehr konnte ich nicht

sagen. Und es stimmte. Und sie wußte, daß es stimmte. Sie wußte, was Schönheit bedeutet. Sie wußte, heute war sie schön.

Taffys körperliches Leiden wurde noch schlimmer. Ich mag es hier nicht beschreiben. Es gab immer noch verhältnismäßig gute Tage zwischen all den schlechten, aber sie wurden immer seltener. Und immer noch hielt sie durch. Und immer noch kam ich am Abend. Und rubbelte ihre Beine. Wir sprachen immer weniger miteinander. Was gesagt werden mußte, war gesagt worden. Manchmal wollte sie, daß ich ihr etwas vorlese, aber meistens saßen wir still beieinander, bis sie einschlief.

An einem Freitag Ende Februar schienen die Schmerzen merklich zuzunehmen. Die Medikamente verloren in immer kürzeren Abständen ihre Wirkung.

»Es wird nicht mehr lange dauern«, sagte eine der Schwestern zu mir, als ich in dieser Nacht Taffys Zimmer verließ. »Eine Woche vielleicht noch, oder zwei.« Ich wußte, sie meinte es gut, aber ich hätte es lieber nicht gewußt. Vielleicht wollte ich es auch nur nicht bestätigt bekommen. Geahnt hatte ich es wohl.

Am gleichen Wochenende geschah etwas Merkwürdiges. Taffys Zimmer, sonst immer leer und still, füllte sich mit Besuchern. Sie hatte fast die ganze Zeit über Schmerzen, aber sie versuchte, höflich zu sein. Ihre Gäste erzählten Witze und versuchten, sie zum Lachen zu bringen. Die Stimmen im Zimmer schienen drei Oktaven höher als sonst. Und das war nur der Auftakt.

Ihre Mutter kam nun jeden zweiten Abend von sieben bis halb neun. Andere Erwachsene kamen vorbei. Und Personal aus der Kinderklinik schaute rein. Wenn ich an Taffys Zimmer in jener Woche denke, fällt mir nur ein Wort ein: überfüllt. Wahrscheinlich, weil es vorher immer so leer gewesen war.

Am letzten Abend, an dem ich Taffy sah, war sie auch von einer Menge umlagert. Ihre Mutter, ein Haufen Verwandte, Freunde ihrer Mutter, Leute aus der Belegschaft der Klinik – alle kamen auf einmal. Als ich meinen Kopf durch die Tür steckte, redeten alle durcheinander. Taffy war mit Kissen im

Bett aufrecht gesetzt worden. Sie versuchte so unauffällig wie möglich Blut zu spucken, während ihre Besucher höflich an die Decke oder auf den Boden schauten und aussahen, als wünschten sie, Taffy ließe das sein.

»Entschuldigen Sie«, sagte ich. »Ich wollte nicht stören.« Ich lächelte Taffy zu.

»Nina, bleibst du heute länger? Kommst du nachher noch mal?« Weil ihre Mutter und all die anderen Leute da waren, hatte ich eigentlich nicht vorgehabt zu bleiben. Aber etwas in ihrer Stimme änderte meine Meinung. »Ich komm später noch mal rein«, sagte ich. »Ich versprech's dir.«

Sie lächelte mir zu, so gut sie konnte, als ich ging. Aber wie sie da so saß, eingepfercht zwischen ihren Kissen, sah sie aus wie in der Falle, müde, überfordert und voller Schmerzen – ganz offensichtlich mit sehr starken Schmerzen. Als ich wiederkam, waren sie kaum noch auszuhalten.

»Hallo, Taffy.«

»Ich bin so froh, daß du noch nicht nach Hause gegangen bist.«

»Ich auch.«

»Wie spät ist es?«

»Ungefähr neun.«

»O nein, noch eine halbe Stunde!« Tränen liefen ihr übers Gesicht.

»Eine halbe Stunde bis zur nächsten Spritze?«

Sie nickte.

»Es tut mir so leid, daß du solche Schmerzen hast. Ich wollte, ich könnte dir helfen.«

»Ich auch.«

»Soll ich dir die Beine massieren?«

»Ich weiß nicht. Ich weiß nicht, ob noch irgend etwas hilft. Kannst du hierbleiben, bis ich eingeschlafen bin?«

»Ja, ich bleibe hier, bis du schläfst.« Aber bei den Schmerzen fragte ich mich, ob sie überhaupt einschlafen würde.

»Oh, es tut so weh«, schluchzte sie.

Es muß weh getan haben, denn sie konnte nicht aufhören zu weinen. Normalerweise unterdrückte sie Tränen mit aller

Kraft. Und ich konnte sie nicht einmal in die Arme nehmen, denn das hätte ihr noch mehr Schmerzen bereitet.

»Wie spät ist es jetzt?«

»Zwei Minuten nach neun.«

»Willst du versuchen, mir die Beine zu rubbeln?«

»Klar.«

»Fester, bitte.«

Ich massierte mit aller verfügbaren Kraft.

»Das tut gut, Nina. Das hilft.« Sie wurde ruhiger.

Die Spritze kam. Dann kamen die Schmerzen wieder, das Warten, die nächste Spritze. Es war fast Mitternacht.

»Nina, red mit mir, bitte. Erzähl mir was von Gott. Erzähl mir, was du denkst, wenn du an Gott denkst.«

»Gut.« Ich rubbelte weiter ihre Beine. »Manchmal, Taffy, wenn ich traurig bin, mach' ich die Augen zu und stell' mir Gott so vor, wie ich ihn mir am liebsten vorstelle. Ich sehe ihn vor mir mit schneeweißem Haar und einem langen, weißen Bart. Er hat ein weiches, weißes Gewand an. Ich kann sein Gesicht nicht gut beschreiben, aber er hat klare, freundliche Augen. Er ist irgendwo über mir, und ich fang' an, zu ihm hinaufzuklettern.

Manchmal muß ich ganz tüchtig klettern und manchmal nur ein bißchen. Aber jedesmal, bevor ich bei ihm ankomme, streckt er die Arme aus und hilft mir zu sich hoch. Und ich fühle schöne frische Luft um mich.

Und dann kuschel' ich mich in Gottes Arm und bin geborgen in den Falten seines weißen Gewands, und ich kann ganz tief Atem holen, fühle mich ganz sicher. Und dann kann ich ausruhen.

Manchmal streichelt er meinen Arm oder meinen Rücken oder mein Haar. Manchmal hält er mich einfach fest. Wenn ich das Gefühl habe, weinen zu wollen, kann ich das. Er wird mich deshalb nicht wegstoßen. Er versteht alles. Ihm kann ich erzählen, was mich bewegt, obwohl er das ja sowieso schon weiß. Aber ich möchte es ihm gerne erzählen. Und ein anderes Mal halte ich mich nur an ihm fest.

Manchmal, Taffy, sehe ich Gott auch so vor mir, wenn ich glücklich bin. Und dann liege ich in seinen Armen und erzähl' es ihm, und er lächelt und lacht mit mir und hat diese klaren, fröhlichen Augen. Und dann geht es mir noch besser.

Und weißt du was, Taffy, manchmal, wenn ich wütend bin, wenn Dinge geschehen, die ich nicht verstehen kann, die nicht fair scheinen, auch dann kletter' ich zu ihm hinauf und hau' ihm vor lauter Wut mit den Fäusten auf die Brust. Ich weiß, das ändert nichts an den Dingen, über die ich mich auf der Erde ärger', aber es geht mir danach einfach besser. Ich habe mir die Freiheit genommen, auf Gott wütend zu sein. Ich weiß natürlich, daß er mich auch dann liebt, wenn ich zornig bin.

Wenn ich eine Zeitlang bei ihm war, hebt er mich hoch und drückt mich an seine Brust, und dann läßt er mich durch die kühle Luft hinabgleiten auf die Erde. Und da mach' ich weiter. Und immer, immer fühle ich mich danach besser.

Aber ich glaube, am tollsten ist es, wenn ich traurig bin und mich verlassen fühle und dann losgehe, um Gott zu besuchen. Weil ich danach weiß, daß ich nicht allein bin.«

»Heute nacht habe ich mich ganz verlassen gefühlt«, sagte Taffy.

»Mit den vielen Besuchern?«

»Ich wollte, die wären letzte Woche gekommen. Oder vor zwei Wochen. Heute abend habe ich mich nur allein gefühlt. Kann ich auch versuchen, zu Gott zu klettern?«

»Aber sicher. Mach die Augen zu und fang an. Er wird dich sehen, bevor du besonders weit gekommen bist.«

Die Nachtschwester kam um halb eins mit Taffys nächster Spritze. Sie war eingeschlafen. Ich ging um Viertel vor eins. Taffy habe ich nie wiedergesehen.

Im Film wäre sie friedlich im Schlaf gestorben, in Gottes Armen. So war es nicht.

Der letzte Abend, den ich bei Taffy verbracht hatte, war ein Donnerstag. Sie starb Samstag nacht. Ich war übers Wochenende verreist. Ich hatte ihr gesagt, daß ich nicht dasein würde. Aber ich hatte auch nicht geglaubt, daß sie sterben würde. Es war das zweite Mal, daß ich nicht da war, als ein Kind, an dem ich sehr hing, starb. Aber bei Taffy waren die Umstände andere; bei ihr fühlte ich mich sehr viel mehr schuldig.

Ich erfuhr nicht einmal vor Montag, daß sie tot war. Ein

Kommilitone erzählte es mir Montag früh. Er hatte Dienst und war bei ihr. Er sagte, Taffy sei ins Koma gefallen, aber erst nach einem Delirium der Schmerzen. »Es war grauenhaft«, sagte er. »Einfach grauenhaft.«

Ich fragte nicht nach Einzelheiten; ich wollte sie nicht wissen. Es tat mir zu weh, und ich fühlte mich so schuldig. Es war später Nachmittag, bevor ich eine ruhige Ecke fand, um zu weinen.

Meine Abwesenheit war unvermeidlich gewesen. Ich mußte ein Wochenendseminar halten. Ich hatte es lange zuvor zugesagt. Es gehörte zu meiner Ausbildung.

Aber die dienstliche Entschuldigung, es war eine kirchliche Veranstaltung, half mir nichts. Ich war wütend, weil ich nicht dagewesen war. Ich wollte Taffy sagen, wie lieb ich sie gehabt hatte, wieviel sie mir beigebracht, wieviel sie mir gegeben hat. Ich wollte ihr einen Kuß zum Abschied geben. Ich wollte sie nur noch ein einziges Mal lebendig sehen. Und konnte es nicht.

Vor allem hatte ich das Gefühl, sie im Stich gelassen zu haben. Ich hatte die größten Schuldgefühle, weil ich es nicht mit ihr durchgestanden hatte bis zum Ende, daß ich nicht ihre Freundin geblieben war bis zum Schluß, daß ich zum wichtigsten Zeitpunkt nicht bei ihr war – in ihrer Todesstunde.

Ich hatte Dienst an jenem Montag abend. Ich saß in der Cafeteria der Kinderklinik und dachte an Taffy. Eine Krankenschwester kam vorbei. Sie trug ihr leeres Tablett zur Küchendurchreiche. An meinem Tisch blieb sie stehen.

»Sie wissen doch, daß Taffy am Samstag gestorben ist, oder?«

»Ja, ich weiß. Danke«, sagte ich. Ich versuchte, höflich zu sein, aber ich wollte nun wirklich kein Gespräch anfangen. Ich erkannte die Schwester wieder. Sie war es, die Taffy die Spritze gegeben hatte, in jener letzten Nacht, kurz bevor ich gegangen war. Sie drehte sich um, um weiterzugehen. Sie hatte wohl gemerkt, daß mir nicht nach Reden zumute war. Aber dann blieb sie stehen und kam zurück.

»Darf ich mich einen Moment setzen?«

»Sicher.« Nein, ich will nichts davon hören, schrie es in mir. Geh weg, es geht mir dreckig genug. Laß mich doch in Ruhe!

»Ich möchte Ihnen etwas erzählen«, sagte sie. »Ich weiß, daß

Sie nicht da waren, als Taffy starb. Und ich denke, Sie wünschten, Sie wären dagewesen. Aber Sie waren da, als es darauf ankam. Sie waren die vielen Wochen über da, als sonst keiner kam. Als Taffy wirklich jemanden brauchte.

Samstag nacht hat sie niemanden gebraucht. Niemand konnte irgend etwas für sie tun. Horden von Leuten waren bei ihr, nahezu alle kamen. Samstag und Freitag auch, die ganze letzte Woche.

Das ist immer so. Sie kommen aus ihren Löchern, wenn es zu Ende geht. Wenn es wirklich zu Ende geht und wenn sie wirklich nicht mehr gebraucht werden. Sie waren da, als es nötig war. Sie waren Ihre Freundin, Sie haben sie geliebt. Ich weiß das, wir alle wissen es. Taffy wußte es auch.«

Sie nahm ihr leeres Tablett und ging.

Wie kann man einem Menschen für so etwas danken?

In meiner Trauer hatte ich eine Freundin gefunden. Eine Fremde, die wußte, was wann zu sagen war. Was sie gesagt hatte an jenem Montag abend änderte alles. Es veränderte auch meine Trauer um Taffy.

Sie können das auch. Sie können auch die richtigen Worte finden und die richtigen Dinge tun. Auch Sie können einem trauernden Menschen Freund sein. Sie können etwas verändern. Sie können sogar alles verändern.

Es ist alle Anstrengungen wert.

Anhang

Im nachfolgenden geben wir[1] mit freundlicher Genehmigung der einzelnen aufgeführten Gruppen Adressen von Selbsthilfegruppen und Institutionen an, die sich mit Trauerarbeit beschäftigen und an die Betroffene sich wenden können. Die hier wiedergegebene Liste erhebt keinen Anspruch auf Vollständigkeit und absolute Gültigkeit, doch bietet sie Interessierten sicherlich Anknüpfungspunkte und ersten Überblick. Unter Umständen können die angefragten Stellen weiterführende Informationen vermitteln.

Andernfalls wende man sich an die Geschäftsstellen des Diakonischen Werkes oder der Caritas.

Selbsthilfegruppen »Verwaiste Eltern«[2]

Berlin
Erika + Walter Baddak[3]
Machnower Str. 32
1000 Berlin 37
Telefon 0 30/8 01 22 69

SEKIS[4]
Selbsthilfe Kontakt- u.
Informationsstelle
»Verwaiste Eltern«
Albrecht-Achilles-Str. 65
1000 Berlin 31
Telefon 0 30/8 92 66 02

Hamburg
Dr. Mechtild Voss-Eiser
Evangelische Akademie
Esplanade 15
2000 Hamburg 36
Frau Dipl.-Psych. Birgitt Lösch
SHG Mitarbeiter 0 40/34 26 04
+ 34 23 71

Lüneburg
Anita Ernst
Am Springintgut 63
2120 Lüneburg
Telefon 0 41 31/3 84 00

Stade
Uschi Abraham
Breslauer Str. 27
2160 Stade
Telefon 0 41 41/4 63 28

Cuxhaven
Christa Behring
Brokeswalder Weg 2
2190 Cuxhaven
Telefon 0 47 21/2 31 74

1 Die Übersetzerin und der Kreuz Verlag
2 Stand Oktober 1987
Koordination und Redaktion Dr. Mechtild Voss-Eiser/Luise Mögl, Esplanade 15, 2000 Hamburg 36, Telefon 0 40/34 12 64
3/4 Familie Baddak tagt in den Räumen der SEKIS

Kiel
Beratungszentrum
Helga Quellmann
Pastor Martin Weimer
Dänische Str. 15
2300 Kiel
Telefon 04 31/9 40 65

Rendsburg
Kontaktstelle »Frauen helfen Frauen«
Ute Gutzeit
Grüne Str. 1
2370 Rendsburg
Telefon 0 43 31/2 15 14

Flensburg
Beratungszentrum
Pastorin Malve Lehmann
Dipl.-Psych. Christiane Schütte
Johanniskirchhof 19
2390 Flensburg
Telefon 04 61/ 2 66 11

Lübeck
Beratungsstelle für Familien- und Erziehungsfragen
Pastorin Bettina von Seidel
Thomas Dudzik
Hüxterdamm 18
2400 Lübeck
Telefon 04 51/79 32 29

Plön
Bärbel Sieger
Waldstr. 2
2427 Krummsee
Telefon 0 45 23/51 28

Bremen
Gerda Mehl, Dipl.-Psych.
Tettenbornstr. 26
2800 Bremen 1
Telefon 04 21/23 09 82 – 23 77 66

Dr. Karl-Heinz Wehkamp
Frauenklinik Zentralkrankenhaus St. Jürgen
St.-Jürgen-Straße
2800 Bremen
Telefon 04 21/49 71

Verden
Kontaktperson
Christel Heintze, Diakonin
Lessingstr. 14
2810 Verden/Aller
Telefon 0 42 31/6 47 28

Wilhelmshaven
Heidrun Möhlmann
Moselstr. 25
2948 Schortens
Telefon 0 44 61/8 00 70

Hannover
Dr. Ute Student
In der Steinriede 3
3000 Hannover 1
Telefon 05 11/66 47 26

Heidrun + Jochen Flitta
Schnabelstr. 45
3000 Hannover 91
Telefon 05 11/42 74 50

Soltau
Karin Vollroth
Feldstr. 28
3040 Soltau
Telefon 0 51 91/39 38 (abends)

Kassel
Brigitte + Bernhard Höhmann
Lenaustr. 38
3500 Kassel
Telefon 05 61/87 70 82

Stadtallendorf
Edith Martin
Rosenweg 8
3570 Stadtallendorf
Telefon 0 64 28/50 90

Düsseldorf
Marita Manske
Drususstr. 25
4000 Düsseldorf
Telefon 02 11/58 93 56

Dinslaken
Gundel Laakmann
Tilsiter Str. 5

4220 Dinslaken
Telefon 0 21 34/5 89 58

Dorsten/Wesel
Margret Hörning
Bösenberg 87
4235 Schermbeck
Telefon 0 28 53/38 56

Mühlheim/Ruhr/Duisburg
Ingeborg Gigante
Schöltges Hof 44
4330 Mühlheim/Ruhr
Telefon 02 08/7 44 09

Münster
Dorlis von dem Berge-Stövesand
Volkshochschule
Rudolfstr. 13
4400 Münster
Telefon 02 51/3 44 95

Osnabrück
Gerda + Werner Hahn
Bohmterstr. 11
4500 Osnabrück
Telefon 05 41/2 48 59

Dortmund
Horst Gundlach
Am Rabensmorgen 104
4600 Dortmund 1
Telefon 02 31/59 47 78

Barbara Link
Westkamp 81
4600 Dortmund 12
Telefon 02 31/20 66 99

Pastor Karl-Georg Mix
Heliand-Gemeinde
Hermann-Löns-Str. 16
4600 Dortmund 1
Telefon 02 31/41 33 64

Paderborn
Anne Ahlemeyer
Weikenweg 11
4790 Paderborn-Wewer
Telefon 0 52 51/9 12 32

Marlies Tegethoff
Detmolder Str. 145
4792 Bad Lippspringe
Telefon 0 52 52/41 25

Bielefeld
Karin Führing
Zur Bülte 15
4800 Bielefeld 15
Telefon 05 21/8 37 12

Gütersloh
Ursula Murken
Kattenstrother Weg 70
4830 Gütersloh
Telefon 0 52 41/5 64 10

Köln
Lieselotte Grundies
Spechtweg 4
5020 Frechen-Königsdorf bei Köln
Telefon 0 22 34/6 30 88

Aachen
Helma Höllermann
Volkshochschule
Peterstr. 21–25
5100 Aachen
Telefon 02 41/4 84 17

Bonn
Gunhild Klöckner
Joseph-Kuth-Str. 24
5300 Bonn 1
Telefon 02 28/67 68 30

Frankfurt/Main
Renate Schnur-Hermann
Mainkurstr. 31
6000 Frankfurt/Main 60
Telefon 0 69/49 79 38

Psychologische Beratungsstelle
Herr Möller
Theodor-Stern-Kai 7
6000 Frankfurt/Main 70
Telefon 0 69/63 01–74 80

Darmstadt
Frühberatungsstelle f. entwicklungs-gefährdete Kleinkinder –

Caritas-Verband
Darmstadt e.V.
Monika Jonas
Schwarzer Weg 14a
6100 Darmstadt
Telefon 0 61 51/7 60 93

Karin Bothe
Krankenschwester/Sozialpsychiatrie
Niederramstädterstr. 21
6100 Darmstadt
Telefon 0 61 51/4 15 95

Hünfelden
Inge + Hermann Preußer
Burgstr. 17
6257 Hünfelden 1 – Kirberg
Telefon 0 64 38/17 77

Gießen/Wetzlar
Dr. Ursula Kauffmann
Reinermannstr. 2
6330 Wetzlar
Telefon 0 64 41/2 46 51

Wolfgang Schinkel,
Krankenhauspfarrer
Klinikum
der Justus-Liebig-Universität
Gaffkystr. 9
6300 Gießen
Telefon 06 41/2 82 53

Heidelberg
Psychosoz. Nachsorgeeinrichtung
und Fortbildungsseminar
an der Chirurgischen
Uniklinik Heidelberg
Leiter Dr. med. Reinhold Schwarz
Im Neuenheimer Feld 155
6900 Heidelberg 1
Telefon 0 62 21/56 30 88

Stuttgart
Hospitalhof Stuttgart
Pfarrer Helmut A. Müller
Gymnasiumstr. 36/Hospitalhof
7000 Stuttgart 1
Telefon 07 11/2 06 81 50

München
Eberhard Weidler
Giselastr. 6
8000 München 40
Telefon 0 89/39 34 02

Nürnberg
Stadtmission »Eltern in Not«
Julius-Schnieder-Haus
Angelika Haack (Telefon pr.
09 11/61 91 61)
Renate Fischer (Telefon pr.
09 11/30 21 52)
Pirckheimer Str. 16
8500 Nürnberg 10
Telefon 09 11/35 41 93

Augsburg
Dipl.-Psych. E. Rosenfeld
Kinderklinik Stenglinstraße
8900 Augsburg
Telefon 08 21/4 00–34 03

Landsberg/Lech
Ingetraud Krebber
Schanzwiese 28
8910 Landsberg/Lech
Telefon 0 81 91/4 73 58

Nachträge

Pastor Jürgen Spradau
Pastorenpadd 5
2910 Westerstede
Telefon 0 44 88/26 78

Ingeburg + Otto A. Reinsch
Hans-Böckler-Str. 31
4630 Bochum 1
Telefon 02 34/68 00 52

Psych. Beratungsstelle
Mario Rosentreter
Karlstr. 14
7988 Wangen/Allgäu
Telefon 0 75 22/2 01 21

Jutta Becker
Lucienstr. 14
6000 Frankfurt 90
Telefon 0 69/ 31 96 83

Christina Dieter
Ludwig-Landmann-Str. 190
6000 Frankfurt 90
Telefon 0 69/7 68 14 61

Alice Heins
Familienbildungsstätte
Falkenbergerstr. 88
2360 Bad Segeberg
Telefon 0 45 51/12 08

Schwester Bernadette
Giemesstr. 4a
4044 Kaarst
Telefon 0 21 01/66 61 41 und
Frau Pastorin Horstmann
Roseggerstr. 16
4044 Kaarst
Telefon 0 21 01/6 89 35

Gisela Fischer
Am Spielplatz 12
8859 Oberhausen
Telefon 0 84 31/14 53

Elisabeth Schaps
Habichtweg 38
7800 Freiburg/Landwasser
Telefon 07 61/13 12 88

Brücke – Gespräche – Information – Lebensberatung
Frau Barbara Eiteneier
Kronenplatz 1
7500 Karlsruhe 1
Telefon 07 21/38 50 38

Pfarrer Jürgen Meier-Wilms
Kirchlicher Krankenhausdienst am Klinikum der Johannes-Gutenberg-Universität
Postfach 39 60
6500 Mainz
Telefon 0 61 31/17 72 19 oder
0 61 31/17 72 20

Margrit Kanje
Am Nordrand 16
2902 Rastede
Telefon 0 44 02/8 21 88

Doris Böse
Gartenstr. 4
8902 Neusäß
Telefon 08 21/46 90 05

Bärbel Ziemens/Selbsthilfegruppe Wolfsburg
Nachtweide 6
3181 Jembke (bei Wolfsburg)
Telefon 0 53 66/74 78

Pfarrer Paul-Gerhard Platte
Unterau 4
6256 Villmar
Telefon 0 64 82/26 18

Pastor Günter Thomas
Schützenstr. 45
2358 Kaltenkirchen
Telefon 0 41 91/24 13

Selbsthilfegruppen im Ausland

Danny und Gast. Gieres
24, rue Willmar
L-2731 Luxembourg

Geplante Selbsthilfegruppen

Salzgitter
Beratungsstelle für Kinder, Jugendliche und Eltern
Herr Friedrich, Dipl.-Psych.
Burgstr. 38
3320 Salzgitter
Telefon 0 53 41/3 60 25–26

Marion Haupt
Bachstr. 12
7801 March-Holzhausen

Münster
Haus der Familie Münster e.V.
Frau Dorothea Große-Frintrop
Krummer Timpen 42/43
4400 Münster
Telefon 02 51/ 4 03 74

Husum
Pastor Rudolf Lies
Kirchweg 3
2250 Schwesing bei Husum
Telefon 0 48 41/7 25 15

Koblenz
Katholische Bildungsstätte in der Region Koblenz
Florinspfaffengasse
5400 Koblenz
Telefon 02 61/3 56 63

Düsseldorf
Kontakt- u. Informationsstelle f. Selbsthilfegruppen
Dipl.-Psych. A. Schulz
Brehmstr. 9
4000 Düsseldorf 1
Telefon 02 11/63 26 24

Schwerpunkt: Totgeburt – Frühtod – plötzlicher Säuglingstod

Hamburg
Säuglingsfrühtod
Ingrid Vogel
Eggerstedtstr. 53
2000 Hamburg 50
Telefon 0 40/38 34 35
(nur Informationsstelle, keine Selbsthilfegruppe)

St. Margarethen
Bärbel Kehrer-Kremer
Kirchducht 27
2211 St. Margarethen
Telefon 0 48 58/2 02

Bonn
IPS
Initiative plötzlicher Säuglingstod
Christine Berg
Berta-Lungtras-Str. 26
5300 Bonn 1
Telefon 02 28/66 12 17

Erlangen
mit überregionalen Kontakten – weitere Gruppengründung in: Heilbronn, Gießen, Neuwied sowie im Saarland geplant
Regine Schreier
Zeppelinstr. 26
8520 Erlangen
Telefon 09 13/1 48 14

Waldstetten
Barbara Künzer-Riebel
Rosenstr. 9
7076 Waldstetten
Telefon 0 71 71/4 17 13
(Regenbogen-SHG/Compassionate friends)

Neuendorf/Schweiz
Ansprechpartner
(Säuglingsfrühtod/kleine Kinder)
Isabella Lack
Allmendstr. 438
CH-4623 Neuendorf
Telefon 0 62/61 19 79

Lippe/Detmold
IPS
Initiative plötzlicher Säuglingstod
(Kontakt zur SHG Verw. E./Lippe)
Katrin Wermter
Mauerstr. 5
3284 Schider-Schwalenberg
Telefon 0 52 84/56 68

Bielefeld
IPS
Initiative plötzlicher Säuglingstod
Georgia u. Sigurd Schönemann
Lichterfelder Weg 17
4800 Bielefeld 1
Telefon 05 21/10 97 29

Münster
u.a. Stillberatung
Hildegard Jorch
Stadtlohnweg 34
4400 Münster-Geevenbeck
Telefon 02 51/86 20 11

Rehburg-Loccum
SIDS-Elterngruppe
Postfach 11 56
3056 Rehburg

Beate Weber
Stresemannstr. 26
7140 Ludwigsburg
Telefon 0 71 41/2 64 35

Wochenendseminare – Seminare – Tagungen

EVANGELISCHE AKADEMIE NORDELBIEN

Tagungsstätten Hamburg
Esplanade 15
2000 Hamburg 36
Telefon 0 40/34 12 64

und Bad Segeberg
Marienstr. 31
2360 Bad Segeberg
Telefon 0 45 51/85 21–23

»Verwaiste Eltern« Trauerseminare, kontinuierliche Gruppen: Trauerarbeit und Selbsterfahrung, Gruppen- und Einzelgespräche, Beratung und Hilfe zur Selbsthilfe (Hamburg)	Dr. theol. Mechtild Voss-Eiser, Dipl.-Psych. Birgitt Lösch und Mitarbeiter
»Partnerverlust« Trauerseminare, kontinuierliche Gruppen (Hamburg)	in Zusammenarbeit mit Dr. Gundula Bahro + Magda Rausch
Trauerseminare »Verwaiste Eltern« überregional (Bad Segeberg)	Voss-Eiser und Mitarbeiter
Seminare für Begleiter von Selbsthilfegruppen »Verwaiste Eltern« überregional (Bad Segeberg) ab 1988	Voss-Eiser und Mitarbeiter
Umgang mit Sterben und Tod Seminare und Tagungen in Hamburg und/oder Bad Segeberg	Voss-Eiser und Mitarbeiter
»Geleitete Sterbemeditationen« in Hamburg und/oder Bad Segeberg	in Zusammenarbeit mit Prof. Dr. Reinhard Tausch, Universität Hamburg/Mitarbeiter

EVANGELISCHE STADTAKADEMIE DÜSSELDORF
Bastionstr. 6
4000 Düsseldorf 1

Telefon 02 11/8 98 50
Dr. Martin Gerlach

**EVANGELISCHE AKADEMIE MÜLHEIM/RUHR
Uhlenhorstweg 29
4330 Mülheim/Ruhr
Telefon 02 08/5 13 78, 5 12 40 und 5 13 83
Frau Pfarrerin Hiddemann

*EVANGELISCHE AKADEMIE BAD BOLL
7325 Bad Boll
Telefon 0 71 64/7 91
Pfarrer Volker Metelmann
Pfarrer Albrecht Strebel

NIELS-STENSEN-HAUS
Worpshauser Landstr. 55
2804 Lilienthal bei Bremen
Telefon 0 42 08/5 44
Marlies Winkelheide

**LIBERMANN HAUS
Knechtsteden
4047 Dormagen 1
Telefon 0 21 06/8 00 76
Leiter:
Norbert Merkel (C SSP)
Trauerseminare mit Kindern

**KATHOLISCHE BILDUNGSSTÄTTE
ST.-NORBERT-HAUS
Poststr. 4–10
Postfach 1229
4232 Xanten 1
Telefon 0 28 01/10 08
verantwortlich: Walter Raab
Trauerseminare mit Kindern

*HAUS ASPEL
4242 Rees 3 (Haltern)
Telefon 0 28 51/31 44
Katholisches Bildungswerk
Herr Riepe
Postfach 2 24
4230 Wesel

*FRANZ-HITZE-HAUS
Katholische Soziale Akademie
des Bistums Münster
Kardinal-von-Galen-Ring 50
4400 Münster
Telefon 02 51/8 00 31
verantwortlich: Angela Urban

KLOSTER ST. ALBERT – WALBERBERG
Rheindorfer Burgweg 9
5303 Bornheim 3
Telefon 0 22 27/85-2 74

**BILDUNGSSTÄTTE ST. BONIFATIUS
Bonifatiusweg 1–5
5788 Winterberg-Elkeringhausen
Telefon 0 29 81/61 61
Leiter:
H. Hupe
Trauerseminare mit Kindern

KLOSTER NERESHEIM
7086 Neresheim
Telefon 0 73 26/2 13 (Kloster)
Telefon 0 73 36/62 82 (Hospiz)
Pater Beda

* In Zusammenarbeit mit Frau Marie-Luise Wölfing
Papengatt 15
4190 Kleve 1
Telefon 0 28 21/4 93 40

** alle so gekennzeichneten Häuser bieten ganzjährig Trauerseminare an (Programmbestandteil)

ESSENER TRAUERSEMINARE
Begleiter- und Helfergruppen
Allgemein, nicht nur »Verwaiste Eltern«

Dr. Jorgos Canacakis
Goldammerweg 9
4300 Essen 1
Telefon 02 01/44 24 69

»Helfer in Trauerkrisen« (HiT)
c/o Dr. Jorgos Canacakis
Goldammerweg 9
4300 Essen 1

Gemeinnützige Organisation für »Trauerbegleiter«
TABU e.V. (Trauer – Abschied – Begleitung – Unterstützung)
Camillo-Sitte-Platz 3
Im Haus des DPWV
4300 Essen 1
Telefon 02 01/26 53 11

Gemeinnützige Gesellschaft »Menschen und Tod« e.V.
Corlißstr. 7
4300 Essen 1

Pastorin Karin Degenkolbe
Auf dem Eichholz 17
4300 Essen 11

Nina Herrmann
Ich habe nicht umsonst geweint
Eine Krankenhausseelsorgerin erzählt
285 Seiten, gebunden
ISBN 3-268-00001-0

Die Autorin kam als Praktikantin der Krankenhausseelsorge auf die neurochirurgische und neurologische Kinderstation. Völlig unvorbereitet auf die Begegnung mit schwerkranken Kindern und von Schmerz überwältigten Eltern, sieht sie sich von einem Tag auf den anderen in der Rolle derjenigen, von der Beistand und Rat erwartet wird.
Über ihre Erlebnisse und die Krisen, in die ihr Glaube kommt, berichtet sie in diesem Buch, das den Leser teilnehmen läßt am Schicksal vom Tod bedrohter Kinder, an den Sorgen der Eltern und am unermüdlichen Kampf der Ärzte und Schwestern um die Erhaltung des Lebens.
Das eigentliche Thema des Buches aber ist die Frage, wie die junge Frau selbst ihrem Beruf und ihrer Berufung gerecht werden kann und wie der Glaube an einen Gott, der uneingeschränkt liebt, standhalten kann angesichts von Kindern, die unter Schmerzen sterben, und trauernden Eltern.
Hier ist eine christliche Erzählung, die wahrhaftig und ehrlich ist und dabei von menschlicher Wärme und Glaubensmut zeugt. Ein Buch für alle, die Kinder liebhaben, für Eltern, Krankenschwestern, Ärzte und Pfarrer; aber auch für jeden Christen, der angesichts der vielfältigen Not, die er an sich und anderen erlebt, Fragen an die Liebe Gottes zu stellen hat.

Kreuz Verlag

Jorgos Canacakis
Ich sehe deine Tränen
Trauern, klagen, leben können
220 Seiten, kartoniert
ISBN 3-7831-0877-2

Trauer ist der Lösungsprozeß nach dem Verlust einer Hoffnung, eines Lebensziels oder eines geliebten Menschen. Dieser Prozeß ist natürlich und normal, obwohl er als schmerzhaft und bedrohlich erlebt wird. Trauer ist aber keine Krankheit, die man heilen kann. Trauer kann man nur »durchgehen« und damit bewältigen. Sie erfaßt den ganzen Menschen in seinem seelischen, geistigen und körperlichen Befinden sowie in seinem sozialen Umfeld.

Vielen Störungen und Krankheiten liegt unbewältigte Trauer zugrunde, die nicht als solche erkannt wird, denn viele Verlustsituationen hängen nicht unmittelbar mit dem Tod zusammen. In unserem Alltag wirken trauernde Menschen beklemmend und störend, weil wir verlernt haben zu trauern. Trauer macht uns angst. Wir wehren sie ab. Trauernde sind deshalb meist sich selbst überlassen, isoliert und einsam.

Dieses Buch des griechischen Psychologen Jorgos Canacakis gründet auf langjährigen Erfahrungen im Umgang mit Trauer, bei sich selbst und in der Begleitung trauernder Menschen, sowie auf umfangreichen wissenschaftlichen Forschungen. In leicht verständlicher Sprache stellt er dar, daß Trauer eine natürliche Reaktion ist, die zum Leben gehört, daß sie notwendig und am besten gemeinsam mit anderen Menschen zu durchleben ist. Trauer, so zeigt er, ist durch Zeit und Vergessen nicht »heilbar«; sie ist ein tiefes Gefühl mit enormer Energie, das kreativ für einen neuen Lebensbeginn eingesetzt werden kann.